삼국사기 불신론 비판

삼국사기 불신론 비판

최재석 지음

만권당

■ **일러두기**

· 인명과 지명, 학교명, 서적명 등은 원칙적으로 한글 맞춤법에 따랐다.

· 문헌 사료명, 외국 인명의 경우 원칙적으로 본문 맨 처음에 나올 때만 한자를 병기했다. 다만 생소한 한자어나 혼동을 줄 수 있는 인명, 지명 등은 필요에 따라 반복 병기했다.

· '임나'의 경우 외래어표기법에 따르면 '미마나'라고 표기해야 하나 '임나일본부' 등이 독자들에게 익숙하다고 보아 '임나'로 표기했다.

· 문헌이나 논문을 직접 인용한 경우에도 독자들의 혼란을 막기 위해 인명 표기는 통일했다. 단, 논문명에서는 원문 표기를 존중했다.

· 전집이나 단행본, 정기간행물은 『 』, 신문이나 잡지명, 연구보고서 등은 「 」로 표기했다.

머리말

다시 새로운 출발선에 서서

어떤 학문 분야에서든 그때까지의 그 분야의 연구사 검토는 매우 중요하다. 연구사는 해당 분야에 대한 선학들의 연구 결과가 응집되어 있기 때문에 후학들에게 일종의 길잡이가 되기 때문이다. 다른 분야 같으면 선학들의 연구 결과는 대부분 후학들에게 큰 도움을 줄 것이다. 대부분의 연구, 특히 역사나 사회를 비롯한 인문학의 연구사는 진실을 찾겠다는 일념 하나로 묵묵히 책상 앞에서 정진했던 노력의 결과물이기 때문이다.

그러나 일본고대사를 비롯한 한일 고대관계사에 다다르면 그 성격이 달라진다. 이 분야에 대한 지금까지의 연구사는 순수한 학문 연구의 소산이라기보다는 처음부터 일본 제국주의의 한국 침략을 정당화하는 정치선전의 기능을 해왔기 때문이다. 그래서 일본고대사와 고대 한일관계사만큼 연구사 검토가 중요한 분야는 없으리라 생각한다. 일본고대사와 고대 한일관계사 연구는 연구 못지않게 연구사의 검토가 중요하며 어떻게 보면 연구사 검토가 훨씬 더 중요하다고 나는 생각한다. 연구사만 검토해도 일본고대사 학자들과 그들을 추종하는 한국인 학자들의 의도를 어느 정도 파악할 수 있기 때문이다.

일본고대사 연구를 위해서는 『일본서기』를 연구하지 않을 수 없다. 백제가 663년 백강전투에서 나당 연합군에게 패함으로써 백제 지배층이 한반도에서 철수한 지 57년 만인 720년에 편찬된 『일본서기』는 누구나 아는 대로 왜곡과 창작이 심한 역사서다. 『일본서기』는 특히 고대일본과 고구려, 백제, 신라의 관계를 크게 왜곡했을 뿐만 아니라 연대까지 조작했기 때문에 정상적인 역사서라고 보기는 쉽지 않다. 그러나 일본고대사에 대한 사료가 부족하기 때문에 『일본서기』를 배제하고 일본고대사를 연구하기도 쉽지 않은 것이 현실이다. 그런데 역사를 왜곡하기란 생각만큼 쉬운 일이 아니다. 『일본서기』는 크게는 백제에 대해 서술한 백제 본위 기사와 일본에 대해 서술한 일본 본위 기사의 2가지로 구별할 수 있다.

그런데 고대 한일관계사 왜곡의 큰 틀을 만든 쓰다 소키치(津田左右吉, 1873~1961)가 『일본서기』에 있는 백제 중심의 기사를 개정하지 못했던 것을 한탄한 것은 중요한 시사점을 준다. 뿐만 아니라 조선총독부 및 경성제국대학 소속이었다가 일제 패전 후 귀국해 임나의 강역을 기존의 경상도에서 전라도 및 충청도까지 확대시킨 스에마쓰 야스카즈(末松保和, 1904~1992)도 『일본서기』에 대해 "'구진적(求眞的, 진실을 구함) 태도'를 가지고 대하면 뿔을 바로잡으려다 소를 죽이게 된다."고 실토했는데, 이 말만큼 일본고대사 및 고대 한일관계사의 실체를 알게 해주는 말도 찾기 힘들다. 이들에게 역사는 진실을 추구하는 과정이 아니라 처음부터 한국 점령을 합리화하려는 전제에 꿰어 맞춘 정치선전에 불과했다는 자기고백이기 때문이다.

이들이 이른바 '『삼국사기』 불신론'을 만든 것도 마찬가지 목적이었다. 고대 한일관계사에 대해서 『일본서기』의 시각으로 보는 것과 『삼국사기』의 시각으로 보는 것은 크게 다른 경우가 많다. 둘 중 하나는 거짓일 수밖에 없을 정도로 그 차이가 큰 경우가 적지 않다. 한 예만 들어보자. 『일본서기』의 진구(神功) 51년은 서기 251년이다. 일본인 학자들은 여기에 2주갑 120년을 더해 371년으로 해석하는데, 『일본서기』는 그해에 백제의 근초고왕 부자(父子)가 야마토에서 온 사신에게 이마를 땅에 대고 영원한 충성을 맹세했다고 기록하고 있다. 그러나 같은 해 『삼국사기』 「백제본기」와 「고구려본기」는 근초고왕이 태자 근구수와 함께 정예군 3만을 거느리고 고구려 평양성을 공격해서 고구려 고국원왕(故國原王)을 전사시켰다고 기록하고 있다. 『삼국사기』에는 근초고왕 부자가 위대한 정복군주로 묘사되어 있지만 『일본서기』는 야마토의 사신에게 이마를 땅에 대고 충성을 맹세하는 용군(庸君) 부자로 묘사되어 있다. 둘 중 하나는 거짓이 분명하다. 어느 것이 거짓일까? 물론 『일본서기』가 거짓이다. 위에서 말한 『삼국사기』 내용은 중국의 『위서(魏書)』에도 등장하는 역사적 사실이다.

그래서 일본인 식민사학자들은 『삼국사기』 불신론을 창작해서 『삼국사기』를 믿을 수 없는 사서로 격하시키고 『일본서기』만을 가지고 일본고대사 및 고대 한일관계사를 서술해 일본 제국주의의 한국 침략을 합리화하려 했던 것이다. 그동안 이를 '『삼국사기』 초기기록 불신론'이라고 불러왔지만 이들이 때로는 신라 법흥왕 때의 사실도 조작이라고 하는 경우도 있으므로 '『삼국사기』 불신론'이라고 부르는 것이 마땅하다는 생각이 든다.

일본고대사 학자들은 일본고대사를 연구한다고 하면서 거의 언제나 한국고대사를 함께 언급하고 있는데, 이 경우 '『삼국사기』 불신론'을 전제로 설명하고 있다. 또한 고대한국은 일찍부터 중국과 일본 두 나라의 식민지 내지 예속국이었다는 전제를 깔고 일본고대사를 언급하는 것이 상례가 되어 있다. 조선총독부의 지침을 따랐던 이런 연구 경향은 1945년 일제 패전 후 침략 전쟁에 대한 반성으로 일시 약화되는 듯하더니 다시 총독부 시절로 돌아간 것처럼 과거로 회귀하고 있다. 내가 고찰한 일본고대사 학자 대부분의 저서를 살펴보아도 어느 것 하나 일본고대사의 진실을 은폐하고 거짓 일본고대사를 조작하는 것과 직접·간접으로 관련이 없는 것은 없었다. 이를 위하여 그들은 누가 보아도 사실인 기사를 조작으로 몰거나 왜곡 해석하였고, 또한 누가 보아도 조작임이 분명한 기사도 사실의 기록이라고 주장하였으며 시종 모순되고 황당무계한 주장을 끊임없이 해오고 있었다. 이렇게 볼 때 일본 학계에는 일본고대사의 진실을 파헤칠 사람은 없다는 것을 알게 된다.

일본이 1945년 패전 후에도 이런 비학문적인 정치선전을 계속할 수 있었던 배경에는 한국인 학자들의 책임이 크다는 사실도 쉽게 알게 된다. 이병도(1896~1989)를 필두로 김철준, 이홍직, 이기백, 이기동, 문경현을 거쳐 김현구에 이르기까지 일본인 식민사학자들이 왜곡시킨 한국고대사 및 고대 한일관계사를 거의 그대로 추종하고 있기 때문이다. 일제 식민사학 극복에 앞장서야 마땅한 한국사학계에서 오히려 일제 식민사학을 추종하는데 일본인들이 자신들의 잘못된 주장을 고칠 까닭이 있겠는가?

필자는 1985년 「〈삼국사기〉 초기 기록은 과연 조작되었는가(『한국학보』 38)」를 발표한 이래 일제의 왜곡된 임나일본부설 및 '『삼국사기』 불신론' 비판에 학문인생을 걸어왔다. 이 과정에서 필자는 300여 편 이상의 학술논문과 30여 권 이상의 학술저서를 출간했다. 그러나 필자가 최근 출간한 자서전 『역경의 행운』(만권당, 2015) 서문에서 "그동안 내가 겪은 심적 고통을 되돌아보면, 학문하는 사람 가운데 나만큼 그러한 고통을 겪은 사람은 많지 않을 것으로 생각한다."고 회고한 것처럼 식민사학이 장악한 한국 사회에서 식민사학을 비판한다는 것은 무수한 고난을 자초하는 길이었다. 식민사학자들은 필자가 제기한 학문적 질문에 대한 학문적 답변은 거부하는 대신, 인간적 모욕을 가하거나 때로는 막강한 학문 장악력을 이용해 필자가 한국 학계에 존재하지도 않는 것처럼 무시하는 방식으로 필자의 연구 결과를 매장시켜왔다. 그럼에도 불구하고 필자는 진실은 언젠가는 승리할 것이라는 소박한 믿음으로 연구실을 지키고 학문을 계속했다.

이 책은 필자가 1985년에 발표한 논문 「〈삼국사기〉 초기 기록은 과연 조작되었는가」를 오늘날 상황에 맞게 수정하고, 한일 고대관계사 왜곡의 주범인 조선총독부의 이마니시 류(今西龍, 1875~1932)와 스에마쓰 야스카즈의 한국고대사 및 고대 한일관계사 왜곡을 비판한 것이다. 그리고 이들의 학설을 추종하는 한국인 학자들에 대한 비판도 겸했다. 이 책을 통해 독자들은 일본인과 한국인 학자들이 주장하는 이른바 '『삼국사기』 불신론'이 얼마나 허구에 찬 정치선전인지를 잘 알 수 있게 될 것이다.

이 책의 출간에 있어서 한가람역사문화연구소의 이덕일 소장에 대해 언급하지 않을 수 없다. 이덕일 소장은 필자와 아무런 학문적인연이 없는데도 식민사학자들에 의해 매장되다시피 했던 필자의 연구 결과가 다시 빛을 보게 하는 데 큰 도움을 주었다.

필자의 나이 이제 만 아흔을 넘었다. 필자와 동년배 중에 이 나이까지 산 사람도 흔치 않다. 그나마 병까지 얻어서 병원을 들락거리며 입원과 퇴원을 반복하는 신세다. 병든 구순의 노인에게 기쁜 일이 있으리라고는 생각도 못했다. 그런데 최근 식민사학이 차차 퇴조하고 있다는 소식이 들려서 필자의 학문인생이 헛되지 않았구나 하는 생각에 기쁘던 차에 이 책까지 내게 되었으니 필자의 기쁨은 말로 형용할 수 없다. 훗날 지하에 가서 조상들은 물론 독립운동가 선열들께도 말씀드릴 거리가 생겼다는 사실이 가장 기쁘다.

만권당 양진호 대표에게도 진심으로 감사를 드린다. 모두가 이익을 추구할 때 견리사의(見利思義)하는 양진호 대표 같은 사람 때문에 이 사회가 나아지는 것이다. 이 책의 출간이 광복 후 지금까지 계속되어온 식민사학 청산에 조금이라도 도움이 된다면 여한이 없겠다.

2016년 3월

최재석

차례

제1부

『삼국사기』 초기 기록은 조작되었는가?

제1장

『삼국사기』 초기 기록 조작설의 등장

나는 1983년에 『삼국사기(三國史記)』를 기본 자료로 삼아 신라왕실의 혼인·왕위계승·친족 구조를 고찰한 바 있다. 이 글에서 『삼국사기』의 사료적 가치에 대해 약간 언급했지만[1] 깊게 다루지 못했기 때문에 여기서 이 문제를 다루고자 한다. 한국고대 사회사를 연구하기 위해서는 『삼국사기』를 참고할 수밖에 없다. 그런데 『삼국사기』에 대한 사료비판을 먼저 전개하고 나선 곳은 일본이었다. 그 전까지 『삼국사기』의 사료적 가치에 대해서는 아무도 문제를 제기하지 않았는데, 일본에서 19세기 말부터 한국 침략을 정당화하는 정한론(征韓論)의 이론적 근거의 하나로 『삼국사기』 초기 기록의 사료적 가치를 처음으로 비판하기 시작했다.

내가 이해할 수 없는 것은 일본인 식민사학자들에 의한 이런 비

1 최재석, 「신라왕실의 왕위계승」, 『역사학보』 98, 1983. 6. ; 『한국가족제도사연구』, 일지사, 1983.

판이 광복 이후에도 엄밀한 학문적 검토를 거치지 않고 그대로 한국사학계에 계승된 결과 일본인 식민사학자들은 물론 상당수 한국학자들까지도 『삼국사기』 초기 기록을 불신하고 있는 상황이 계속되고 있다는 점이다. 『삼국사기』의 사료적 가치에 대해 1894년에 일본의 동양사학자인 나카 미치요(那珂通世, 1851~1908)가 『사학잡지(史學雜誌, 5-3)』에 「조선고사고(朝鮮古史考)」를 실어서 비판했는데, 나카 미치요의 이런 비판은 쓰다 소키치가 더욱 정교하고 조직적으로 계승했다.

이후 수많은 일본인 식민사학자들이 『삼국사기』의 사료적 가치를 비판했지만 광복 전이나 광복 후에나 국내 학자들은 이를 반박하지 않았다. 일본인 학자들의 주장은 대부분 『삼국사기』 초기 기록이 조작되었다는 것임에도 불구하고 이에 대한 한국인 학자들의 반론은 한두 사람의 서설적인 것을 제외하고는 전무한 상태라는 것은 기이하기까지 한 현상이다.

그러면 먼저 광복 후 오늘날까지 국내 학계가 『삼국사기』 초기 기록을 어떻게 받아들이고 있는가를 잠깐 알아보자. 결론부터 말하면 『삼국사기』 초기 기록의 불신론 내지 조작설론은 한국고대사 학계의 이른바 정설(定說)이었으며[2] 지금도 마찬가지다. 광복 후에도 국내 사학계를 일본인 식민사학자들의 제자들이 장악한 결과 『삼국사기』 초기 기록 조작설에 대한 비판은 대부분 이른바 강단사학 바깥에서 이루어졌다.

그런 비판의 첫 번째는 『삼국사기』 초기 기록은 결코 조작되지 않았으며 가치 있는 사료라고 보는 견해로서, 문정창과 김성호가

---

2 이기동, 「백제왕실 교대론에 대하여」, 『백제연구』 12, 1981.

이에 해당한다. 문정창은 일본사를 한국사의 연장으로 보아야 한다고 주장했고[3] 김성호도 『비류백제와 일본의 국가 기원』에서 『삼국사기』 초기 기록의 사료적 가치를 인정했다.[4] 특히 김성호는 그동안 한국의 고대사 학자는 한국고대사와 일본고대사를 별개로 보는 '분리주의 사관(史觀)'에 서 있다고 비판하면서 『삼국사기』와 『일본서기(日本書紀)』를 일원적으로 복원할 필요가 있다는 '일원론적(一元論的) 사관'의 확립을 강조하였다. 김성호는 이른바 문헌고증학에 따라 『삼국사기』 조작설을 직접 분석·비판하지는 않았지만 『일본서기』에 기재되었는가 아닌가를 기준으로 『삼국사기』 「백제본기(百濟本紀)」 초기 기록을 불신하는 학계 풍토를 비판한 것은 올바른 지적이라고 할 수 있다. 김성호는 또한 일본 천황이 일본열도 외지에서 왔다는 일본 천황 도래설을 금기로 삼은 것이 『삼국사기』 「백제본기」 초기 기록을 신뢰할 수 없는 것으로 본 근본 동기가 되었다고 지적했다. 한국사학계가 일본인 식민사학자들의 '『삼국사기』 초기 기록 불신론'을 추종하는 상황에서 나온 김성호의 연구는 경청할 가치가 있다.

그런데 여기서 김성호와 필자의 이 책에 대한 차이점을 미리 적어두자. 김성호가 일본고대국가 기록의 연구에 초점을 두었다면 필자는 문헌고증학에 의한 『삼국사기』 비판의 진상 파악에 초점을 두었다. 또 김성호는 『일본서기』를 120년 인상하고 조작한 것이 『삼국사기』 「백제본기」 초기 기록을 불신하는 근거가 되었다고 보았는

---

3 문정창의 대표적인 저서는 다음과 같다. 『한국사의 연장』·『일본상고사』(백문당, 1970), 『한국고대사』 상·하 (백문당, 1971), 『백제사』(백문당, 1975), 『가야사(伽倻史)』(백문당, 1978).

4 김성호, 『비류백제와 일본의 국가 기원』, 지문사, 1982.

데, 필자는 『삼국사기』 「백제본기」뿐만 아니라 「신라본기」와 「고구려본기」의 초기 기록 불신론까지 포함하여 모두 15명의 논고를 대상으로 삼아 2가지 사서(『삼국사기』와 『일본서기』)를 대하는 일본인 식민사학자들의 기본적 태도의 차이를 구체적으로 고찰하였다.

『삼국사기』 초기 기록 조작설에 대한 두 번째 비판은 구체적인 증거를 제시하고 일본인의 조작설을 비판한 견해인데 김원룡과 필자가 여기에 속한다.[5] 김원룡은 1960년대까지만 해도 '『삼국사기』 초기 기록 불신론'을 비판했는데, 그가 조선사편수회의 이마니시 류에 대해 비판한 것은 정확했다. 김원룡의 논리는 대체로 4가지로 요약된다.[6]

첫째, 김원룡은 이마니시 류의 논리적 모순을 다음과 같이 지적하였다.

Ⓐ 이마니시 류가 신라의 진흥왕(眞興王)까지의 기사를 전혀 전거가 없는 가정이라 주장하면서도 왕명만은 가작(假作, 가짜로 만든 것)이 아니라고 한 것은 독단적이고 모순된 비판이다.

Ⓑ 『삼국사기』의 진흥왕 이전 기사는 허구라고 하면서 같은 김부식(金富軾, 1075~1151)이 쓴 진흥왕 이후의 부분은 무조건 신용하고 신라사를 연구할 수 있는가를 물었다. 김부식은 많은 한국측 사료를 근거로 최산보(崔山甫) 이하 10명의 전문가와 함께 왕명을 받고 편찬한 것이지 자기 마음대로 쓴 것이 아니다.

5 천관우는 얼핏 『삼국사기』의 사료적 가치가 있는 것으로 보는 듯하지만 깊게 들어가면 그렇지 않다.

6 김원룡, 「삼국시대의 개시에 관한 일고찰 - 〈삼국사기〉와 낙랑군에 대한 재검토」, 『동아문화』 7, 1967.

© 고구려가 서기전 37년에 건국했다는 증거가 없는 것과 마찬가지로 그해에 건국하지 않았다는 증거도 없다. 백제의 건국자가 고구려 출신이라는 것을 믿으면서도 건국 연대는 3세기 무렵으로 내리려고 하고 있다.[7]

둘째, 『삼국사기』 기사는 완전히 무시하면서 극히 간략한 중국쪽 기록만을 금과옥조처럼 신봉한다.

셋째, 낙랑군은 작은 조계지(租界地)와 같은 것이며, 그 시기에 예(濊) · 맥족(貊族)과 한족(韓族)이 자유롭게 활동했다.

넷째, 고고학 자료 특히 풍납리 토성의 발굴에서 나타난 백제 초기의 문화 수준이나 토기 상이 『삼국사기』의 연대를 뒷받침해준다. 즉 삼국의 건국은 서기전 1세기나 서기 1세기 무렵으로 볼 수 있다.

이상 김원룡이 이마니시 류의 '『삼국사기』 초기 기록 불신론'을 비판한 것은 지극히 타당했다. 그러나 김원룡은 이후 고대사 학계의 압력에 굴복해서 이런 학설을 포기하고 말았다. 학자의 학설을 포기하라고 강요하는 행태가 과연 학계에서 자행될 수 있는지, 또

---

7 김원룡은 백제가 서기 1세기 이전에 존재하였다는 사실을 다음과 같은 대외교섭 기사에서 찾고 있다.
- 온조왕 8년(B. C. 11) 낙랑과의 교섭 전말에 관한 『삼국사기』 기사를 보더라도 조금도 조작된 흔적을 찾을 수 없다.
- 백제의 한성 정도(定都) 이전 온조왕 13년 동서남북 방면의 영토를 명기하여 남린(南隣) 마한에 알리는 기사.
- 온조왕 24년의 마한과의 관계에서 백제의 건국을 방증하는 기사.
- 온조왕 27년 마한 멸망 기사, 동 34년의 마한 구장(舊將)의 반역토멸(叛逆討滅) 기사.
- 『일본서기』 초기 기록처럼 왕의 재위연대가 있을 수 없을 만큼 긴 것도 있다.
- 지진 · 한발 기사 등 확실한 전거(典據)를 갖는 사서다.

한 압력을 받았다고 학자가 자신의 정당한 학설을 취소할 수 있는지 이해가 되지는 않지만, 그때 김원룡이 자신의 올바른 학설을 계속 유지했다면 지금쯤 상황이 많이 달라졌을 것이라는 점에서 크게 아쉽다. 김원룡이 학계의 압력으로 자신의 정당한 학설을 포기한 이후 '『삼국사기』 초기 기록 불신론'은 더욱 한국사 학계의 성역이 되었다. 가치전도이자 언어도단이 아닐 수 없다.

필자는 신라의 왕위계승을 집중적으로 분석하여 『삼국사기』의 세계(世系, 조상으로부터 내려오는 계통)의 기록은 조작된 것이 아니라 사실의 반영임을 입증했다. 조선 후기 사회를 보는 눈으로는 박(朴)·석(昔)·김(金)의 '삼성교립(三姓交立)'에 의한 신라상대(上代)의 왕위계승을 이해하기 힘들 것이다. 유학이 기본 이념으로 자리잡은 조선 후기 사람들의 시각으로 삼국 초기 사회를 이해하기는 쉽지 않은 것이다. 일본인 식민사학자들은 바로 여기에 주목해서 이를 『삼국사기』 초기 기록 조작의 결정적 증거로 삼아왔다. 한 예로 마에마 교사쿠(前間恭作, 1868~1942)는 「신라왕의 세차(世次)와 그 이름에 대하여」라는 논문의 결론 말미에서 "나는 그러므로 결론으로서 신라상대(上代) 16왕의 세차는 전혀 가구(假構, 거짓으로 만든 것)의 것이라고 단정한다."라고 호언장담했다.

그러나 필자는 역사학적 방법론과 사회학적 방법론을 사용해서 박·석·김 삼성(三姓)의 왕위계승 기사는 조작이 될 수 없다는 것을 실증해보였다. 필자는 한국과 일본의 고대사 학자들, 즉 아사미 린타로(淺見倫太郎, 1869~1943), 마에마 교사쿠, 미시나 쇼에이(三品彰英, 1902~1971), 이케우치 히로시(池內宏, 1878~1952), 스에마쓰 야스카즈, 이노우에 히데오(井上秀雄, 1924~2008) 등의 일본인 사학자들과 김철준 등의 한국인 사학자들의 박·석·김 삼성의 왕위계승 기사 조작설을 비판했다. 그들은 박·석·김 삼성의 왕위계승 기사는 조작이라고 주장하거나 괴기(怪奇)하게 조작된 전설, 또는 반(半)전설적·반(半)사실적 시대의 산물이며 공상(空想)의 것이라고 비판했다. 필자는 이들의 논지를 비판하면서 다음과 같은 논지를 전개했다.

첫째, 조선 후기 사회나 당(唐)나라를 보는 눈으로 한국고대 사회를 보아서는 올바르게 파악할 수 없다.

둘째, 왕위계승뿐만 아니라 왕위계승과 관련 있는 다른 제도, 이를테면 거천모(巨川母, 『삼국유사』 권5에 나오는 경주 호장 거천의 어머니인 아지녀)나 월광(月光)의 계보와 양성(兩姓)의 문제, 시조묘·신궁(神宮)의 제사 등도 함께 고찰해야 한다.

셋째, 신라시대에는 왕의 자(子)·여(女)·서(婿, 사위)·친손(親孫)·외손(外孫)의 5종 친족원(親族員)만이 왕위를 계승할 수 있었는데, 이러한 왕위계승의 원리는 다음 왕조인 고려조에 존재했던 봉작(封爵)·음직(蔭職)·공음전(功蔭田)·상속의 원리와도 일치한다. 즉 신라의 왕위계승은 성(姓, 특히 조선 후기의 의미에서의 성)과는 아무런 관계가 없고 왕의 자·여·서·친손·외손이면 성이 달라도 왕위계승권을 가졌다는 사실을 실증했다. 필자는 신라의 왕위계승에 성씨는 고려 대상이 아니었기 때문에 성씨를 앞세운 '삼성교립'·'삼성병립(三姓竝立, 세 성이 나란히 섬)'이라는 용어 자체가 사실을 왜곡하고 있다고 비판하고, 이러한 용어의 사용 자체도 조선 후기를 보는 시각을 삼국시대로 끌어올린 데서 연유되는 것이라고 분석했다.[8]

---

8 최재석, 앞의 「신라왕실의 왕위계승」 참조.

필자는 이와 같은 논리로 일본인 식민사학자들과 한국인 사학자들의 '『삼국사기』 초기 기록 불신론'을 비판했다. 그러면 '『삼국사기』 초기 기록 불신론'에 대해 알아보자. 이 견해는 이미 언급한 바와 같이 아직도 한국고대사 학계의 지배적인 견해로 남아 있다.[9] 『삼국사기』 초기 기록에 대해서 일부이든 대부분이든 불신하고 있는 한국인 학자들은 이병도, 이홍직, 이기백, 김철준, 이기동, 문경현 등으로 대표된다. 뿐만 아니라 이들의 후학들이라고 할 수 있는 김태식, 임기환 등도 모두 '『삼국사기』 초기 기록 불신론'을 신봉한다. 일본인 식민사학자들이 한국 강점을 역사적으로 합리화하기 위해서 만든 '『삼국사기』 초기 기록 불신론'을 광복 70여 년이 다 되는 오늘날까지 한국인 학자들이 계승하고 있는 것이다.

여기서 주의해야 할 점은 '조작·날조'와 '착오·불확실' 사이에는 크나큰 차이가 있다는 점이다. 조작되었기 때문에 그 시대의 전체 기사를 믿을 수 없다는 것과, 착오 또는 불확실하여 그 시대의 어떤 개별 기사를 믿을 수 없다는 것 사이에는 그 관점에서부터 근본적인 차이가 있다. 따라서 우리는 이 양자가 혼동되지 않도록 주의하여 살펴야 한다. 특히 후자의 일부 예를 가지고 조작·날조로 몰아붙이는 일이 있어서는 아니 된다.

개별 기사의 착오·누락·모순 등은 어떤 사적(史籍)이나 기록에도 존재하며, 존재할 가능성이 있다. 그러므로 유독 『삼국사기』에 한정해서 '그 기록의 모든 내용이 정확한가 또는 믿을 수 있는가'라

---

9 나중에 언급하겠지만 『삼국사기』 초기 기록이 조작·날조되었다는 주장이나 허구라는 주장, 또는 그 시대가 전설시대라는 주장 등은 『삼국사기』 기록을 불신하는 점에 있어서 모두 동일하다.

는 식의 질문을 한다면 이는 우문(愚問)에 불과하다. 또한 이런 질문을 한다는 자체가 『삼국사기』라는 사적(史籍)의 모든 내용이 조작되었다고 하는 견해에 가까운 입장에 서 있다고 말할 수 있을 것이다. 개별적인 착오의 존재를 인정하는 입장에 서 있는 사람은 그런 질문 자체를 던지지 않을 것이기 때문이다.

그러면 '『삼국사기』 초기 기록 불신론'에 대해 구체적으로 살펴보자. 먼저 『삼국사기』 초기 기록에 관한 이병도의 견해를 보자. 식민사학자 쓰다 소키치의 제자인 이병도는 광복 후 국사학계의 이른바 '태두(泰斗)'라고 불렸으므로 그의 견해는 중요하다. 이병도는 1936년에 발표한 「삼한(三韓) 문제의 신고찰」에서 백제의 확실한 건국 연대를 『삼국사기』의 8대 고이왕(古爾王) 27, 28년(260~261)으로 보았는데, 이 견해는 광복 후 오늘날까지도 대체로 유지되고 있다.[10]

고이왕 때 백제가 건국되었다는 이병도의 견해는 일본인 식민사학자들의 '『삼국사기』 초기 기록 불신론'을 추종하는 것이지만 13대 근초고왕(近肖古王, 재위 346~375) 때 건국되었다는 쓰다 소키치 등의 일본인 식민사학자들에 비하면 불신 정도가 조금 약화된 것이다. 그런데 최근에는 김태식 등 일부 고대사 학자들이 8대 고이왕 때 백제가 건국되었다는 사실도 후대인의 조작이라면서 13대 근초고왕 때 건국했다고 주장하는 것으로 퇴행하고 있다. 이병도의 설도 부정하고 쓰다 소키치의 학설로 되돌아간 것이다.

이병도가 고이왕 이전의 『삼국사기』 「백제본기」 기사를 거짓으로

---

10 이병도, 「삼한 문제의 신고찰」 5, 『진단학보』 6, 1936.
______, 『한국고대사연구』, 박영사, 1976, pp. 475~476.

본 견해의 근거는 다음과 같다.

Ⓐ 『삼국사기』「백제본기」 초기에 관한 기사란 소략(疏略)하기 짝이 없고, 부회조작(附會造作, 이치에 맞지 않는 것을 끌어들이거나 조작한 것)한 것도 많이 있다.

Ⓑ 『삼국사기』「백제본기」에 열재(列載, 순서대로 기록됨)된 고이왕 이전의 제왕(諸王) 기사는…… 개국 후에 추존된 왕들이거나 또는 진위반잡(眞僞半雜, 진짜와 가짜가 반씩 섞여 있음)의 세계(世系)를 후세의 사가(史家)가 개국 이래의 왕통과 같이 윤색한 바일 것이다.

고이왕 이전의 『삼국사기』「백제본기」 기사를 불신하는 근거라는 위의 내용들은 학문적 근거가 전혀 없으며, 이병도의 주장에 불과하다. 이병도가 『삼국사기』 초기 기록이 조작되었다면서 고이왕 때 백제가 건국했다고 주장하는 것은 불신의 기간이 약간 단축된 것 말고는 뒤에서 언급할 일본인 식민사학자들의 주장과 동일하다.

이병도는 또 신라는 17대 내물왕(奈勿王, 재위 356~402), 고구려는 6대 태조대왕(太祖大王, 재위 53~146)을 각각 신라와 고구려 국가 건설의 태조로 간주하여 그 이전의 세계(世系)를 불신하고 있는데[11] 이것 역시 일본인들의 주장과 같다.

이병도의 뒤를 이어 '『삼국사기』 초기 기록 불신론'을 주장한 인물은 이홍직(1909~1970)이다. 이홍직은 "신라·고구려·백제 3국의 개국 기년을 『삼국사기』가 전하는 대로 믿는 사람은 오늘날에는 아

11 이병도, 『한국사-고대편』, 을유문화사, 1959, p. 399.

무도 없을 것이다."라고 단정했다. 자신들의 견해를 일반적인 사실인 양 호도하는 것은 일본인과 한국인을 막론하고 식민사학자들이 즐겨 사용하는 수법의 하나인데, 이홍직도 마찬가지다. 이홍직은 『삼국사기』의 체계(體系)는 신라통일기 이후 신라 말기에 작성되었으며 또한 『삼국사기』 편찬자였던 고려시대의 사관(史觀)도 관여되었을 것이라고 주장했다. 그는 또 중국사료에 의해 신라의 건국 연대를 추정하였는데, 신라의 국조(國祖)로서는 제13대 미추왕(味鄒王, 재위 262~284)으로 믿어지는 흔적이 많다고 주장했다.[12] 그의 대부분의 주장 역시 일본인들의 주장과 유사하다.

강도의 차이는 있으나 이기백(1924~2004)도 '『삼국사기』 초기 기록 불신론'을 추종하고 있는데, 그의 견해는 다음과 같다.

Ⓐ 『삼국사기』 근초고왕 이후의 기록이 신용할 수 있는 것이라면 거의 동일하게 그 이전의 기록에도 신용할 만한 대목이 있을 가능성이 있다는 말이다. 그 기록들은 물론 후대에 특히 신라인이나 고려인에 의해서 왜곡되었을 것이다. 뿐만 아니라 고흥[高興, 『해동고기(海東古記)』의 찬자(撰者)-괄호 안은 필자주]에 의해서조차 사실(史實)이 조작·변경되었을 가능성이 있다.[13]

Ⓑ 『삼국사기』「백제본기」 초기 기록은 신빙성이 의심된다.[14]

Ⓒ 고이왕은 백제가 훗날 그 시조로 추대하고…… 고이왕 때 백제는 한강 유역 일대를 지배하는 새로운 부족연맹체로 크게 성장

---

12 이홍직, 「신라의 발흥기」, 『한국사상의 제문제』 3, 1959 ; 『한국고대사의 연구』, 신구문화사, 1971, p. 431, 435.

13 이기백 「백제왕위계승고」, 『역사학보』 11, 1959, p. 4.

14 ______, 위 논문, p. 1.

> 했을 것이다. …… 그러나 백제가 고대국가로 등장하게 되는 것은 그보다 약 5세기 뒤인 근초고왕(346~375) 때로 생각된다.[15]

이기백은 백제의 시조에 대해 이병도의 고이왕설과 쓰다 소키치의 근초고왕설을 무원칙하게 섞어서 두 설을 모두 언급했다. 김원룡은 이병도와 이기백 등의 '『삼국사기』 초기 기록 불신론'을 비판하면서 이러한 '『삼국사기』 초기 기록 불신론'이 일본인 학자들의 영향일 것이라고 시사했다. 이기백은 김원룡의 이런 비판에 반론을 제기하는 가운데 『삼국사기』 기록을 그대로 믿을 수도 없고 또 『삼국사기』의 모든 연대가 정확한 것이 될 수 없다면서, "쓰다 소키치 등은 고전에 대한 엄격한 비판으로부터 출발하였다. 그러나 고고학이 발달함에 따라 그들의 비판의 도가 지나친 것임이 나타나게 되었다."[16]라고 말했다. 이는 고고학적 근거가 드러나면서 '『삼국사기』 초기 기록 불신론'의 연대를 약간 끌어올린 것을 뜻하는 것이다. 그러나 이기백은 풍납토성 발굴 결과를 가지고 『삼국사기』 「백제본기」에서 말한 백제 건국 연대가 타당하다는 김원룡의 견해를 크게 비판한 것에서 고고학 발굴 결과도 자의적으로 취사선택했음을 알 수 있다.

이기백의 견해는 때에 따라 달라지지만 일본인 식민사학자들과 이병도에 대한 추종만은 일관되어, "일찍이 『삼국사기』 「백제본기」 특히 그 왕실 계보와 왕위계승의 기사에 대하여 철저한 비판을 시도한 것은 쓰다 소키치 박사의 「백제에 관한 〈일본서기〉의 기재(百

---

15 이기백, 『한국사신론』, 일조각, 1999, p. 54.

16 ______, 『한국고대사론』, 탐구당, 1975, p. 177.

濟に關する日本書紀の記載)」라는 논문이었다."라고 높이 평가했다. 또한 쓰다 소키치, 오타 아키라(太田亮, 1884~1956), 이마니시 류, 이병도 등의 『삼국사기』 비판은 "근대적 학문적 비판"[17]이라고 평가했다. 『삼국사기』 초기 기록을 아무런 학문적 근거도 없이 조작이라고 본 것을 "근대적 학문적 비판"이라고 높게 평가한 데서 이기백의 태도가 잘 드러난다.

이기백의 견해는 다음과 같이 정리될 수 있다.

① 쓰다 소키치, 오타 아키라, 이마니시 류 등의 『삼국사기』 비판은 근대적·학문적이자 엄격한 비판이며 철저한 비판이다.
② 이러한 일본인들의 비판은 고고학자에 의한 고고학적 성과로 말미암아 도가 지나친 것임을 알게 되었다.
③ 『삼국사기』 초기 기록이 조작·변경되었을 가능성이 있으며 이러한 왜곡은 신라인·고려인들에 의하여 행해졌을 것이다.
④ '부족연맹체'의 시조는 8대 고이왕이고, '고대국가'로서의 시조는 13대 근초고왕이다.

이기백은 고이왕을 부족연맹체의 시조로 보고, 근초고왕을 고대국가의 시조로 나누어 보았다. 고이왕이 백제의 시조라는 이병도의 견해와 근초고왕이 백제의 시조라는 쓰다 소키치의 견해를 아무 기준 없이 뒤섞어 백제의 시조가 마치 두 명인 것처럼 서술했다. 이기백은 학문을 자의에 따라 취사선택할 수 있는 것처럼 취급한 것이다.

---

17 이기백, 앞의 논문, pp. 2~3.

이제 김철준의 견해를 살펴보자. 김철준은 박·석·김 삼성의 왕위 세차 전부가 허구였다는 마에마 교사쿠와 내물왕(17대)이 신라의 실재적 시조라는 스에마쓰 야스카즈의 견해를 각각 "단견(短見)", "지나친 무단(武斷)", "무계(無稽, 근거 없음)"한 일이라고 비판했다. 이런 비판이 아무 근거 없는 '『삼국사기』 초기 기록 불신론' 자체에 대한 비판으로 이어졌다면 다행이었겠지만 김철준은 정작 신라상고(上古)의 세계(世系)에 '허구'의 부분이 있다고 보았는데 그 논리가 기발하다. 신라의 실제 기년을 올리기 위해 박씨세계(朴氏世系)를 석씨세계(昔氏世系) 위로 올려붙이는 방법으로 조작된 것이라고 주장했던 것이다.[18] 그래서 김철준이 택한 방법은 '교립(交立, 교대로 섬)'이 아닌 '병립(竝立, 나란히 섬)'의 가정 위에서 내물왕을 기점으로 하여, 1대(代) 당 30년이라는 평균값을 적용하여 소급·역산하는 방법이었다. 그런데 이른바 '삼성병립'은 사실은 김철준의 견해가 아니라 뒤에서 살펴볼 이마니시 류의 견해다.

그래서 김철준은 박혁거세를 2세기 말이나 3세기 초의 철기문화의 소유자로 보았다.[19] 박혁거세는 아무 이유도 없이 300~400년 후의 인물로 끌어내려진 것이다. 또한 김철준은 부족연맹 내에서 한 부족의 영도권이 확립되어 뒤에 고대국가 성립의 주체로 등장할 수 있는 기반을 마련한 왕들에 대해서 고구려는 6대 태조왕(53~146), 백제는 8대 고이왕(234~285), 신라는 17대 내물왕(356~401)으로 보았다.[20] 이는 이마니시 류와 이병도의 견해를 대체로 추종한 것이

---

18 최재석, 『한국가족제도사연구』, 일지사, 1983, p. 107.

19 김철준, 『한국고대국가발달사』, 한국일보사, 1975, p. 86.

20 ______, 앞의 책, pp. 85~86.

다. 김철준은 또한 일본인들이 내세운 사학(史學) 방법은 근대사학 정신이 빈곤한 점은 있으나 "문헌고증학으로서 자료 정리가 가능한 방법"이라고 보고 있는데,[21] 이러한 입장은 이기백이 일본인의 방법을 "근대적·학문적 비판" 또는 "철저한 비판"이라고 하는 것과도 유사하다. 이에 대해 이종욱은 김철준이 일본인들의 영향에서 벗어나지 못하고 있다고 비판하고 있지만[22] 일본인들의 영향을 받아 『삼국사기』 초기 기록을 조작으로 보는 견해는 김철준뿐만 아니라 이기백도 동일하다고 하겠다.

천관우(1925~1991)는 『삼국사기』「신라본기」의 5대 파사왕(婆娑王, 재위 80~112) 이전의 기사를 불신하고 있다는 점에서 정도의 차이는 있지만 '『삼국사기』 초기 기록 불신론'의 입장에 서 있으며 또한 박 → 석 → 김으로 왕위가 계승되는 것을 결코 평화적인 선양(禪讓)으로 보지 않는다고 말하고 있다.[23]

이기동(1943~)은 이병도와 이기백의 뒤를 이어 '『삼국사기』 초기 기록 불신론'을 강하게 주장하고 있는 인물인데, 그의 견해는 어떠한지 알아보자.

---

21 김철준은, "그들이 당시에 내세운 사학 방법은 이른바 문헌고등비판을 내세우는 문헌고증학으로서, 이것은 자료정리의 방법으로는 가능한 방법이었으나, 근대사학 정신의 빈곤으로 말미암아 역사 의미의 이해능력이 결여되어 있어서, 저절로 역사생리(歷史生理)의 발견이라기보다는 그것의 부인을 위주하는 태도를 과학적인 양 착각하고 있었다(김철준, 「한국사학의 몇 가지 문제」, 『한국사 연구 입문』, 한국사연구회편, 1981, p. 64)."라고 말했다. 총론으로는 일제 식민사관을 비판하는 듯하면서도 각론으로는 추종하는 한국인 학자들의 전형적이고도 이중적인 모습이 잘 드러나고 있다.

22 이종욱, 『신라상대 왕위계승연구』, 영남대 출판부, 1980, p. 3.

23 천관우, 「삼한의 국가형성」 상 · 하, 『한국학보』 2 · 3, 1977, p. 4, 29, 33, 116, 132, 155.

Ⓐ 『삼국사기』「신라본기」 초기 기록은 신화에서 역사로의 과도기를 다룬 것이 틀림없다.[24]

Ⓑ 『삼국사기』「신라본기」 초기 기사는 많은 의문점을 내포하고 있는 것이 사실이다……「신라본기」 초기 기사는 진정한 의미에서 '고등비판(高等批判)'을 필요로 한다.[25]

Ⓒ 「신라본기」 전 역사는 내물(奈勿) 왕조의 역사라고 볼 수 있을 것이다.[26]

Ⓓ 『삼국사기』「백제본기」 기사에 어떤 입장을 취하든 간에 적어도 고이왕(8대) 이전 백제왕통 계보가 사실을 왜곡 또는 조작했을 것이라는 혐의를 떨쳐버릴 수 없다.[27]

이기동 역시 "사실을 왜곡 또는 조작했을 것이라는 혐의를 떨쳐버릴 수 없다."는 그의 말에서 알 수 있듯이 『삼국사기』 초기 기록이 조작되었다고만 주장할 뿐 아무런 학문적 근거는 제시하지 못하고 있다. 그러면서도 이기동은 『삼국사기』「신라본기」 초기 기록의 사료적 가치를 인정하고 신라의 왕위계승 문제를 다룬 필자의 논고에 대해서 "엄정한 사료비판"을 가해야 마땅한 「신라본기」 초기 기록을 그대로 인정하고 있다고 비판했다.[28] 그런데 『삼국사기』 초기 기록이 조작되었다는 증거를 제시하라는 반론에는 계속 침묵을 지킨다.

---

24 이기백 · 이기동, 『한국사강좌』, 일조각, 1982, p. 143.
25 이기동, 『신라 골품제 사회와 화랑도』, 한국연구원, 1980, p. 15.
26 ______, 앞의 책, p. 54.
27 ______, 「백제왕실 교대론에 대하여」, 『백제연구』 12, 1981, p. 7.
28 ______, 「회고와 전망」, 『역사학보』, 104, 1984.

지금까지 살펴보았듯이 『삼국사기』 초기 기록을 비판하는 한국 사학자들의 공통된 특징은 『삼국사기』의 사료적 가치에 대해 구체적인 검토를 거친 비판이 아니라는 점이다. '『삼국사기』 초기 기록은 조작되었다'는 자신들의 일방적 견해를 전제로 삼고 무조건 비판하고 있는 것이다. 이기동도 다른 고대사 학자들과 마찬가지로 사료를 검토해보지도 않은 채 『삼국사기』「신라본기」와 「백제본기」 초기 기록을 믿을 수 없다는 것을 전제로 삼으면서, 때로는 신화를 반영하는 것이라고 주장하고, 때로는 조작된 것이라고 주장한다. 이기동은 17대 내물왕 이전의 기년과 세계를 아무런 근거도 없이 부정하고 '신라의 역사'를 전적으로 김씨 성을 가진 내물왕부터 시작하는 내물 왕조의 역사라고 우기고 있다. 왜 그전의 국왕들의 역사는 허구인지 학문적 근거를 전혀 제시하지 못하고 있다.

이기동의 이런 견해는 다음 장에서 살펴볼 일본인 식민사학자들의 견해와 전적으로 동일하다. 이기동은 『삼국사기』 초기 기록이 조작되었다는 근거는 단 한 번도 제시하지 않으면서도 위에 지적한 것처럼 고대사에 관한 논고를 발표할 때마다 『삼국사기』 초기 기록에 대하여 "고등비판" 또는 "엄정한 비판"이 가해져야 한다고 역설하고 있다. 그러면서 정작 『삼국사기』 초기 기록을 부인해야 하는 "고등비판" 또는 "엄정한 비판"은 전혀 제시하지 못하고 있는 것이다. 『삼국사기』 초기 기록은 조작되었거나 왜곡되었다는 억지가 논리의 전부다.

『삼국사기』 초기 기록이 조작·왜곡되었다는 이기동의 주장에 비추어볼 때 기록상의 과오·착오·누락 등 부분적 문제점을 바로잡는 수준이 아니라 조작된 부분을 찾아내서 『삼국사기』를 가짜로 모는 조작 작업으로 이해된다. 아무런 근거의 제시 없이 『삼국사기』

초기 기록만 조작되었거나 또는 전설이라고 강조함으로써 이른바 '사료비판'이 뒤따라야 한다고 주장한다. 그러면서도 정작 '사료비판'을 행한 것은 하나도 없다. 이기동은 삼국의 개국 신화를 시조 탄생에 한하지 않고 그 후 30~40년 후까지 연장·확대하여 이 긴 기간을 신화나 반(半)신화의 시대, 또는 신화에서 역사로 가는 과도기시대라고 주장하는데 이 역시 앞으로 살펴볼 일본인 식민사학자들의 주장을 추종한 것에 불과하다. 이병도에서 이기백을 거쳐 이기동에 이르기까지 모두 일본인 식민사학자들의 주장을 추종하고 있는 것이다.

여기서 우리가 주목해야 하는 것은 이들 고대사 학자들이 『삼국사기』 기사에 과오나 착오가 있었다고 보는 것이 아니라 모두 조작·변경·왜곡되어 있다고 주장한다는 사실이다. 『삼국사기』 초기 기록을 조작이나 왜곡이라고 보는 것인데, 어느 누구도 근거는 제시하지 못했다.

다음으로 문경현(1934~)의 주장을 알아보자. 문경현도 『삼국사기』 초기 기록을 불신하고 스에마쓰 야스카즈의 사관을 그대로 받아들여 내물왕 대를 신라 국가 성립의 제1차적 성립 시기이며 지증왕(智證王), 법흥왕(法興), 진흥왕 대를 제2차 성립 시기로 보면서 내물왕 이전은 국가가 성립하지 않았다고 보았다. 그는 『삼국사기』 기사는 불신하면서 중국사서와 『일본서기』에 의거해서 신라 국가 형성 시기를 고찰하였다. 그는 법흥왕 이전의 신라의 영토 확장 기사는 모두 전설적 기사라는 스에마쓰 야스카즈의 주장을 더욱 왜곡하여 신라상고의 영토 확장 기사는 모두 황당하면서 모순되므로 신빙성이 희박하다고 주장하면서, 제20대 자비왕(慈悲王, 재위 458~479) 대에 들어야 국경 기록이 대체로 신빙성이 있다고 주장하

였다.[29]

이상으로 우리는 일본인 학자들이 처음 제기했던 『삼국사기』 초기 기록의 조작·날조·불신론에 대해 한때 김원룡과 필자가 부분적으로 비판을 가한 일을 제외하면 강단의 한국고대사 학계는 정도의 차이는 있지만 일본인들의 『삼국사기』 초기 기록에 대한 불신론을 추종하고 있음을 알 수 있다. '『삼국사기』 초기 기록 불신론'이 학계의 정설이라는 이기동의 평이 재확인된 셈이다. 한 가지 기이하게 생각되는 점은 일본인들의 『삼국사기』 조작·날조·불신론에 대해서 국내 역사학자들이 역사학적 사료비판 방법론에 의거해서 정당한지 아닌지를 일체 검토하지 않은 채 추종하고 있다는 점이다. 국내 학자들은 총론에서는 타율성론(他律性論), 정체성론(停滯性論), 사대주의론(事大主義論), 당파성론(黨派性論), 민족성론(民族性論) 등 식민사관의 이론들에는 비판을 가하면서도[30] '『삼국사기』 초기 기록 불신론', 즉 『삼국사기』 초기 기록의 조작·날조설에 대해서는 지금까지 한 번도 논의나 비판의 대상으로 삼은 사실이 없다. 총론에서는 일본인 식민사학자들의 식민사관을 비판하면서 각론으로는 추종하는 이중적인 태도를 유지하고 있는 것이다.

한 예로 이기백은 일제의 '식민주의 사학'의 내용에 당파성, 사대주의론, 정체성 이론, 타율성, 반도적 성격론, 독창성 결여 등이 있다고 비판하면서도 정작 일제 식민사관의 핵심인 『삼국사기』 초기

---

29 문경현, 「신라국가형성과정의 연구」, 『대구사학』 6, 1983, p. 19, 22, 29, 32.

30 일제 식민사관에 대한 총론적 비판은 다음과 같은 것들이 있다.
· 이우성 · 강만길 엮음, 『한국의 역사인식』 상 · 하, 창작과 비평사, 1976.
· 이기백, 『민족과 역사』, 일조각, 1971.
· 김철준, 『한국문화사론』, 지식산업사, 1976.

기록이 조작·날조되었다는 주장에 대해서는 '식민주의 사학'의 범주에 넣지 않고 일본인 식민사학자들의 주장과 같은 내용을 반복하는 것으로 추종했다. 또 미시나 쇼에이의 『삼국사기』 초기 기록 조작 주장이나 신라의 화랑(花郎)과 한국고대의 신화·신앙[곡령신앙(穀靈信仰)]의 왜곡에 대해서도 언급이 없다.[31]

이기백은 미시나 쇼에이의 한국사 왜곡에 대해서는 언급하지 않고 미시나 쇼에이의 타율성 이론과 남북한의 이질문화권설의 대표적 저술로 『조선사개설(朝鮮史概說)』(1949)과 『북선과 남선(北鮮と南鮮)』(1957)이라는 두 권의 저서만 거론하고 있다. 또한 스에마쓰 야스카즈의 저서 가운데 『임나흥망사(任那興亡史)』(1949)에 대해서는 총론적으로 비판을 가하면서도 스에마쓰가 『임나흥망사』에서 수없이 반복하고 있는 『삼국사기』 초기 기록의 조작설은 비판하지 않고 있다. 또한 『임나흥망사』와 더불어 신라의 정치·사회사를 완전히 말살하려는 『신라사의 제문제(新羅史の諸問題)』(1954)에 대해서도 일체의 비판이 없을 뿐만 아니라[32] 오히려 이를 자신의 연구 발판으로 삼고 있는 실정이다.[33]

총론으로는 식민사학을 비판하면서도 각론으로는 식민사학을 추종하고, 심지어 일본인 식민사학자들의 한국사 왜곡을 연구의 발판으로 삼고 있는 이러한 상황이 필자가 이 책을 집필하게 된 이유

---

31 미시나 쇼에이의 식민사학에 대해서는 필자가 「미시나 쇼에이의 한국고대 사회·신화론 비판」(『민족문화연구』 20, 1987. 1)에서 비판했다.

32 스에마쓰 야스카즈의 식민사관에 대해서는 필자가 「스에마쓰 야스카즈의 신라 상고사 비판」(『한국학보』 43, 1986)에서 비판했다.

33 이기백, 『한국사학의 방향』, 일조각, 1978, pp. 106~128 및 이기백, 『신라 정치 사회사 연구』, 일조각, 1973, p. 29.

가운데 하나다. 이기동은 대표적인 일본인 식민사학자들인 쓰다 소키치와 이마니시 류에 대해 "근대사학의 방법으로 한국고대사 연구에 착수했던 쓰다 소키치, 이마니시 류 등의 일본 학자들은 문헌고증학의 연구 방법에 입각하여 『삼국사기』에 대한 사료비판을 가하였다."라고 극찬했다.[34] 광복 후 한국의 고대사 학자들은 일본인 식민사학자들의 『삼국사기』 초기 기록에 대한 비판을 '문헌고증학'의 연구 방법이라고 높게 평가하고 있지만[35] 일본인들의 『삼국사기』 조작설이 '문헌고증학'이란 이름을 붙일 수 있는 성질의 것인지는 전혀 검토하지 않았다.

'고증사학(考證史學)' 또는 '문헌고증적 방법'이란 합리성과 고증을 유일한 역사학적 방법론으로 보는 실증사학으로 볼 수 있다.[36] 그렇다면 일본인들의 『삼국사기』에 대한 부정에 가까운 비판적 태도가 과연 이른바 '문헌고증학'에 입각한 비판인가, 즉 일본인들의 『삼국사기』 비판이 진정 '실증사학' 또는 '문헌고증학'의 명칭을 붙일 수 있는 것인가 하는 점도 동시에 고찰되어야 할 것이다. 또한

.34 이기동, 앞의 논문.

35 이기동은, "근대사학의 방법으로 한국고대사 연구에 착수했던 쓰다 소키치, 이마니시 류 등의 일본 학자들은 문헌고증학의 연구 방법에 입각하여 『삼국사기』에 대한 사료비판을 가하였는데 그 결과 계왕, 근초고왕 이전의 「백제본기」 기사가 신빙성이 결여된 것으로 논단되어 그 사실성이 부인되고 말았다(이기동, 전게 논문)."라고 『삼국사기』 「백제본기」 상당수 기사를 부정했다.
이만열은 "그들(일본인)의 한국사 연구는 서양의 이른바 근대사학에 바탕을 둔 문헌고증적 방법을 원용하고 있었다(이만열, 「일제 관학자(官學者)들의 식민사관」, 『한국의 역사인식』 하, 이우성 · 강만길 엮음, 창작과비평사, 1976, p. 505)" 라고 일본인 학자들의 한국사 왜곡을 서양 근대사학에 바탕을 둔 문헌고증적 방법이라고 높이 평가하고 있다.

36 김용섭, 「일본-한국에 있어서의 한국사 서술」, 창작과 비평사, 『역사학보』, 31, 1966.

만일 '『삼국사기』 초기 기록은 믿을 수 없다'는 일본인 식민사학자들의 연구가 실제 역사학적 방법론에 의해 검토해본 결과 일본인들의 조작에 불과하다는 사실이 명백히 확인된다면 그들이 무엇 때문에 『삼국사기』 기록이 조작되었다고 주장하는지에 대해서도 검토해 보아야 할 것이다.

필자가 논문 「〈삼국사기〉 초기 기록은 과연 조작되었는가」를 발표한 것은 지금으로부터 30여 년 전인 1985년이었다. 그때도 한국의 고대사 학자들이 일본인 학자들의 '『삼국사기』 초기 기록 불신론'을 추종하는 것을 기이하게 생각했는데, 이런 현상이 광복 70주년을 맞는 현재까지도 계속되고 있다는 사실이야말로 기이하기 짝이 없는 일이다. 그때나 지금이나 '『삼국사기』 초기 기록 불신론'은 한국고대사 학계의 정설로 위세를 떨치고 있다. 다만 다행한 것은 일제 식민사관을 추종하는 '『삼국사기』 초기 기록 불신론'에 대한 비판적 시각이 확대되고 있다는 사실이다. 필자는 국내 고대사 학자들의 '『삼국사기』 초기 기록 불신론'의 진원지인 일본인 학자들의 주장이 과연 학문적 근거가 있는가를 조명해보려고 한다.

제2장

일본인 식민사학자들의 '『삼국사기』 초기 기록 불신론' 분석

한일고대사를 연구하는 일본인 학자들은 거의 전부 『삼국사기』 초기 기록을 불신하고 있는데, 여기서는 그중 가장 대표적인 학자 8명의 주장을 살펴본다. 19세기 말 일본의 동양사학자인 나카 미치요는 고구려는 6대 태조대왕, 백제는 12대 계왕(契王), 신라는 16대 흘해왕(訖解王) 이전의 기년은 믿을 수 없다고 주장했는데, 이것이 '『삼국사기』 초기 기록 불신론'의 필두였다. 이후 시라토리 구라키치(白鳥庫吉, 1865~1942), 아사미 린타로 등의 뒤를 이어 『삼국사기』 초기 기록의 사료적 가치를 본격적으로 비판한 일본인은 쓰다 소키치였다. 그러므로 그의 주장을 먼저 살펴보자.

1. 쓰다 소키치

쓰다 소키치는 나카 미치요의 뒤를 이어 『삼국사기』 불신론을 적극적으로 전개한 인물이다. 와세다대학 출신의 쓰다 소키치는 만주철도와 와세다대학에 근무하면서 식민사학을 심화시키는 데 결정적 역할을 했으며, 또한 와세다대학 시절 이병도 등의 한국인 제자들을 가르쳤는데, 이를 통해 지금까지 한국사학계에 큰 영향을 끼치고 있는 인물이다.

쓰다 소키치의 연구 방법을 살펴보면 먼저 『삼국사기』 초기 기록을 무조건적으로 비판한 후 일본 사료인 『일본서기』·『고사기(古事記)』에 의거하여 일본고대사를 연구하는 방식이었다.[37] 그의 이런 일본고대사 연구 순서는 주목된다. 먼저 『삼국사기』의 사료적 가치를 부정해야만 『일본서기』 및 『고사기』를 사료로 삼아 일본고대사의 체계를 세울 수 있음을 말해주기 때문이다. 쓰다 소키치의 『삼국사기』 비판은 '일본고대사'라는 집을 짓기 위한 정지작업에 해당된다. 쓰다 소키치는 1921년에 『삼국사기』 「백제본기」를 먼저 비판하고, 이어서 「고구려본기」를, 마지막으로 「신라본기」를 비판[38]했으니 『삼국사기』의 신라, 고구려, 백제 삼국의 '본기'를 모두 비판한 것이다.

---

37 쓰다 소키치의 일본고대사에 관한 주요 저서는 다음과 같다.
『古事記及び日本書紀の研究』, 1924. 9.
『日本上代史研究』, 1930. 4.

38 「百濟に關する日本書紀の記載(특히 7. 百濟王室の系譜及び王位繼承の記事)」, 『萬鮮地理歷史研究報告』 8, 東京帝大 文學部, 1921.
「高句麗紀の批判」, 『萬鮮地理歷史研究報告』 9, 東京帝大 文學部, 1922.
「『三國史記』の新羅本紀について」, 『古事記及び日本書紀の研究』, 1924.

(1) 『삼국사기』「백제본기」 비판

먼저 쓰다 소키치가 무슨 근거로 『삼국사기』「백제본기」를 믿을 수 없다고 비판했는지 알아보자. 우선 그의 구체적인 비판 내용을 적기하고 이어서 그의 주장을 비판하겠다.

① 개로왕(蓋鹵王), 초고왕(肖古王), 구수왕(仇首王)의 이름도 실제 있었던 개로왕, 초고왕, 구수왕의 이름을 옛날로 소급시켜 설화시대의 국왕으로 하고, 실재의 왕에는 각각 '근(近)' 자를 붙여서 이것과 구별하였다. 『일본서기』에 기재된 초고왕(肖古王), 귀수왕(貴須王)에 '근(近)' 자가 보이지 않는 것은 그 책이 그러한 조작이 가해지기 이전의 사적이기 때문이다.

② 백제상대(上代)의 왕실 계보에 관한 『삼국사기』의 기재는 고구려나 백제의 사적(史籍)에서 나온 것이라 하더라도 몇 번이나 산윤(刪潤, 깎거나 보탬)이나 변개(變改, 바꾸어 고침)를 겪었기 때문에 이 계보의 최초의 모습을 그것에 의하여 알 수는 없다.

③ 신라·고구려·백제의 건국 연대를 거의 20년 간격의 차로 배열한 것으로 보아도 조작한 것임을 알 수 있다.

④ 구태(仇台)가 백제의 시조인 것은 의심의 여지가 없는데, 『삼국사기』「백제본기」에는 시조가 온조(溫祖)이고 구태의 이름이 없는 것을 보면 이것은 백제인의 기록이 아니다. 백제의 2가지 전설(주몽전설)을 하나로 결합하였다.

⑤ 온조도 기사의 주기(註記, 주석)에 일설[一說, 이설(異說)]이 있는 것은 후세에 조작한 증거가 된다.

⑥ 백제의 실제 건국과 『삼국사기』 기록(B. C. 18)은 340~350년의

차이가 생기므로 이것을 메우기 위해 온조왕 이후 12대 계왕(재위 344~346)까지의 국왕을 조작하였다. 신라인이 조작하였지만 신라사를 길게 하기 위해 백제사도 고구려사도 길게 잡았다.

⑦ 신라인에 의한 백제사 조작은 통일 후 얼마 되지 않은 시대에 행해졌다.

⑧ 초고(肖古), 귀수(貴須), 개로(蓋鹵)만이 『일본서기』의 것과 동명(同名)이고 그 밖의 것은 명명법이 다르다. 위의 세 왕만이 실재의 군주이다.

⑨ 백제왕의 계보와 왕위계승에 관하여 『일본서기』와 『삼국사기』는 일치하지 않는 사례가 있다.

⑩ 계보와 왕명 등에 있어서 『삼국사기』와 중국사적(史籍) 간에 차이가 있다.

⑪ 백제의 왕명, 계보, 즉위, 훙거(薨去, 세상을 떠남) 등의 기년은 『일본서기』가 『삼국사기』보다 더 정확하다.

쓰다 소키치는 이런 11가지 논리로 『삼국사기』 「백제본기」를 비판하고 『삼국사기』 「백제본기」의 사료적 가치에 대해 다음과 같이 결론지었다.

"『삼국사기』의 계왕(12대) 이전의 백제 기사는 모두 사실로서 믿을 수 없으며 그것이 후세의 사가에 의해 조작된 것임은…… 이미 말할 필요조차 없다."

쓰다 소키치는 11가지 항목으로 『삼국사기』 「백제본기」가 조작되었다고 주장하고 있지만 위의 11가지 항목 중에서 「백제본기」가 실제로 조작되었다는 합리적인 논거는 하나도 없다. ①~⑦항까지는 모두 자신의 일방적인 견해일 뿐, 엄정한 사료비판이라는 역사학적 방법론에 의한 것이 아니다.

①항에 대한 그의 견해를 살펴보자. '근(近)' 자가 붙은 국왕만이 실제로 존재했던 국왕이라는 것이 골자다. 『삼국사기』「백제본기」에는 5대 초고왕(肖古王, 재위 128~166)과 13대 근초고왕(近肖古王, 재위 346~375), 6대 구수왕(仇首王, 재위 214~234)과 14대 근구수왕(近仇首王, 재위 375~384)처럼 '근' 자가 붙은 왕이 둘 있다. 쓰다 소키치는 이것을 백제 초기의 국왕이 전부 허구라는 주장의 가장 강력한 근거로 삼았다.

그는 '근' 자가 붙은 왕은 실재의 왕이고 '근' 자가 붙지 않은 왕(초고왕, 구수왕)은 설화시대의 왕이라고 몰았다. 그러나 그 논리에 따르면 근초고왕, 근구수왕 이후의 여러 왕도 모두 그 이전의 여러 왕의 칭호에 '근' 자를 붙였어야 한다. 자신의 논리가 맞지 않자 이번에는 다시 '근' 자가 없는 여러 왕의 존재는 다른 시대 다른 사람의 조작에 의한 것이라고 궁색한 억지를 부렸다.

이런 식의 논리로 쓰다 소키치는 백제 초기의 여러 왕이 모두 조작이라고 주장했다. ②항의 논리처럼 백제 상대 왕실의 계보가 몇 번이나 산윤되고 변개된 것이라고 주장하려면 그런 증거를 제시하는 것이 역사학적 사료비판 방법이다. 고쳐지기 이전의 사료를 찾아서 고친 이후의 사료와 비교하는 등의 방법을 통해서 산윤되고 변개되었다고 주장해야지, 무작정 산윤되고 변개되었다고 주장해서는 역사학 자체가 성립할 수 없다. 쓰다 소키치는 ④항에서 "구태가 백제의 시조인 것은 의심의 여지가 없는데"라고 강조했지만 백제의 시조가 온조가 아니라 구태라는 사실이 왜 의심의 여지가 없는지는 증명하지 않았다. 아무런 사료적 근거를 제시하지도 않으면서 '구태가 백제의 시조인 것은 의심의 여지가 없다'라고 단정하는 것은 역사학이 아니다.

⑧항은 『삼국사기』「백제본기」에 기재된 백제 국왕 중 『일본서기』에 나오는 초고·귀수·개로왕만이 실제 국왕이고 나머지는 모두 가짜라는 논리다. ⑨항도 『삼국사기』와 『일본서기』 내용이 다르므로 『삼국사기』가 조작이라는 내용이다. 『일본서기』야말로 조작, 변개가 심한 사서라는 사실은 쓰다 소키치에게 전혀 중요하지 않다. 『삼국사기』를 가짜로 몰아서 『일본서기』를 진짜로 만드는 '정치적 목적'만 달성하면 되기 때문이다. ⑩항은 『삼국사기』「백제본기」와 중국사적의 기록이 다른 것이 있기 때문에 『삼국사기』가 가짜라는 논리다. 서로 다른 나라에서 작성한 사서들은 내용이 같을 수도 있고, 다를 수도 있다는 평범한 상식이 쓰다 소치키에게는 통하지 않는다. 한국의 기록이 중국이나 일본의 기록과 다르면 무조건 한국 기록이 조작된 것으로 몰아붙인다.

마지막 ⑪항에서 쓰다 소키치는 백제 기사에 관해서는 『삼국사기』보다 『일본서기』가 더욱 정확하다고 주장했다. 이것은 결국 『일본서기』를 진짜로 만들기 위해 『삼국사기』를 가짜로 만들었다는 그의 의도를 말해준다. 온조왕 이후 12대 계왕까지를 조작했다는 ⑥항의 지적은 쓰다 소키치가 『일본서기』의 시조 진무(神武)부터 15대 오진(應神) 이전의 기사는 조작되었다고 말한 것을 연상케 한다. 『일본서기』가 조작되었으니 『삼국사기』도 조작되었을 것이라는 논리다. 더 나아가 조작된 것이 명백한 『일본서기』가 『삼국사기』보다 정확하다는 쓰다 소키치의 주장은 자기논리의 파탄을 보여주는 좋은 사례다. 「백제에 관한 〈일본서기〉의 기재」라는 그의 논문 제목이 말해주는 것처럼 『일본서기』를 기준으로 『삼국사기』를 비판한 것이다. 『일본서기』와 『삼국사기』를 비교해서 『삼국사기』가 위서라는 이런 식의 비판은 쓰다 소키치는 물론 이마니시 류 등 대부분의 일본인 식민사학자들이 흔히 취하는 방법이다.

쓰다 소키치의 논리 전개의 특색은 단정과 억측을 교묘하게 섞어서 자기 견해를 펼친다는 점이다. "후세의 사가에 의해서…… 조작된 것이라는 것은 벌써 말할 필요조차 없다."라고 말한 것처럼 쓰다 소키치는 미리 내려놓은 결론에 꿰맞추기 위해 수많은 억측과 추측을 동원하여 자신의 견해를 사실인 양 호도하는 방법을 즐겨 사용한다. 「백제에 관한 〈일본서기〉의 기재」라는 그의 논문을 예로 들면 124~125쪽에서만도 수많은 억측을 남발하고 있다. 예를 들면 ① '알려졌을 것이기 때문' ② '…라고 해석하기 어렵다' ③ '만일 그렇다고 한다면' ④ '적용되었을 것이다' ⑤ '결합되었을 것이다' ⑥ '결합하지 않으면 아니 되었을 것이다' ⑦ '명확한 추단(推斷)은 할 수 없지만' ⑧ '이러한 것도 생각할 수 있다' ⑨ '알려질 수는 없을 것인가' ⑩ '…라는 이야기에서 왔을 것이지만' ⑪ '암시하고 있는 것 같다' ⑫ '기초로 하여 만든 것 같다'는 식의 억측을 남발하고 있다.

『삼국사기』「백제본기」가 조작된 것이라는 결론은 미리 내려놓았지만 구체적인 증거를 하나도 제시할 수 없으니 억측을 남발할 수밖에 없었던 것이다. 같은 논문의 126~127쪽에서도 무려 열여덟 번이나 억측과 추단을 기초로 논리를 전개하고 있다. 그것들을 아래에 소개한다.

① 있을 수 없는 것일 것이다

② 후세인의 윤색일 것이다

③ 그 윤색이 언제 행해졌는지는 불명하지만

④ 신라인의 의도일 것이다

⑤ 이야기에 사연이 있을 것이라고 생각한다

⑥ 신라인의 손이 가해진 것은 확실한 것이다

⑦ 신라인의 짓인지 고구려인의 짓인지 판단할 수 없다

⑧ 만일 그렇다면…… 신라인이 만든 것이라 말할 수 없겠는가?

⑨ 관명(官命)의 우태(優台)에서 온 것인가

⑩ 이 억측이 허용되면

⑪ 신라인이 만든 것이라고 인정할 수 없겠는가

⑫ 좀 더 상세한 이야기가 있었을 것이다

⑬ 수사가(修史家)의 재료가 되었는지 모르겠다

⑭ 온조의 이야기의 골자에는 그것이 없는 것처럼 보인다

⑮ 그렇지 않은 것에도 그것이 있는 것이다

⑯ 고구려인이 한 짓인지도 모른다

⑰ 신라인의 편술(編述)이 기본이 되었을 것이지만

⑱ 온조 전설도 그 하나라고 간주될 수 있다

이처럼 불과 두 쪽에서만도 무려 열여덟 번이나 억측을 남발하고 있다.[39] 전 세계 학계에서 이렇게 짧은 분량에 이렇게 수많은 억측을 남발한 사례는 찾아보기 힘들 것이다. 이것은 쓰다 소키치가 『삼국사기』「백제본기」를 조작이라고 단정할 만한 사례를 전혀 찾지 못했다는 사실을 반증한다.

---

39 津田左右吉, 「百濟に關する日本書紀の記載」, pp. 124~127.

(2) 『삼국사기』「고구려본기」 비판

쓰다 소키치는 『삼국사기』「고구려본기」의 고구려 초기 기년과 세계가 조작되었다고 주장했다. 그는 이런 주장을 합리화시키기 위해 역사적 사건 전반에 걸쳐, 이를테면 건국 기사, 중국과의 관계 기사, 타민족과의 관계 기사, 국내 기사도 함께 조작되었다고 주장하고 있다. 즉 그는 고구려의 건국기년(쓰다 소키치는 '건국설화'라고 주장)에 관해서는 이렇게 주장하고 있다.

> "여기(麗記, 『삼국사기』「고구려본기」를 가리킴 - 필자주)의 건국설화는 통일 이후의 신라인이 『위서(魏書)』「고구려전(高句麗傳)」(『삼국지』「위지(魏志)」〈동이열전〉의 고구려를 뜻함 - 필자주)의 기재와 고구려에서 전해 내려온 얼마간의 기록 또는 고구려인으로부터 주어진 근소한 지식을 기초로 하여 『위지』나 『후한서(後漢書)』 등의 중국사적의 기재와 당시의 북방에 관한 막연한 지리적 지식에 의하여 그것(건국설화)을 윤색한 것이다."

『삼국사기』「고구려본기」 건국 기사는 통일 이후 신라인들이 중국사적을 근거로 윤색한 것이라는 주장이다. 고구려인도 아닌 신라인이 왜 자신들이 멸망시킨 나라의 건국 기사를 윤색까지 해가면서 높여야 했는지에 대해서는 아무런 설명이 없다. 『삼국사기』「고구려본기」는 시조가 동명성왕(東明聖王)이며 "천제(天帝)의 아들이고 하백(河伯)의 외손"이라고 기재하고 있다. 신라인들이 자신들이 멸망시킨 나라의 시조를 왜 윤색까지 해가면서 '성왕(聖王)'으로 높이고, '천제의 아들'이자 '하백의 외손'이라고 높였는지에 대해서는 아무 설명이 없다. 논리적으로 맞지 않으니 설명할 수가 없는 것이다.

중국과의 관계를 기재한 것에 관해서도 "요컨대 중국과의 교섭에 관한 『삼국사기』「고구려본기」의 기재는 적어도 그 대부분이 후인의 조작에서 나온 것이다."라고 일방적으로 주장만 하고 있다. 『삼국사기』「고구려본기」가 왜 중국과의 교섭에 관한 기사를 조작했는지에 대한 설명은 역시 없다. 또한 타민족과의 관계 기사에 관해서도 "이상 말한 것을 개괄하면 중국 이외의 여러 민족에 대한 교섭에 대해서도 『삼국사기』「고구려본기」의 기재는 적어도 그 대부분이 고구려의 사료에서 나온 것이 아니다."라고 일방적으로 주장하고 있다.

고구려 국내 사건에 관한 기재에 관해서는 "요컨대 국내 사건에 관한 기재도 확실한 사료에서 나왔다고 추정되어지는 것은 거의 찾아볼 수 없다고 말해도 과언은 아니다."라고 말하고 있다. 『삼국사기』「고구려본기」의 국내 관련 기사도 확실한 사료에서 나왔다고 추정되는 것은 찾아볼 수 없다는 억지다. '『삼국사기』 초기 기록 불신론'을 가장 체계적으로 제시했다는 쓰다 소키치의 논리는 모두 이런 식이다.

그가 『삼국사기』「고구려본기」를 비판한 내용을 정리하고 비판을 가하면 다음과 같다. 필요한 경우 아래에 필자 비판을 덧붙였다.

① 중국사적에 고구려의 수장(首長)의 이름이 처음 나타나는 것은 왕망(王莽, 서기 8~23) 때의 도[騊, 추(騶)]인데, 이것은 『삼국사기』의 세계(世系) 속에 보이지 않는다.

필자 비판 : 『후한서』「고구려열전」에 나오는 인물인 도는 고구려왕이 아니라 변방의 장수다. 『삼국사기』「고구려본기」 세계에

보이지 않는 것은 당연하다.

② 다음으로 중국사서에 나타나는 것은 궁(宮, 6대 태조왕)이다.

③ 중국사적에 위궁(位宮)이 동천왕(東川王, 11대)이고 이이모(伊夷模)가 산상왕(山上王, 10대)인데, 『삼국사기』「고구려본기」는 위궁을 산상왕에, 이이모를 고국천왕(故國川王, 9대)에 견주었는데, 이것은 잘못이다.

필자 비판 : 『삼국지』「위지」〈동이열전〉'고구려'조에 나오는 태조왕 이후의 계보와 『삼국사기』「고구려본기」의 계보가 다르기 때문에 『삼국사기』가 조작이라는 논리다. 그러나 『삼국지』의 이 내용은 『삼국사기』뿐만 아니라 『후한서』와도 다르다. 그러므로 이를 근거로 『삼국사기』를 조작으로 몰 수는 없다.

④ 이이모(산상왕) 이후의 세계는 고구려의 기록에 의한 것이지만 중국사적의 말을 베낀 것도 있다.

필자 비판 : 쓰다 소키치는 산상왕의 이름을 이이모라고 주장하지만 『삼국사기』는 산상왕의 이름을 이이모가 아니라 위궁이라고 쓰고 있다. 또한 『삼국사기』는 고국천왕의 이름을 남무(男武), 또는 이이모라고 기재하고 있다. 이는 중국의 사적을 베낀 것이 아님을 말해준다. 또한 중국사적과 비교해서 다르면 조작이라고 모는 것은 역사학이 아니다. 고구려에 관한 기록에서 중국사적이 「고구려본기」보다 정확하리라고 보는 것 자체가 어불성설이다.

⑤ 국왕의 칭호, 이를테면 동천(東川)이 동양(東壤)이라면 고국천(故國川)은 고국양(故國壤)이 되어야 하는데 그렇지 않다.

필자 비판 : 국왕의 칭호는 기계적으로 정하는 것이 아니다.

⑥ 동명(同名), 동의어(同義語) 또는 혼란하기 쉽거나 유사한 이름

이 다른 국왕의 능묘(陵墓)에 붙어 있는 것은 이해하기 어렵다. 특히 장지 기사(葬地記事)는 국왕의 칭호를 기초로 그것이 맞도록 사가(史家)가 조작하였다.

⑦ 국왕의 칭호도 통일성이 결여되어 있다. 능묘에서 온 것도 있고 그렇지 않은 것도 있다.

⑧ 양원(陽原) · 양강왕(陽岡王) 등 2가지 칭호가 있는 것은 국왕의 칭호에 관한 사료가 2가지 있던 것을 기워 합친 것 같다.

필자 비판 : 『삼국사기』「고구려본기」에 양원왕에 대해 '혹은 양강상호왕(陽崗上好王)이라고도 한다'라고 기록된 것을 조작의 증거로 본 것이다. '원(原)'이나 '강(岡)'은 모두 언덕이란 뜻이므로 둘은 같은 뜻의 이름이다. 이를 근거로 조작으로 몰아가는 것은 터무니없다.

⑨ 태조대왕(太祖大王), 차대왕(次大王) 등의 호칭은 중국의 사서와 같다.

필자 비판 : ③항에서는 중국 기록과 다르니 조작이라고 주장하더니 여기서는 중국 기록과 같으니 조작이라고 몰고 있다. 일관된 잣대가 아니라 그때그때 다른 잣대를 가지고 무조건 『삼국사기』를 부정하는 것으로, 최소한의 원칙도 없는 비판이다.

⑩ 고구려 국왕의 칭호에 2가지가 있는 것은 공상적인 서로 다른 2가지 또는 3가지 세계(世系)가 있던 것을 강제로 합쳤기 때문이다.

필자 비판 : 쓰다 소키치는 어떤 때는 2가지라고 하고 어떤 때는 3가지라고 한다. 고구려에 두 개 내지 세 개의 왕계가 있었다는 논리로 『삼국사기』「고구려본기」를 조작으로 모는 것이다.

⑪ 태조왕의 궁(宮)이라는 이름은 고유명사가 아닐 가능성이 짙다.

중국사서에서 가져왔을 것으로 보인다.

필자 비판 : 『삼국사기』「태조대왕본기」는 태조대왕에 대해서 "이름은 궁(宮)이다. 어렸을 때 이름은 어수(於漱)이다."라고 쓰고 있는데, 이것이 『삼국지』나 『후한서』에 고구려왕의 이름이 궁이라고 나오니 조작이라는 것이다. 이는 김부식이 고구려에서 전해진 사료를 가지고 편찬했다는 증거는 될 수 있을지언정, 『삼국사기』가 조작되었다는 증거는 될 수 없다.

⑫ 궁과 수성(遂成)과 백고(伯固)를 각각 태조대왕·차대왕·신대왕(新大王)이라 하는 것은 이 3대를 한 묶음으로 붙인 칭호이다. 고국천왕 이후의 칭호와 다르고 여기의 2대는 장지 기사가 없다.

필자 비판 : 『삼국사기』는 차대왕이 조의(早衣, 고구려의 관명) 명림답부에 의해 살해되었다고 쓰고 있다. 그래서 장지 기사가 없는 것이다.

⑬ 중국사서에는 궁, 수성, 백고 3대가 부자상속(父子相續)으로 되어 있는데 『삼국사기』에는 형제상속으로 되어 있다.

⑭ 궁, 수성, 백고의 수명과 재위연수가 의심스럽다.

⑮ 5대 모본왕 이전에 관해서 중국사서와 광개토대왕릉비가 일치하지 않는다.

⑯ 광개토대왕릉비에 나오는 주몽설화는 후세에 윤색된 것이다.

⑰ 광개토대왕릉비와 중국사서 간에 왕명이나 세계가 일치하지 않는 것은 이러한 국왕들이 실재의 인물이 아님을 보여준다.

⑱ 『삼국사기』 세계는 광개토대왕릉비와 중국사서의 내용을 결합시킨 것이다.

⑲ 광개토대왕릉비의 세계와 중국사서의 세계가 다른 것은 세계에

관하여 적어도 2가지 종류가 있다는 것을 나타낸다.

⑳ 어떤 왕[민중왕(閔中王), 색주(色朱)]이 광개토대왕릉비·중국사서 어느 곳에도 보이지 않는 것은 편자가 보족(補足)하였거나 또는 또 다른 세계를 기(記)한 제3의 사료가 있음을 나타낸다. 그런 왕은 공상의 왕이다.

필자 비판 : 『삼국사기』는 민중왕의 이름은 해색주(解色朱)로서 대무신왕(大武神王)이 죽고 태자가 어려서 정사를 볼 수 없기 때문에 나라 사람들이 추대했다고 기재하고 있다. 재위 기간이 44~48년으로 짧기 때문에 중국사서에 나오지 않을 뿐이다. 광개토대왕릉비에는 시조 추모왕, 그 아들 유류왕(儒留王)과 대주류왕(大朱留王)이 나오고 17세손으로 광개토경평안호태왕(廣開土境平安好太王)이 등장할 뿐이다. 그러므로 광개토대왕릉비에는 민중왕이 나온다고도, 안 나온다고도 할 수 없으며, 안 나온다고 단정할 수는 없다.

㉑ 고구려 6대왕의 칭호가 태조왕인 것은 그가 실재의 시조이고 그 이전의 세계는 조작되었음을 뜻한다.

㉒ 『위서』에도 광개토왕비에도 이러한 상대(上代)의 공상적 국왕과 궁(태조왕) 사이에 적지 않은 간격이 있는 것을 『삼국사기』「고구려본기」의 세계에서 곧 접합을 시킨 것은 그동안에 공허(空虛)를 낳아 일관된 세계가 불가능하여 정사(正史)처럼 꾸미는 데 부적당하였기 때문이다.

필자 비판 : 쓰다 소키치는 『삼국사기』「백제본기」를 비판할 때도 이런 말을 했는데, 역시 전혀 근거가 없다. 그 자신이 15대 이전의 국왕을 신화라고 주장했던 『일본서기』를 평하고 있는 것과 같은 논리로 『삼국사기』를 바라보는 것이다. 『일본서기』는

조작과 왜곡이 많은 사서지만 『삼국사기』는 그렇지 않다.

㉓ 이와 같은 조작은 신라인이 하였다. 왜냐하면 이런 짓은 신라 수사가의 상투수단이기 때문이다.

필자 비판 : 이 말을 '이런 짓은 일본 수사가의 상투수단이다', 또는 '이런 짓은 중국 수사가의 상투수단이다'라고 바꾸어 설명하면 어떻게 될까? 역사학에서 사료비판은 개별 사항에 대해서 검토하는 것인데, 쓰다 소키치는 '상투수단'이라는 비학문적 용어를 남발하고 있다. 『일본서기』를 바라보는 속마음이 그대로 투영된 것이다.

㉔ 존재한 뚜렷한 고구려왕은 주몽(朱蒙) · 여율(如栗) · 막래(莫來) 또는 추모, 유류, 대주류뿐이다.

필자 비판 : 모두 쓰다 소키치의 일방적 주장일 뿐이다.

위의 24개 항목 가운데 ⑭항의 '궁, 수성, 백고의 수명과 재위연수가 의심스럽다'는 부분 외에는 모두 쓰다 소키치의 억측과 독단에서 비롯된 것임을 알 수 있다. ⑭항은 문제가 되는 항목이다. 태조왕은 118세에 재위연대만 93년에 달하는데 이는 부자연스럽기 때문이다. 여기에는 고구려 국내의 무슨 사정이 있었을 것으로 추측되는데, 설령 착오가 있었다고 해도 이는 어느 사적(史籍), 어느 기록에도 있는 개별적인 착오 또는 과오다. 이런 부분적인 문제가 있다고 해서 『삼국사기』「고구려본기」 초기 기록 전체를 조작이라고 몰아붙일 수는 없으며, 오히려 왜 그런 문제가 발생했는지 그 문제 자체를 고찰해야 할 것이다. 『일본서기』에는 100세 넘는 국왕이 연달아서 여러 명 등장한다.

쓰다 소키치는 『삼국사기』「백제본기」와 「신라본기」를 비판할 때

그랬던 것처럼 「고구려본기」를 비판할 때도 '조작'되었다고 하면서 다음과 같은 역사학 용어로는 부적절한 수많은 용어를 사용했다.

① 전설 ② 설화 ③ 윤색 ④ 허구 ⑤ 조작 ⑥ 공상 ⑦ 고의(故意)의 조작 ⑧ 날조 ⑨ 개작 ⑩ 구조(構造) ⑪ 가공[架空, 담(譚)] ⑫ 허망(虛妄) ⑬ 황당불경의 담(譚) ⑭ 여러 가지 생각에서 만들어진 여러 가지 이야기 ⑮ 어느 것도 의심스러운 점이 있는 기사뿐 ⑯ 제작 ⑰ 교식(矯飾, 거짓으로 겉모양을 꾸밈) ⑱ 만든 이야기 ⑲ 안출(案出) 등등.

정상적인 역사학자라면 역사 사료를 분석하는 논문에서 이런 용어들을 아무런 근거도 없이 사용하지는 않을 것이다. 이런 용어를 남발한다는 자체가 쓰다 소키치의 『삼국사기』「고구려본기」 비판이 합리적 근거를 찾을 수 없음을 입증한다. 쓰다 소키치는 『삼국사기』「고구려본기」의 비판을 자기 손으로 다시 요약한 바 있는데 이를 적기하면 다음과 같다. 필요한 경우, 아래에 필자의 비판을 덧붙였다.

① 백고(伯固, 8대 신대왕) 이후의 칭호 등은 고구려 사가의 윤색이 가해진 경우가 있는 것 같다.

② 궁(宮, 6대 태조왕)과 수성(遂成, 7대 차대왕) 등과 같은 것은 아마도 중국사적에 의해 만들어졌을 것이다.

필자 비판 : 중국사적만 가지고 만들었다면 태조왕의 나이를 118세, 재위연대를 93년으로 만들지는 않았을 것이다.

③ 그전 일(궁과 수성 이전)에 관해서는 본국(本國)에도 소전(所傳)이 없고 중국사적에도 보이지 않았기 때문에 혹은 『위서』에 나타나고 혹은 광개토왕 비문에 있는 것과 같은 공상적 조상이 먼

조상으로서 (적어도 2가지로) 만들어져 그것이 어느 것이나 주몽의 이야기와 결합되어 있었던 것 같다.

④ 왕조에 변천이 있었는지 어떤지는 이러한 세계(世系)를 만든 시대의 고구려인들에게는 알려져 있지 않았던 것 같다.

⑤ 그리고 그것(세계)이 만들어진 것은 아마도 광개토왕과 멀지 않은 이전의 시대였을 것이다.

⑥ 『삼국사기』「고구려본기」의 유리왕(2대)에서 모본왕(5대)까지의 세계는 이러한 2가지 기록을 기초로 하여 그것을 결합하고 또는 윤색을 했을 것이다.

⑦ 그러므로 역사적 사실로서는 궁 이전의 국왕의 세계는 전혀 모르든가 궁이 도(騊)의 가계에 속하는지는 불명하다.

쓰다 소키치는 '있는 것 같다', '만들어졌을 것이다', '있었던 것 같다', '알려져 있지 않았던 것 같다', '였을 것이다', '가했을 것이다', '불명하다'처럼 소설에서나 사용해야 할 용어들을 반복해서 쓰고 있다. 안쓰러울 정도로 추측성 용어를 남발하고 있는 것이다.

쓰다 소키치의 『삼국사기』「고구려본기」 비판은 아무런 근거가 없는 억측인 것은 말할 것도 없고 최소한 그 자신의 논리적 일관성도 갖추지 못하고 있다. 그는 앞의 ㉔항에서는 존재가 뚜렷한 고구려왕은 "주몽·여율·막래 또는 추모, 유류, 대주류뿐"이라고 주장했다. 본인 입으로 시조 추모왕(동명성왕)과 2대 유류왕(유리왕), 3대 대주류왕(대무신왕)은 존재가 뚜렷하다고 말해놓고는, 또 6대 태조대왕이 시조라고 달리 주장하고 있다. 하나의 논문에서도 앞뒤가 다르고 모순된 내용이 너무 많다. 따라서 쓰다 소키치의 『삼국사기』「고구려본기」 비판은 「고구려본기」를 조작으로 몰겠다는 전제를 미리 세워놓고 정상적인 역사학자라면 좀처럼 사용하지 않을 '허구, 조작, 공상, 날조, 가공' 같은 비학문적 용어를 동원해 잔뜩 비난을 늘어놓은 것에 불과하다. 그런데 아직도 한국고대사 학계는 쓰다 소키치의 이런 주장을 추종하여 6대 태조왕을 고구려의 시조로 삼고 있는 것이 이른바 정설(定說)의 지위를 차지하고 있다.

(3) 『삼국사기』「신라본기」 비판

쓰다 소키치가 『삼국사기』「신라본기」를 비판하면서 취한 방법은 「고구려본기」나 「백제본기」 비판에서 취한 방법과 판박이다. 그는 먼저 『삼국사기』 상대(上代) 부분의 사료적 가치가 거의 없다는 것을 기정사실로 못 박아놓고 비판을 시작하였다. 즉 그는 "『삼국사기』의 상대 부분을 역사적 사실의 기재로서 인정하기 어려운 것은 동방아세아(東方亞細亞)의 역사를 연구한 현대의 학자들 사이에는 벌써 이론(異論)이 없다."고 멋대로 단정 지었다.

쓰다 소키치가 여기서 사용한 '이론이 없다'는 식의 단정을 광복 후에 한국인 학자들이 그대로 계승해서 "학자들 사이에 합의가 되었다.", "학자들 사이에 이론(異論)이 없다.", "학계에서 정리가 끝난 문제다."라는 말들을 자주 사용하고 있다. 식민사학자들끼리 합의해놓고 전체 학자들 사이에서 합의가 된 것처럼 호도하는 것이다. 자신들의 주장을 뒷받침할 사료적 근거나 논리적 토대가 부족하기 때문에 여러 학자들을 끌어들여서 억측을 기정사실로 만들려는 수법이다. 쓰다 소키치는 『삼국사기』 상대 부분은 사료적 가치가 없다고 미리 단정 짓고 다음과 같이 『삼국사기』「신라본기」를 비판하였다.

① 중국사적에 한국의 기사가 많이 나타나 있어야 하는데 그렇지 않다.

② 6촌을 형성한 조선유민(朝鮮遺民)은 중국인이다. 즉 신라는 중국인을 기초로 건설되었는데 박혁거세는 중국인 같지 않다.

필자 비판 : 조선유민은 고조선유민을 뜻하는데, 고조선유민이 중국인이라고 주장하고 있는 것이다. 고조선유민을 중국인이라고 주장하는 이의 논리가 아직까지 한국사학계의 정설인 것이야말로 불가사의다.

③ 중국인에는 결코 변경할 수 없는 성(姓)이 있을 터인데 6촌(村)·6부(部)에 사명(賜名, 이름을 내림)을 했으니 자가모순(自家矛盾)이다.

④ 진한(辰韓)에 관하여 중국사적 사이에 모순되는 기사가 있다.

필자 비판 : 중국사적에 진한에 관해 모순이 있는 것이 왜 『삼국사기』「신라본기」가 사실이 아니라는 근거가 되는가?

⑤ 신라인 또는 진한인이 중국인이라는 설은 사실이 아니다

필자 비판 : ②항에서는 신라의 6촌을 형성한 조선유민을 중국인이라고 하더니 여기서는 서로 모순되는 말을 하고 있다.

⑥ 영토의 범위와 확장에 관한 『삼국사기』는 모두 허위이다. 지금 그 구체적 내용을 적기(摘記)하면 다음과 같다(아래 Ⓐ~Ⓔ까지의 내용은 모두 쓰다 소키치의 주장이며, 그 아래에 필자의 비판을 붙였다).

Ⓐ 낙랑군의 내공(來攻)과 교섭, 화려(華麗)·불래(不耐) 두 현인(縣人)의 북경(北境) 침입, 백제와의 충돌, 가야(伽倻)와의 충돌, 말갈(靺鞨)의 침입, 맥국(貊國)과의 관계, 고구려와의 관계

[피침(被侵)과 강화(講和)] 등은 모두 사실이 아니다.

필자 비판 : 한마디로 「신라본기」의 외국 관계 기사는 모두 거짓이라는 것이다. 그러나 이런 외국 관계 기사가 왜 거짓인지는 설명하지 않는다.

Ⓑ 백제는 당시 존재하지도 않았고 존재했다 하더라도 마한의 일부락(一部落)이었다.

필자 비판 : 자신이 「백제본기」가 조작되었다고 말해놓고 이를 근거로 「신라본기」도 조작이라고 주장하는 것이다. 역사학은 고사하고 소설도 이렇게 써서는 안 된다.

Ⓒ 맥국이 신라 편을 들었다는 기사도 전혀 허위이다.

Ⓓ 『삼국사기』의 음즙벌(音汁伐) 토벌, 실직(悉直)·압독(押督)·비지(比只)·초팔(草八) 병합, 소문국(召文國) 토벌, 감문국(甘文國) 평정 기사는 『위지』의 기재와는 상이하고 모순된다.

Ⓔ 고타군(古陁郡), 다사군(多沙郡), 고소부리군(古所夫里郡), 한수(漢水), 우두주(牛頭州), 평양주(平壤州) 등은 6, 7세기가 되어서 신라의 영토가 되었는데, 각각 유리왕(儒理王)·파사왕·아달라왕(阿達羅王)·기림왕(基臨王)·실성왕(實聖王) 때부터 가지고 있었다는 기록은 허위이다. '일본부(日本府)의 영토'의 서부인 경상남도의 서부(西部)나 춘천(春川)이 신라에 들어온 것은 7세기이다.

필자 비판 : 쓰다 소키치가 말하는 '일본부'란 임나일본부(任那日本府)를 가리킨다. 쓰다 소키치가 『삼국사기』 「백제본기」와 「신라본기」를 조작으로 모는 이유가 바로 여기에 있다. 고타군 등 여러 군이 6, 7세기에 신라의 영토가 되었다는 것은 물론 쓰다 소키치의 억단이다. 자신이 억단을 해놓고 그것을 근거로

「신라본기」를 조작으로 보는 것이다. 신라의 영토 확장 기사를 조작으로 몰아야 하는 이유는 그래야 한반도 남부에 임나일본부를 존속시킬 수 있기 때문이다. 즉 쓰다 소키치가 '『삼국사기』 초기 기록 불신론'을 창안한 이유는 한반도 남부에 임나일본부를 존속시키기 위해서였다.

⑦ 박혁거세, 탈해에 관한 전설은 사실이 아니다.

필자 비판 : 쓰다 소키치는 '신화'라 하지 않고 '전설'이라고 말하고 있다. 그렇게 역사적 사실과 전설을 구별해놓고는 박혁거세, 탈해에 관한 전설은 사실이 아니라고 몰아붙인 것이다. 굳이 역사적 사실이 아닌 전설이라고 써놓고 사실이 아니라고 우기는 것이다.

⑧ 덕망 있는 왕이나 선정(善政)에 관한 사항을 포함한 정치에 관한 기사도 사실이 아니다. 그 구체적 내용을 적기하면 다음과 같다(쓰다 소키치는 『삼국사기』「신라본기」에서 국왕의 선정이나 덕이 있는 경우를 기술한 것을 모두 조작의 증거로 보았다. 아래의 Ⓐ~Ⓙ까지의 내용이 그런 경우인데, 이는 모두 쓰다 소키치의 주장이다). 아래에 필자 비판을 덧붙였다.

Ⓐ 왕이 덕이 있고 민(民)이 도(道)를 알고 있어서 왜인이나 낙랑인이 쳐들어와도 치지 않고 돌아간 기사(記事).

필자 비판 : 전쟁을 하는 것도 여러 경우가 있지만 전쟁을 하지 않는 것도 여러 경우가 있다. 이런 기사는 상징적인 사건으로 해석해야 할 것이지 조작으로 볼 것이 아니다.

Ⓑ 동옥저 사자 내공(來貢)의 기사.

필자 비판 : 동옥저의 사자가 온 것이 왜 사실이 아닌지는 설명하지 않았다.

Ⓒ 사람의 재난을 행(幸)으로 하는 것은 불인(不仁)이라고 하여 적국왕(敵國王)의 죽음을 조문한 기사.

필자 비판 : 적국왕이 죽었을 때 조문한 사례는 역사상 무수히 많다.

Ⓓ 환과고독자(鰥寡孤獨者, 홀아비・과부・고아・자식 없는 노인)와 노병자(老病者)를 급양(給養)하였기 때문에 이웃나라의 백성이 많이 내귀(來歸)하였다는 기사.

Ⓔ 유리와 탈해가 왕위를 서로 양보한 기사.

Ⓕ 왕이 민(民)에게 농잠(農蠶)을 권한 기사.

필자 비판 : 왕이 백성에게 농사와 누에치기를 권한 것이 왜 「신라본기」가 조작이라는 근거가 되는지 도저히 이해할 수 없다.

Ⓖ 황해(蝗害, 메뚜기 떼에 의한 피해)가 있어 왕이 산천에 제사를 지냈더니 풍년이 되었다는 기사.

Ⓗ 사람을 부리는 것을 좋지 않다고 하여 궁실(宮室)을 짓지 않았다는 기사.

Ⓘ 남해왕(南解王)이 현명하지만 어업을 하는 탈해를 사위로 삼고 정사(政事)를 위임한 사례.

Ⓙ 유리가 자기 자식을 두고 탈해에게 양위(兩位)한 기사.

⑨ 『삼국사기』 「신라본기」 기사는 중국사적에서 빌려오거나 그것에 근거하여 안출(案出)하여 만들어졌다[예 : 조선유민, 진한에의 진인(秦人) 내도 등]. 자국에 사료가 없는 경우 중국사적의 기사를 빌려와 그것에 부합시키는 것은 중국문화 계통에 속하는 부근 민족이 자연적으로 취하는 방법이다.

필자 비판 : 쓰다 소키치는 중국 주변의 민족 중에 중국사료를 가져다가 역사를 서술한 다른 사례를 하나도 들지 않았다.

⑩ 후세의 상태를 예부터의 것으로 조작한다. 신라의 영역, 고구려·백제·가야에 관한 관계가 그러하다.

필자 비판 : 『일본서기』는 그런 경우가 많이 있지만 『삼국사기』는 그런 경우가 없다. 이 역시 쓰다 소키치의 일방적 주장일 뿐이다.

⑪ 정치·도덕에 관한 사상도 중국의 경전에서 나왔다.

⑫ 박혁거세의 건국년도 허구이고 신라의 전체 기년이나 역대의 국왕의 세계(世系)도 허구이다.

필자 비판 : 박혁거세의 건국년이 왜 조작인지 설명하지 못했다. 쓰다 소키치 본인이 조작이라고 보는 것뿐이다.

⑬ 삼국의 건국의 차이가 거의 20년 차이가 나는 것은 조작이다.

필자 비판 : 정확히 말하면 신라와 고구려는 20년, 고구려와 백제는 18년의 차이가 있는데, 그 차이가 비슷하다고 하여 조작으로 몰아붙일 수는 없다.

⑭ 4세기 후반에서 5세기에 걸쳐 일본인이 임나일본부의 영토인 가야를 근거로 하여 신라와 대결한 명백한 사건이 이 기록에는 나타나지 않으니 신라상대부(上代部)의 기록은 허구이다.

필자 비판 : 이 부분이 쓰다 소키치가 『삼국사기』「신라본기」를 조작으로 본 결정적 이유이다. 쓰다 소키치는 가야를 임나로 비정해놓고 한반도 남부에 임나일본부가 있었다고 주장하고 있는데, 『삼국사기』「신라본기」에는 이런 사실이 전혀 기재되지 않았으므로 허구라는 것이다. 현재 한국의 김현구를 비롯해서 여러 고대사 학자들이 '임나=가야'라는 전제로 한반도 남부에 임

나일본부가 있었던 것으로 서술하고 있는 상황이다. 쓰다 소키치가 그토록 염원하던 임나일본부가, 그것도 한국인의 외피를 쓴 한국 학자들에 의해서 되살아난 개탄스런 상황이다.

⑮ 흘해왕 때 왜국왕의 청혼을 받고 왕녀가 아닌 신하의 여(女)를 보낸 기록도 모두 사실이 아니다.

⑯ 아달라왕 때 왜국 왕녀 히미코(卑彌乎)가 신라에 온 것도 시대가 맞지 않으니 허위이다.

⑰ 신라상대의 기사는 거의 전부 공허하기 때문에 왜(倭)에 관한 기사도 거짓이다. 왜라는 문자의 사용은 신라인이 중국사적을 읽고 난 후의 일이기 때문에 「신라본기」 상대부(上代部)의 왜에 관한 기사는 사료로서의 가치가 없다.

필자 비판 : 여기에서 알 수 있는 것처럼 쓰다 소키치의 관심의 초점은 왜이다. 그는 한반도 남부에 임나일본부가 있었다고 보는데, 『삼국사기』「신라본기」에는 이런 내용이 나오지 않기 때문에 조작이라고 본 것이다. 『삼국사기』「신라본기」는 왜에 관한 많은 기사가 나온다. 『삼국사기』「백제본기」에는 왜와의 관계에 관한 기사가 기년을 달리하여 8회 나오고, 『삼국사기』「신라본기」에는 왜국왕의 진상(進上)이나 신라 국왕이 왜의 사신 등을 인견(引見, 왜국 여왕 히미코의 사신 포함)했다는 기사나 왜와의 수교, 왜인의 침범 등 기년을 달리하는 기사가 55회나 있다. 그런데 『삼국사기』「신라본기」의 이 많은 왜 관련 기사는 임나일본부와 아무 관련이 없다. 그래서 쓰다 소키치는 「신라본기」의 왜 관련 기사를 허위로 몰았던 것이다. 한마디로 학문이 아니라 임나일본부를 근거로 당시의 한국 점령을 정당화하려는 정치적 목적의 주장이었다.

⑱ 실성왕(재위 402~417) 때의 기록조차도 허구로 볼 수 있는 부분이 있다.

⑲ 어떤 나라, 어떤 왕조의 상대사도 전설뿐만 아니라 특수한 의도를 가지고 후대에 조작된 것이 있다는 것은 「신라본기」의 일례에서도 알 수 있다.

필자 비판 : 일반 국사, 일반 왕조사의 이름을 빌어 『삼국사기』 기록이 조작되었다고 주장하고 있다. 다른 나라의 역사가 조작되었으니 신라의 역사도 조작되었다고 말할 수는 없다. 『일본서기』가 조작되었다고 『삼국사기』도 조작되었다고 볼 수는 없다.

⑳ 이와 같이 조작되어 만들어진 「신라본기」는 대단히 조잡하고 하등의 생기도 광채도 없으며 너무나 중국화하고 형식화되어 신라인의 특수한 감정도 사상도 전혀 흔적이 나타나 있지 않다.

이상 20가지 항목이 쓰다 소키치가 『삼국사기』 「신라본기」 상대 부분을 조작이라고 주장한 내용들이다. 단 하나도 제대로 된 사료적 근거나 합리적 근거도 제시하지 않으면서 『삼국사기』 「신라본기」가 일고의 가치가 없는 조작이라고 의식하도록 유도하고 있다. 그러나 하나하나 자세히 살펴보면 20가지 항목 중에서 『삼국사기』 「신라본기」가 조작되었다는 근거로 사용할 만한 대목은 하나도 없다. 쓰다 소키치의 주장을 요약하면 다음과 같이 정리될 수 있을 것이다.

Ⓐ 신라상대의 기년 · 세계(世系)는 모두 허위이다.

필자 비판 : 왜 허구인지는 하나도 밝히지 못했다.

Ⓑ 왜와 관련이 있는 기사는 모두 허위이다.

필자 비판 : 역시 왜 허구인지 하나도 밝히지 못했다. 『삼국사기』「신라본기」에 따르면 임나일본부는 신라 부근에 존재하지 않았으므로 기록하지 않은 것이다. 반면 쓰다 소키치는 '가라=왜'라는 고정관념을 미리 만들어놓고 『삼국사기』에 임나일본부가 나오지 않는다고 조작으로 몬 것이다.

Ⓒ 신라 영토의 범위와 확장에 관련이 있는 것도 모두 허위이다.
필자 비판 : 『삼국사기』「신라본기」의 신라 영토 확장 기사에 따르면 임나일본부가 존속할 수 없으므로 허위로 몬 것이다.

Ⓓ 한국은 왕도정치를 베푼 왕이 하나도 없었다. 기록에 나타난 여러 사례는 모두 중국의 것을 모사한 데 불과하다.
필자 비판 : 한국에는 왜 왕도정치를 베푼 왕이 없었는지는 설명하지 못했다. 설명할 수 없었을 것이다. 이런 주장은 한국 국민들이 자국의 역사와 영토에 관심을 갖지 못하게 하려는 음모로밖에 볼 수 없다.

쓰다 소키치는 탈해의 왕위계승을 『삼국사기』「신라본기」 상대 부분이 조작되었다는 가장 중요한 근거로 삼는다. 그는 남해왕이 탈해가 현명하다는 이야기를 듣고 딸을 시집 보내 사위로 삼고 왕위를 넘긴 것에 대해 "요순선양(堯舜禪讓)의 이야기를 거의 그대로 모사한 이야기다. 이러한 기사들이 모두 사실일 리 없다는 것은 물론이다."라고 주장하고 있다. 왕위계승의 원칙은 나라마다 다르다. 아들에게 주는 경우도 있고, 동생에게 주는 경우도 있고, 딸이나 사위에게 주는 경우도 있다. 그러나 쓰다 소키치는 각 나라마다 상황이 다른 것은 무시하고 평화적으로 왕위를 물려준 것을 거짓의 증거라고 주장하고 있다. 쓰다 소키치가 『삼국사기』「신라본기」를 조작으로 본 이유는 임나일본부를 살리기 위해서였다. 고대부터 한국을 일본의 식민지로 만들기 위해서 『삼국사기』「신라본기」를 조작으로 본 것이다.

2. 마에마 교사쿠와 오타 아키라

(1) 마에마 교사쿠

쓰다 소키치 다음으로 『삼국사기』 상대 기록을 비판한 이는 마에마 교사쿠다. 마에마 교사쿠는 조선총독부의 통역관으로 근무하면서 한국의 고서를 수집하고 해제하는 한편, 역사에 대한 글도 썼다. 일본고대사를 연구한 오타 아키라의 『삼국사기』 비판보다 몇 년 앞서기 때문에 마에마 교사쿠부터 살펴보자.

마에마 교사쿠는 1925년 「신라왕의 세차와 그 이름에 대하여」라는 논문을 발표했는데,[40] 여기서 신라의 제21대 "소지왕(炤知王, 재위 479~500) 이상 21왕의 세차·왕명을 믿을 수 있는가를 고찰하기 위한 취지이다."라고 말했다. 신라 21대 소지왕 이전의 임금은 가짜인데, 그 이후 임금은 사실인지를 고찰하기 위해서 논문을 쓴다는 것이다. 신라 21대 소지왕 이전의 임금들은 허구라는 인식이 전제되어 있는 것으로, 애초에 『삼국사기』「신라본기」가 허위라고 주장하기 위해 쓴 논문임을 알 수 있다. 마에마 교사쿠가 『삼국사기』 기록을 허위라고 주장한 내용은 다음과 같다. 필요한 경우 그 아래에

---

40 前間恭作, 「新羅王の世次と其の名について」, 『東洋學報』, 15-2, 1925.

필자의 비판을 덧붙였다.

① 이마니시 류가 『삼국사기』 소지왕 이전의 기사를 믿을 수 없다고 한 것은 확고부동의 단안(斷案)으로 믿는다.

필자 비판 : 마에마는 논문 서두부터 조선사편수회의 이마니시 류가 『삼국사기』 「신라본기」를 믿을 수 없다고 한 것을 사실로 믿는다고 강조하고 있다. 논문 시작부터 「신라본기」를 조작된 것으로 보려고 한 논자의 태도가 명백히 나타나 있다. 왜 21대 소지왕이 기준이 되는지는 알 수 없지만 이마니시 류는 21대 소지왕 이전의 기록만 믿을 수 없다고 본 것이 아니었다. 때로는 17대 내물왕 이전부터 믿을 수 없다고 했고 때로는 24대 진흥왕 이전, 또는 28대 진덕왕 이전 기록은 믿을 수 없다고도 했다. 이는 이마니시 류가 『삼국사기』 「신라본기」를 보는 일관된 관점을 갖고 있지 못하다는 사실을 말해준다.

② 중국사적에 소지왕 이전의 왕명이 보이는 것은 1명뿐이다.

③ 일본사적에는 소지왕 이전의 왕명이 나타나 있지 않다.

④ 한국서적에도 『삼국사기』, 『삼국유사(三國遺事)』 이외의 서적에는 소지왕 이전의 왕명이 나타나 있지 않다.

⑤ 금석문(金石文)에 의하면 신라 왕통은 내물로 시작된다.

⑥ 일본사의 〈닌토쿠천황기(仁德天皇紀)〉의 글, 〈백제기(百濟紀)〉(『일본서기』에서 인용한 「백제기」를 뜻함 - 필자주) '근초고왕조(近肖古王朝)'의 글, 『진서(晉書)』의 글에 의하면 신라는 내물시대에 건국되었다.

필자 비판 : 『일본서기』를 기준으로 『삼국사기』를 평가하겠다는 의도다. 일본인 식민사학자들의 태도는 놀랄 정도로 똑같다.

⑦ 남해왕(2대)에서 흘해왕(16대)까지의 15왕 가운데 9명은 전설의 이름이고 6명은 기년을 올리기 위하여 '작위(作爲, 조작)'한 것이다.

⑧ 시조 박혁거세는 세차(世次) 작성시[하대(下代)의 박씨 왕 출현시]의 조작이다.

⑨ 신라상대 16왕의 세차는 전혀 가구(假構, 허구)의 것이다.

⑩ 상고(上古)의 왕통(박·석·김 삼성교립)은 중국의 하·은·주의 계승 관계에서 조작되었다.

마에마 교사쿠도 그저 『삼국사기』「신라본기」를 조작이라고 주장할 뿐, 어떤 관련 근거도 제시하지 못했다. 일본 기록이나 중국사적에 신라의 왕명이 안 보이는 임금은 모두 허구로 몰아붙였다. 한국의 고대 국왕이면 한국의 사적의 기록이 가장 중요한 것은 말할 것도 없다. 그래서 『삼국사기』와 『삼국유사』가 중요한 사료가 된다. 그런데 마에마 교사쿠는 『삼국사기』와 『삼국유사』 외의 중국이나 일본 서적에 왕명이 보이지 않는다는 이유로 조작으로 간주하였다. 『일본서기』와 『고사기』에만 나오는 일본 국왕을 모두 조작으로 본다면 과연 몇 명의 왕이 살아남을 수 있을 것인가 묻고 싶다.

마에마 교사쿠는 또한 금석문에 나오지 않는 왕은 조작된 것이라고 하고 있는데, 그렇다면 일본의 역대 국왕 중 금석문에 나오는 왕은 몇이나 되며 또 금석문에 나오지 않는 왕의 존재는 인정하지 않고 있는지 반문하고 싶다. 항목 ⑦, ⑧, ⑨는 마에마 교사쿠 자신이 다른 식민사학자들처럼 아무런 관련 근거도 제시하지 않은 채 자기 멋대로 '전설', '작위', '가구(假構)'라면서 조작이라고 몰아붙인 것이다. 이는 쓰다 소키치가 자주 사용하던 수법을 그대로 답습한 것에 불과하다. 마에마 교사쿠가 『삼국사기』「신라본기」를 조작으로 본 것 중에서 합리적인 논거를 갖춘 것은 단 하나도 없다.

(2) 오타 아키라

오타 아키라는 나라현 출신으로 리쓰메이칸(立命館)대학 교수를 역임한 역사학자이자 일본의 씨족제도 연구가다. 오타 아키라도 『삼국사기』 초기 기록을 불신하는 것은 쓰다 소키치와 같지만 내용에는 부분적인 차이를 보인다. 쓰다 소키치는 『삼국사기』 상대(上代) 기록의 사료적 가치를 전적으로 부인하고 이를 토대로 『일본서기』에 나오는 일본고대사를 사실이라고 서술했다. 그런데 오타 아키라는 일본고대사 연구와 『삼국사기』 상대 기사에 대한 비판을 동시에 행하였다는 점이 다르다.[41] 또한 쓰다 소키치가 『삼국사기』「고구려본기」도 조작이라고 주장한 데 대하여 오타 아키라는 "『삼국사기』「고구려본기」의 연대는 대체로 신용할 수 있다."고 평가한 점이 다르다. 오타 아키라의 『삼국사기』 비판의 핵심적인 부분을 정리하면 다음과 같다. 필요한 경우 아래에 필자 비판을 덧붙였다.

① 한국의 고대 연대(年代)도 일본의 고사(古史)처럼 연장되어 있다.
필자 비판 : 『일본서기』가 시기를 끌어올렸다는 이유로 『삼국사기』도 끌어올렸다고 주장하는 것이다. '내가 도둑이니 너도 도둑'이라는 것이 일본인 식민사학자들의 공통의 연구 방법이다.

---

41 太田亮, 『日本古代史新硏究』 8, 『朝鮮古代年代の硏究と日韓の關係』, 磯部甲陽堂, 1928.

② 한국의 고사(古史)를 논하지 않으면 일본고대의 연구가 완전할 수 없다.

③ 『삼국사기』의 왜와 가야는 모두 일본을 뜻한다. 따라서 신라와 왜의 교섭과 마찬가지로 신라와 가야의 교섭도 신라와 일본과의 교섭을 뜻한다.

④ 신라와 가야와의 교섭이 『삼국사기』의 어떤 시기에 한정되어 있는 것은 본래 연속적인 것을 시대연장을 위하여 끊어서 분리시켰기 때문이다.

⑤ 각각 가야와 왜에 관한 기사가 나오는 파사왕 27년[병오(丙吾)]은 흘해왕 37년(병오)을 240년, 즉 간지 4운(干支四運)인 240년의 시대를 연장하였다.

필자 비판 : 신라의 제5대 파사왕은 재위 80~120년이고, 16대 흘해왕은 재위 310~356년이다. 파사왕 27년(병오년)은 서기 106년이고, 흘해왕 재위 37년(병오년)은 서기 346년이다. 『일본서기』를 서기로 환산하면 연대가 맞지 않기 때문에 간지(干支, 60년)에 따라서 연대를 끌어올리거나 내려서 해석해야 한다. 간지 4운이란 4간지로서 240년을 뜻한다. 『일본서기』는 『삼국사기』를 기준으로 간지를 올리거나 내리는데, 이런 방식을 『삼국사기』에도 그대로 적용한 것이다. 일본인 학자들이 이런 주장을 하는 것은 대부분 『일본서기』에 나오는 이른바 진구(神功) 황후의 신라 정벌을 사실화시키기 위한 의도이다. 즉 『일본서기』의 한국 정벌 기사를 사실로 만들기 위해 『삼국사기』를 조작이라고 주장하는 것이다.

⑥ 백제왕의 초고왕과 근초고왕, 구수왕과 근구수왕은 동일인이며 그 가운데 하나는 허구에 불과하다.

⑦ 백제사는 180년이나 시대를 연장하였다.

⑧ 신라의 역사가가 자국의 건국을 수위에 놓으려고 신라는 파사 이사금까지 간지 4운 240년을, 백제는 초고왕까지 간지 3운 180년을 연장하였다.

필자 비판 : 신라의 역사가가 자국(自國)의 건국을 가장 빠른 것으로 만들기 위해 연대를 조작했다고 주장하는 것은 식민사학자들의 상투수법이다. 이런 주장을 하려면 「신라본기」가 조작되었다는 사료적 근거를 제시해야 한다. 그러나 일본인 식민사학자들은 아무런 근거를 제시하지 않은 채 「신라본기」가 조작이라고만 주장한다.

⑨ 1인의 왕을 2인으로 하여 세대수(世代數)를 증가시키기도 하고 왕이 아닌 사람을 왕으로 하여 대수(代數)를 늘렸다.

필자 비판 : 1명의 왕을 2명으로 만들거나 왕이 아닌 사람을 왕으로 삼아서 대수(代數)를 늘렸다는 주장인데, 다른 주장과 마찬가지로 증거의 제시가 없다. 어떤 왕이 사실은 왕이 아닌데 『삼국사기』「신라본기」가 왕으로 기록했다는 사료를 제시해야 한다. 그러나 아무런 사료의 제시 없이 억단으로 대수를 늘렸다고 주장하는 것뿐이다.

⑩ 『삼국사기』 기록과 『일본서기』, 『신찬성씨록(新撰姓氏錄)』의 내용이 일치되지 않으니 간지를 연장했음을 알 수 있다.

필자 비판 : 『일본서기』가 간지에 따라 연대를 끌어올렸다는 사실은 일본인 학자들조차도 인정하는 부분이다. 그런데 이런 『일본서기』의 조작된 내용과 『삼국사기』의 내용이 일치하지 않으니 『삼국사기』도 연대를 연장했다는 주장은 최소한의 논리적 타당성을 상실한 것이다.

⑪ 근초고왕(13대) 이전의 백제왕의 재위연수는 전부 허구이고 180년 연장·조작되었다.
필자 비판 : 근초고왕 이전의 사적이 허구라는 아무런 근거가 없다.

오타 아키라는 백제 13대 근초고왕(재위 346~375) 이전의 백제사는 모두 조작이며 180년 역사를 소급·연장시켰다고 주장했다. 한국의 여러 고대사 학자들이 백제의 실질적인 개국 군주를 근초고왕으로 인정하는 것은 일본인 식민사학자들의 이런 주장을 무조건 따르는 것이다. 오타 아키라는 『삼국사기』「백제본기」의 근초고왕 이전의 역사가 조작된 증거라면서 다음과 같은 복잡한 계산법을 제시했다.

Ⓐ 5대 초고왕(재위 166~214)의 재위 48년은 실제의 초고왕인 13대 근초고왕(재위 346~375)과 실제의 구수왕(재위 214~234)인 14대 근구수왕(재위 375~384)의 재위연대를 합한 것에서 10년을 더한 것이다.

초고왕과 구수왕은 허구의 인물로서 각각 근초고왕과 근구수왕이라는 것이다. 그런데 그들의 재위연대를 복잡한 계산법으로 산정했다. 초고왕의 재위연대 48년은 근초고왕의 재위연대 29년에 근구수왕의 재위연대 9년을 합한 38년에 10년을 더 보탠 것이라는 주장이다. 근초고왕과 근구수왕의 재위연대 38년에 10년을 더해서 초고왕의 재위연대 48년을 만들었다는 기발한 주장이다. 물론 왜 이렇게 복잡한 계산법으로 초고왕의 재위연대를 조작해야 했는지 아무런 근거를 대지 못한다. 『일본서기』와 『고사기』의 재위연대가 맞지 않는 데서 생긴 복잡한 계산법을 『삼국사기』에 그대로 적용했을 뿐이다. 아래의 계산법도 모두 마찬가지다.

Ⓑ 6대 구수왕의 재위수 20년은 실제의 구수왕인 근구수와 다음의 침류왕과의 재위수 10년에 10년을 더한 것이다.

Ⓒ 11대 비류왕의 재위수 40년은 근구수왕으로부터 아신왕에 이르는 재위수 30년에 10년을 더한 것이다.

Ⓓ 8대 고이왕의 재위수 52년은 근구수왕에서 구이신왕에 이르는 52년 그대로이다.

Ⓔ 9대 책계왕의 12년은 초고왕의 48년을 간지 1운 60년을 조작하기 위한 수이다.

Ⓕ 10대 분서왕, 12대 계왕의 2왕 8년은 고초왕의 52년을 간지 1운 60년을 조작하기 위한 수이다.

Ⓖ 4대 개루왕의 치세 38년은 근초고왕에서 침류왕에 이르는 38년에서 나왔다. 그러므로 허구이다.

Ⓗ 3대 기루왕 치세 51년은 그 실제 38년에다 아신왕의 13년을 더하여 만들어졌다. 따라서 이것은 허구이다.

Ⓘ 2대 다루왕 치세 49년은 3대 기루왕과 합하여 100년을 만들기 위한 49년이다.

Ⓙ 시조 온조왕 치세 45년은 근구수에서 전지왕에 이르는 45년에서 나왔다. 그러므로 허구이다.

일본인 식민사학자들에게 역사란 곧 소설이다. 역사서에 나오는 연대를 연구하는 것이 아니라 자신들이 생각한 연대와 다르면 마음대로 10년을 더하기도 하고 13년을 더하기도 한다. 10년, 13년은 그나마 나은 편이다. 60년, 180년, 240년을 더하기도 한다. 일본인 학자들이 자주 쓰는 표현대로 '기이한 일'이다. 소설도 삼류소설이 아닐 수 없는데 이런 삼류 창작이 학문이란 외피를 쓰고 한국 학계의 정설로 되어 있는 것이야말로 기이한 일이 아닐 수 없다.

⑫ 이런 허구는 백제 멸망 후, 즉 신라 통일 후 얼마 되지 않아 행해졌다.

⑬ 『삼국사기』「신라본기」의 왜국 관계의 기사는 거울을 세 쪽으로 놓고 가운데 물건을 세운 것처럼 반영한 것을 또 반영하여 하나의 사건이 두 개, 세 개, 네 개가 되어 있다. 파사왕 27년 병오의 '마두성주로 하여금 가야를 치다' 기사는 진구 황후의 신라 정벌을 전하는 실제의 기사이며 그것은 간지 4운(240년)을 소급시켰기 때문에 그것이 정당한 연대 속에 놓여 있던 이전의 장소에 해당하는 흘해 37년 병오에도 잔재하여 '왜병이 갑자기 풍도에 이르다' 기사를 전하고 더욱 그것이 내물 이사금 37년 임진(『삼국사기』에는 38년 계사)에 반영되어 '왜인이 와서 금성을 포위하다' 기사를 실었다.

일본인 식민사학자들이 『삼국사기』를 허구로 몰아붙이는 목적은 모두 『일본서기』의 진구 황후 삼한 정벌 기사를 사실로 만들기 위한 것이다. 그래서 여러 연대를 뺐다가 보탰다가 하는 비학문적 방법을 남발했는데도 문제가 해결되지 않자 '3개의 거울'이라는 동화 같은 이야기를 만들어 견강부회했다. 오타 아키라의 '3개의 거울론'은 보통 사람은 상상할 수도 없을 만큼 독창적이다. 그 스스로 미로를 헤매다보니 무엇이 무엇인지 알 수 없어서 '3개의 거울'이란 기발한 발상을 한 것이다. 그의 기이한 창작은 계속된다.

⑭ 신라상대 왕 중 가야 관계 기사가 있는 왕(파사·지마·내해)은 확실한 왕이다.

⑮ 파사 이사금과 지마 이사금 5년까지의 기사는 옳다. 지마가 23년 8월에 돌아갔다고 『삼국사기』에 기록되었지만 8년에 전사하였다.

⑯ 내해(10대)에서 파사(5대) 사이에 간지 1운, 즉 60년이 연장되었다.

⑰ 조분(11대)에서 자비(20대) 사이에 간지 3운, 즉 180년이 연장되었다.

오타 아키라는 백제뿐만 아니라 신라 여러 국왕의 재위연대를 마음대로 바꿔 정했다. 신라 5대 파사왕(재위 80~112)의 재위연대는 22년인데, 오타 아키라는 32년으로 정했고, 6대 지마왕(재위 112~134)의 재위연대는 22년인데, 마음대로 4년으로 축소시켰고, 10대 내해왕((奈解王, 재위 196~230)의 재위연대는 34년인데, 마음대로 20년으로 정했다. 물론 그렇게 정한 근거는 없다. 오타 아키라 자신이 그렇게 생각한다는 것뿐이다. 이렇게 세 왕의 재위연대를 마음대로 고쳐 정한 후 또다시 복잡한 계산법을 사용했다.

Ⓐ 11대 조분(17년), 12대 첨해(15년), 13대 미추(22년), 14대 유례(14년)의 치세의 합계는 68년인데, 이것은 내해 치세 34년의 배이다.

Ⓑ 11대 조분왕의 치세는 10대 내해왕의 치세 34년의 반이다.

Ⓒ 미추왕의 22년은 내해왕의 34년에서 기림왕 12년을 감한 숫자이다.

Ⓓ 유례왕(儒禮王) 14년은 내해왕 34년에서 아달라왕 20년을 감한 숫자이다.

Ⓔ 16대 흘해왕의 46년은 내물왕 34년과 기림왕 12년을 합친 숫자인데 내물왕의 46년과 동일하다.

내물왕의 재위연대는 46년인데 마음대로 34년으로 줄여서 기림왕의 12년과 합쳐서 46년으로 만들어놓고는 나중에 내물왕의 46년과 같다고 횡설수설한 것이다. 이것이 어떻게 신라사를 간지 4운 240년을 연장한 근거가 되는지 알 수 없다. 오타 아키라는 계속해서 다음과 같은 근거를 제시하면서 『삼국사기』「신라본기」를 허구로 몰고 있다.

Ⓕ 흘해는 파사의 허영(虛影, 거울에 반사된 가상적인 상)이고 내물은 내해의 허영이고 실성(實聖)과 기림(基臨)은 동일인이다.

Ⓖ 박혁거세의 60년은 허수이다.

Ⓗ 남해(南解)는 기실은 내해(奈解)이다.

Ⓘ 3대 유리는 기실 기림과 동일인인 유례이다.

Ⓙ 4대 탈해가 신라왕의 시조이다.

오타 아키라의 논문을 읽다보면 오타 아키라는 역사를 어떤 학문이라고 생각하는지 궁금해진다. 그 마음대로 복잡한 계산법과 수많은 논리를 만들어서 신라사를 난도질해놓고 백제사는 180년, 신라사는 240년 연장된 것이라고 주장하는 것이 그의 역사학적 방법론이다. 그러나 정상적인 사고를 가진 역사학자라면 오타 아키라의 복잡한 계산법을 역사학의 사료 검증 방법이라고 인정하지 않을 것이다. 기발하다는 점은 인정하지 않을 수 없지만 이런 기발한 방법론이 아직도 식민사학이 지배하는 일본과 한국 외에 다른 나라에도 통할 리는 만무하다.

오타 아키라는 지금까지 살펴본 바와 같이 『삼국사기』「신라본기」와 「백제본기」의 기년과 세계가 허구라는 사례를 수없이 제시하고 있지만 필자는 물론 오타 아키라도 자신이 무슨 말을 하는지 도저히 이해할 수가 없을 것이다.

또한 그는 『삼국사기』에 나오는 왜(倭)도 일본이고 가야도 일본이라고 주장하면서도 왜와 가야를 동일 세력으로 보는 근거는 제시하지 못했다. 『삼국사기』 기록들은 마치 가운데에 한 물체를 놓고 삼면에 거울을 놓은 것과 같다는 주장은 기이하고 기발하다고밖에 표현할 수 없다. 이는 다른 일본인 식민사학자들도 창안하지 못했던 매우 독창적 견해이다. 오타 아키라는 『삼국사기』「신라본기」와 「백제본기」가 조작이라는 주장에 열을 올리고 있지만 「신라본기」와 「백제본기」의 기년이 조작되었다는 합리적 근거는 전혀 제시하지 못하고 있다. 『일본서기』의 기년이 120년 인상·조작(이마니시 류는 '인상'이라 하고 김성호는 '조작'이라 하였다)되어 있음에도 불구하고 오히려 적반하장격으로 『삼국사기』 조작설을 주장하고 있는 것이다.

오타 아키라는 조선총독부에 근무했으므로 조선총독부에서 한국고대사를 조작하는 의도를 잘 알고 있었을 것이다. 그래서 다른 일본인 식민사학자들도 상상하지 못했던 '삼면의 거울' 같은 것을 창안해서 『삼국사기』 조작설을 만들어낸 것이다. 그러나 비록 방법론은 다르지만 오타 아키라가 『삼국사기』를 조작으로 몰아붙인 이유는 다른 일본인 식민사학자들과 동일하다. 사실과는 반대로 고대 일본이 고대한국을 지배했다고 주장하기 위한 것이다. 여러 일본인 학자들이 '『삼국사기』 초기 기록 불신론'을 전파하는 이유는 이 같은 하나의 목적을 달성하기 위한 것이다.

일본인 식민사학자들의 주장은 하나같이 논리적 모순을 내재하고 있다. 오타 아키라는 『삼국사기』의 「백제본기」와 「신라본기」의 상대(上代) 기록은 조작되었지만 "고구려는 더욱 예부터 올바른 것 같다."면서 『삼국사기』 「고구려본기」 상대 기록의 기년과 세계에 대하여는 긍정적으로 받아들이고 있다. 『삼국사기』 「고구려본기」는 신용할 수 있지만 「백제본기」와 「신라본기」는 후세인인 신라인에 의해 조작되어 도저히 믿을 수 없다고 했다. 그렇다면 고구려인도 아닌 신라인이 왜 「신라본기」와 「백제본기」만 조작하고 「고구려본기」는 조작하지 않았는가를 설명해야 하는데, 오타 아키라는 설명하지 못했다. 일본인 식민사학자들이 설명하지 못할 때는 그 이유를 『일본서기』에 대입해보면 이유를 알 수 있다. 『삼국사기』 「고구려본기」 기사는 『일본서기』 기사와 직접적으로 충돌하지 않기 때문인 것이다.

3. 이마니시 류

이마니시 류는 도쿄제국대학을 졸업하고 1926년 경성(京城)대 교수와 조선사편수회에 근무하면서 한국사 왜곡에 앞장선 인물이다. 1913년에는 점제현 신사비를 발견해서 조작 논란이 일었던 인물이지만 현재도 한국사학계에 큰 영향을 끼치고 있기도 하다. 이마니시 류의 『삼국사기』 불신론 역시 다른 일본인 식민사학자들 못지않게 자기모순이 많다.

이마니시 류는 『삼국사기』「신라본기」 초기 기록을 조작으로 몰 때는 『삼국사기』「고구려본기」의 기년을 권위가 있는 것이라고 말하다가(이마니시 류, 『신라사 연구』, 9쪽) 정작 「고구려본기」를 언급할 때는 『삼국사기』「고구려본기」의 17대 소수림왕(小獸林王, 재위 371~384) 이전의 기사는 물론 20대 장수왕(長壽王, 재위 412~491) 이후의 기사도 중국 사료의 기사에 의해 조작되어 신용할 수 없다고 주장했다.[42] 이마니시 류의 논리는 이처럼 앞뒤가 안 맞는 것이었지만 그는 이런 앞뒤 안 맞는 논리로 '『삼국사기』 초기 기록 불신론'을 일본은 물론 한국 식민사학계에도 정착시켰다.

『삼국사기』 초기 기록을 조작·날조 또는 전설로 몰아붙여 믿을 수 없다고 주장하는 '『삼국사기』 초기 기록 불신론'은 쓰다 소키치에 의해 체계화되어 오타 아키라를 지나서 이마니시 류에 이르러 일단 정설로 굳어진 것으로 생각된다. 이런 상황에 대해서 나이토 도라지로(內藤虎次郎, 1866~1934)는 다음과 같은 의미심장한 분석을 해놓았다.

> "원래 일본의 고대사 연구가는 『일본서기』의 기년에 의심을 품는 사람이 많았기 때문에 여기에 대한 유력한 방증(傍證)으로서 조선

---

42 今西龍, 「高句麗五部考」, 『史林』 6-3, 1926 ; 『朝鮮古史の研究』, 1937, p. 416, 431.

고사(朝鮮古史, 『삼국사기』 등 한국기록 - 괄호는 필자주)의 기년을 참고하고 더욱이 그 기사의 내용까지도 조선고사에 중점을 두는 경향이 있었지만 이마니시 류 박사가 양국 고사(古史)의 근본적 연구 및 『삼국사기』가 이용한 중국사적 등의 연구로부터 종래 연구법을 일변하여 일본고사에 실려 있는 사실(史實)에 무게를 두게 되었다."[43]

이마니시 류 이전에는 일본에서도 『일본서기』 기년에 의심을 품고 『삼국사기』를 기준으로 연대를 맞춰서 연구했다는 것이다. 『일본서기』 기년이 문제가 많아 120년을 끌어올리는 식으로 『삼국사기』와 비교해서 맞아떨어지면 사실이라고 인정하는 방식이었다. 즉 『삼국사기』는 정확한 역사서이고 『일본서기』는 『삼국사기』와 비교해서 일치하는 부분만 사실로 인정할 수 있는 '믿을 수 없는 역사서'였다는 것이다. 그런데 이마니시 류가 이런 연구 경향을 일거에 뒤집어 『일본서기』를 사실로 믿고 『삼국사기』를 거짓으로 몰아붙이는 데 결정적 영향을 끼쳤다는 말이다. 이처럼 과거 학자들과 달리 『일본서기』를 중심으로 한국사를 본 것이 이마니시 류의 기본적 태도의 하나라고 할 수 있을 것이다.

이런 태도로 한국사를 연구한 이마니시 류의 『삼국사기』 「신라본기」에 대한 비판을 먼저 살펴보자(필요한 경우 아래에 필자의 비판을 덧붙였다).[44]

---

43 內藤虎次郎, 序中에서, 今西龍, 『百濟史研究』, pp. 5~6.

44 今西龍, 「新羅史通說」, 『新羅史研究』, 1933.

① 신라 제1왕 박혁거세 즉위년은 후대의 왕위계승의 연대에서 계산하면 성립되지 않는다.

필자 비판 : 이마니시 류가 이렇게 주장하려면 왜 후대의 왕위계승의 연대에서 계산하면 성립되지 않는지를 밝혀야 한다. 또 그 후대의 왕이란 누구이며 왜 이 후대의 왕을 기준으로 하는지에 대해서도 밝혀야 한다. 그러나 이마니시 류는 역사학자라면 누구나 사용할 이런 역사학적 방법론은 전혀 무시하고 신라 시조(始祖) 박혁거세 즉위년은 성립되지 않는다고 일방적으로 주장했다.

② 문헌이 없는 시대의 즉위 연대가 이렇게 뚜렷할 수가 없다.

필자 비판 : 이마니시 류는 『고사기』·『일본서기』와 비교해서 『일본서기』 및 『고사기』와 다르면 『삼국사기』를 무조건 부정했다.

③ 석탈해(昔脫解) 이사금(4대)이 85세로 졸하였다.

④ 일성(逸聖) 이사금은 이마니시 류 자신도 인정하고 있듯이, 유리왕의 장자 또는 일지갈문왕의 아들이란 2가지 설이 있는데도 유리왕의 아들을 고집하여, 그렇게 되면 98세가 되니 믿을 수 없다고 하였다.

⑤ 내해 이사금이 조분 이사금의 누이를 왕비로 삼은 것은 연령적으로 맞지 않는다.

⑥ 서기 65년 계림에 강하한 김알지가 김씨의 시조인데 서기 80년에 즉위한 파사 이사금의 비가 김씨이고 또한 탈해의 아들 구추(仇鄒, 벌휴왕의 아버지) 각간(角干)의 처도 김씨이니 이것 또한 사실과 멀다.

⑦ 구추의 손자 골정(骨正, 벌휴왕의 아들이자 조분왕의 아버지)이 알지의 5세손 구도(仇道)의 딸을 취하였다.

필자 비판 : 이상의 복잡한 왕계는 당시 신라 지배층 사이의 혼인관계를 보여주는 사료이지 후대인의 인식과 맞지 않는다고 해서 『삼국사기』를 위서로 모는 근거가 될 수는 없다.

⑧ 태종·문무 대에는 월(月)을 기록하고 일(日)을 기록하지 않았는데 일식(日食) 기사에는 그 월(月)의 삭(朔, 초하루)의 간지(干支)를 기록했다. 41대 헌덕왕(憲德王, 재위 809~826) 때 일식 기사는 신라의 기록에서 나왔지만 10대 내해왕(재위 196~230) 이전의 것은 『한서(漢書)』에서 전재한 것으로 믿는다.

⑨ 『삼국사기』「신라본기」 내물 이사금(奈勿尼師今, 재위 356~402)까지의 기사는 무엇에 의하여 편성되고 무엇에 의하여 기년했는지가 불명하다. 신라 내물왕과 유사한 연대인 일본의 스진 이전은 왕명과 왕비명이 있는 것이 고작인데 신라는 상세(그는 '번잡'이라는 표현을 쓴다)하게 기년체 기사로 쓰였다.

필자 비판 : 이마니시 류를 비롯한 일본인 식민사학자들이 내물왕을 주목하는 이유는 동일하다. 『일본서기』를 『삼국사기』와 비교했을 때 일본인들이 실제의 국왕이라고 인정하는 15대 오진의 재위 기간이 백제로 치면 근초고왕 때이고 신라로 치면 내물왕이라는 것이다. 『일본서기』를 『삼국사기』와 비교해서 사실인지 아닌지를 검토해놓고는 거꾸로 오진 이전의 임금에 대한 『삼국사기』 기록을 허구로 모는 것이니 적반하장이다.

이마니시 류는 또한 『삼국사기』가 상세한 기년체 사서라는 점을 조작의 또 다른 증거라고 주장하고 있다. 『일본서기』의 일본 국왕은 적어도 30대 비다쓰(敏達) 내지 33대 스이코(推古)까지는 조작되어 있기 때문에 고작 왕명, 왕비명만 (10대 스진까지의 대부분의 왕이 100세 이상을 산 것으로 되어 있다) 기재되어 있는 터인데 『삼국사기』는 기록이 상세하므로 조작이라는 것이다. 이마니시 류에 따른다면 중국의 사료들은 사마천의 『사기(史記)』부터 모두 조작이라고 몰아야 한다. 『삼국사기』보다 훨씬 자세하기 때문이다. 『삼국사기』가 자세하기 때문에 조작이라는 이마니시 류의 인식에는 한국고대사를 보는 일본인 식민사학자들의 기본 시각이 잘 나타나 있다.

⑩ 진흥왕 이후에야 비로소 믿을 수 있는 역사가 나온다.

⑪ 내물왕 이전의 3, 4명의 왕명은 허구이다.

⑫ 왕 중에는 실왕(實王, 실제 재위한 왕)이 아닌 자도 있고 또 왕이면서 왕명 속에서 존재하지 않는 자도 있고 또한 2왕 또는 2왕 이상이 '병립(竝立)'하는 경우도 있다.

이런 논리를 뒷받침하기 위해 이마니시 류는 "신라의 왕은 일가가 계승하는 것이 아니고 왕종(王種, 왕의 종족) 중의 유력자나 성망자(盛望者, 명망이 있는 자)가 추대되거나 또는 무력(武力)에 의해 왕이 된다. 이 왕종은 후세에 이르러 그 시조(始祖)에 의하여 분류되어 삼가(三家)가 되는데, 소급하여 박·석·김의 성을 덧붙였다."고 주장했다. 이런 주장을 하려면 실왕(實王)이 아닌데 왕으로 기록된 인물이 누구이고 그 사료적 증거는 무엇인지, 또 실왕이면서 그 이름이 누락된 자는 누구인지 구체적으로 제시해야 하지만 이마니시 류는 주장만 있을 뿐 아무런 구체적 사례를 제시하지 못하고 있다. 2왕 또는 3왕 이상의 병립된 왕이 있다는 견해에 대해서도 명백한 증거를 제시하지 못하고 있다. "너의 조상의 족보는 조작이다."라고 주장하면서 "왜 조작인지 증거를 대라."고 하면 침묵하는 격이다.

⑬ 『삼국사기』의 진흥왕 이전 기년은 조작이다. 내물왕(재위 356~402)의 즉위년은 397년이다. 탈해 이사금(재위 57~80)은 2세기 중반이나 2세기 전반으로 소급해야 한다. 박혁거세는 3세기 중엽 이전의 왕으로 소급할 수 없다.

필자 비판 : 이런 주장에 대해서 자신의 억단 외에는 아무런 근거를 제시하지 못했다.

⑭ 중국사서에 의하면 4세기 후반에야 신라의 이름이 나온다.

⑮ 『일본서기』에 의하면 신라의 건국은 2, 3세기 무렵이며 일본의 스진·스이닌(垂仁) 시(時) 또는 그 이전이다.

필자 비판 : 『일본서기』는 연대 자체가 맞지 않는다. 그래서 그 연대를 2주갑(周甲), 즉 120년을 끌어올려서 『삼국사기』와 비교하면 맞는 부분도 있다는 사실이 밝혀졌다. 그래서 『일본서기』는 『삼국사기』를 기준으로 120년을 소급·인상해서 해석해야 일본 고대국가의 형성 시기를 밝힐 수 있는 단서가 제공되는 사서이다. 그런데 이마니시 류는 이런 사실과 정반대의 주장을 하고 있다.

⑯ 무슨 뜻인지 알아듣지 못할 'tradition'과 'legend'에 대하여 말하고 신라 건국의 전설은 후세에 이르러 만든 것이라고 하였다.

⑰ 조부(탈해)의 사망 후 104년이 지나 손자 벌휴가 즉위하였다.

⑱ 서기 249년에 사망한 우로(于老, 10대 내해왕의 아들)의 아들 흘해 이사금(16대)이 356년에 사망했다.

⑲ 구도의 딸은 서기 196년 이전에 사망한 골정과 혼인하였는데 구도의 아들 미추는 284년에 사망했다.

⑳ 미추 이사금(284년 졸)의 딸은 402년에 사망한 실성 이사금과 혼인하였다.

㉑ 『삼국사기』「신라본기」의 상대(28대 진덕왕, 즉 서기 654년까지) 기년은 믿을 수 없다(이마니시 류, 『조선사의 간(栞)』, 1935, 93쪽).

이마니시 류는 위에서 제시한 21개 항에서 복잡한 논리로 『삼국사기』「신라본기」가 조작되었다고 주장했다. 그러나 이마니시 류는 『삼국사기』가 조작되었다는 주장만 일관될 뿐, 그 자신의 주장 자체도 일관되지 못하고 있다. 워낙 복잡한 논리를 제시하다 보니 그 자신이 이런 논리에 매몰되어 방향을 잃은 것으로 보인다. 그는 28대 진덕왕(眞德王, 재위 647~654) 이전까지의 『삼국사기』「신라본기」의 기년 기록을 믿을 수 없다고까지 주장했다. 진덕여왕 다음 임금이 삼국통일에 나섰던 29대 태종무열왕(太宗武烈王, 재위 654~661)이다. 진덕왕 이전의 기록을 믿을 수 없다면 신라라는 나라는 갑자기 하늘에서 내려와 삼국통일에 나선 것이 된다.

이마니시 류는 다른 기록에서는 17대 내물왕 이전은 믿을 수 없다고 했다가 또 다른 기록에서는 24대 진흥왕 이전은 믿을 수 없다고도 했다. 『삼국사기』가 조작이라는 한 가지 사항만 일관성을 갖고 있을 뿐 아무런 논리적 근거가 없다 보니 여기서는 이렇게 주장하고 저기서는 저렇게 주장하는 것이다.

그가 지적한 21개 항 중에서 ⑰, ⑱, ⑲, ⑳항은 신라사 연구가들이 보다 많은 연구를 통해 합리적 설명을 도출해야 할 문제이다. 그러나 선뜻 이해하기 어려운 내용이 포함되어 있다고 해서 그 사서(史書) 전체를 조작으로 몬다면 살아남을 수 있는 사서가 몇 권이나 될까. 이런 잣대를 이마니시 류가 사실이라고 믿고 있는 『일본서기』나 『고사기』에 들이댈 경우 전체가 조작으로 판명되어야 할 것이다. ⑰항은 탈해와 벌휴 사이, 그리고 ⑱항은 우로와 흘해 사이에 각각 몇 대가 누락된 것으로 볼 수 있으며, ⑲항은 구도의 아들과 딸, 즉 오누이 사이의 연령 차이에 부자연스러운 부분이 존재하고, ⑳항은 미추왕과 두 딸 사이의 연령 차이가 부자연스러운 부분이 있는 것이 사실이다. 그러나 이런 문제들이 『삼국사기』「신라본기」 상대의 세계와 기년 자체를 조작으로 몰 수 있는 근거는 되지 못함은 물론이다.

이마니시 류는 『삼국사기』「신라본기」가 조작되었다고 주장하는 데서 그치지 않고 「백제본기」도 조작되었다고 주장했다. 그의 「백제본기」 비판은 2가지 글로 이루어졌는데, 하나는 「백제약사(百濟略史)」이고 다른 하나는 「백제사강화(百濟史講話)」이다.[45] 이마니시 류는 이 2가지 글에서 공통적으로 다음과 같이 주장했다.

Ⓐ 『일본서기』를 중심으로 백제사를 보아야 한다.

Ⓑ 백제의 초기는 전설의 시대이므로 『삼국사기』「백제본기」는 믿을 수 없다.

Ⓒ 일본을 떠나서는 살 수 없는 백제는 일본에 예속되었고 임나(가야)는 일본에 의해 경영되었다(『삼국사기』를 조작으로 몰아붙이는 똑같은 이유가 다시 등장한다. 즉 임나일본부를 사실로 만들기 위한 것이다).

Ⓓ 백제는 일본과 우호관계를 유지하였고 신라 및 고구려와는 적대관계에 있었다.

위 항목 중에서 이마니시 류가 『삼국사기』「백제본기」를 조작으

45 今西龍, 「百濟略史」, 『百濟史研究』, 1936 ; 「百濟史講話」, 앞의 책.

로 모는 근본 이유는 Ⓑ항에 있다. 고대에 백제는 일본에 예속되었고, 한반도 남부는 고대일본의 식민지였던 임나가 통치했으며, 그 임나가 가야라는 것이다.

이번에는 이마니시 류가 『삼국사기』「백제본기」를 조작이라고 주장한 근거를 구체적으로 살펴보자.

① 개루왕(4대)의 아들 고이왕(8대)은 부왕의 사후 120년이 지나서 죽었다.
② 구수왕(6대)의 아들 비류는 부왕의 사후 110년이 지나서 죽었다.
③ 동일 칭호의 왕이 많아서 전후 또는 '근(近)·고(古)'의 문자로 식별한다.
④ 전설상의 왕이 있다.
⑤ 참다운 역사시대에 들어온 것은 4세기 중엽의 13대 근초고왕부터였다.
⑥ 백제가 하나의 엄연한 나라가 되고 역사가 있게 된 것은 근초고왕·근구수왕 시대이다.
⑦ 근초고왕 대는 일본의 진구 황후, 오진 천황 시대에 해당한다.
⑧ 일본의 문화가 반도(조선)에서 왔다고 하지만 그것은 반도의 문화가 아니라 중국의 문화가 반도를 경유한 데 지나지 않는다.
⑨ 백제의 마한 통일은 일본 조정의 힘에 의해서이다.
⑩ 12대 계왕(재위 344~346)까지의 『삼국사기』「백제본기」 기사는 전혀 믿을 수 없다. 계왕 이전의 기사는 백제 중세(中世)에 제작(製作)·분식(粉飾)되어 억지로 역사의 체재로 작성된 것을 『삼국사기』는 그대로 수록하였다. 근초고왕 때에 이르러 그 이름이 『일본서기』에 보인다.

이마니시 류가 지적한 10개의 항목 중 ①과 ②를 제외하고는 모두 쓰다 소키치, 마에마 교사쿠, 오타 아키라와 마찬가지로 억측과 독단의 산물이다. 8대 고이왕과 11대 비류왕의 수명과 관계되는 ①·②항은 보다 많은 연구를 통해서 합리적인 설명을 해야 하는 부분이다. 이 두 왕의 수명이 선뜻 이해가지 않는다고 해서 『삼국사기』「백제본기」의 모든 기사를 믿을 수 없다고는 말할 수 없을 것이다. 김부식은 조작한 것이 아니라 자신이 갖고 있는 사료를 보고 그 자신이 이해할 수 없는 부분이 있어도 그대로 서술했을 뿐이다. 백제 시조 온조왕에 대해서 기재한 후 일운(一云)이라고 해서 비류(沸流)에 대한 설명도 기재한 것이 이를 말해준다. 백제 시조에 대해서 자신이 갖고 있는 두 사료의 이야기를 모두 기재한 것이었다. 김부식은 조작이 아니라 오히려 너무 많은 부분을 소략하게 기재해서 문제였다.

『삼국사기』「백제본기」 기사 중 12대 계왕까지의 것은 전혀 믿을 수 없다는 이마니시 류의 주장은 쓰다 소키치, 오타 아키라의 주장을 대부분 이어받은 것이다. 이마니시 류는 일본 제국이 한국을 영구히 지배하려면 고대부터 일본문화가 한국보다 앞섰다고 주장해야 한다고 생각했다. 그래서 그의 고민은 『일본서기』에도 백제가 불교를 비롯한 여러 문물을 전해준 것으로 기재되어 있다는 점이었다. 그래서 그는 ⑧항의 "일본의 문화가 반도(조선)에서 왔다고 하지만 그것은 반도의 문화가 아니라 중국의 문화가 반도를 경유한 데 지나지 않는다."라는 논리를 만들어냈다. 일제 식민사학의 중요한 이론 중의 하나인 한국사 정체성론을 한일관계사에 적용한 것이었다. 한국인들은 사회발전 능력이 없기 때문에 외국의 식민지배를 받거나 외국에서 선진문물을 수입해야 한다는 논리인데, 백제가 일본에 발전된 선진문물을 제공하는 선진국이었다면 식민사관의 여러 논리가 무너지기 때문이었다. 그래서 왜(倭)에 전수된 백제의 문화는 백제의 것이 아니라 단지 백제를 경유해서 온 중국의 문화라는 논리를 만들어냈던 것이다.

이마니시 류의 이런 주장은 한국고대에는 덕망 있는 왕이나 왕도정치가 없었다고 터무니없는 억지를 부리는 쓰다 소키치의 주장과 근본적인 의도가 똑같다. 조선사편수회의 핵심 인물이었던 이마니시 류는 일제의 한국 침략을 정당화하기 위해 한국사 정체성론을 부르짖으며 『일본서기』에도 나오는 백제의 선진문화 전파설까지 부인했다.

4. 이마니시 류 이후의 학자들

일본인 식민사학자들에게 '『삼국사기』 초기 기록 불신론'은 임나일본부를 살리기 위한 전제조건이었다. 그래서 일본인으로서 한국고대사를 연구한다는 학자들은 한결같이 '『삼국사기』 초기 기록 불신론'을 주창했다. 그래서 이마니시 류 이후에 '『삼국사기』 초기 기록 불신론'을 주창한 대표적인 일본인 학자 몇몇의 주장을 알아보고자 한다.

(1) 미시나 쇼에이

먼저 미시나 쇼에이(三品彰英, 1902~1971)의 견해부터 살펴보겠다. 미시나 쇼에이는 교토제국대학을 나와서 패전 전에는 해군의 교수로 있다가 패전 후에는 도호쿠(東北)대학 교수가 된 인물이다. 한국과 가장 가까운 규슈에 있는 도호쿠대학은 일본 내에서는 조선고대사에 저명하다고 알려진 대학이다. 일본인 학자들이 말하는 저명한 한국고대사란 식민사학을 말함은 물론이다. 미시나 쇼에이는 『삼국사기』「신라본기」의 제22대 지증 마립간(智證麻立干, 재위 500~514) 이전의 기사는 사실적인 정확성이 결여되었으며 고증을 할 수 없는 전설시대라고 단정하였다.[46]

미시나 쇼에이는 『삼국사기』 초기 기록이 '조작'되었다고 하는 것보다 삼국 초기 수백 년 동안을 전설시대라고 하는 것이 더 효과적이고 지능적으로 『삼국사기』 초기 기록의 사실성을 부인하는 것이라고 생각했던 것 같다. 삼국 시조의 탄생 신화에 한정하지 않고 이것을 연장 확대하여 그 후 수백 년 동안을 전설시대라고 한 것은 이유가 있다. 『일본서기』는 15대 오진 이전의 시대를 신화시대라고 하는데, 『일본서기』의 초기 부분을 신화시대라고 보는 것이 통용되고 있던 심리를 이용하여 삼국 초기를 전설시대라고 하더라도 자연스럽게 받아들일 것이라고 계산한 것으로 보인다.

미시나 쇼에이는 신라 시조 혁거세부터 22대 지증 마립간이 즉위한 서기 500년까지의 557년의 긴 시간을 전설시대로 단정하고 신라 초기의 박·석·김 삼성의 왕위 전승도 조작이라고 말했다. 즉 미시나 쇼에이는 신라상고의 박·석·김 3성의 교립은 신라하대(下代)의 박씨 3왕 때의 개작(改作)이며,[47] 신라 6부의 사성(賜姓, 하사받은 성씨)도 후대의 조작된 전설에 지나지 않는다고 하였다. 순수

---

46 三品彰英, 「骨品制社會」, 『古代史講座』 7, 1963.

47 ________, 「新羅の姓氏に就いて」, 『史林』 15-4, 1933.

한 전설이 아니라 전설의 조작, 다시 말해 조작된 전설[48]이라는 것이 그의 주장의 핵심이다. 이미 언급한 다른 일본인 학자들과 마찬가지로 미시나 쇼에이 역시 조작의 이유나 근거는 언급하지 않았다. 삼성교립을 조작이라고 주장하려면 마땅히 근거를 제시해야 한다는 역사학적 방법론은 찾아볼 수 없다.

또한 미시나 쇼에이는 『삼국사기』「백제본기」에 대해서는 "백제의 6대 구수왕 대, 7대 사반왕(沙伴王) 대, 8대 고이왕 대까지는 아직 역사시대에 들어와 있지 않았다는 설이 유력하다."[49]고 주장한다. 백제 제8대 고이왕(재위 234~286) 대까지는 전설시대이거나 조작된 시대라는 주장이다. 미시나 쇼에이 역시 나카 미치요·쓰다 소키치 이래의 '『삼국사기』 초기 기록 불신론'이나 조작·전설설을 그대로 따르고 있는 것이다.

그렇다면 미시나 쇼에이는 『삼국사기』「고구려본기」는 어떻게 보고 있을까? 그는 고구려 13대 서천왕(西川王, 재위 270~292)까지의 고구려왕의 혼인, 14대 봉상왕(烽上王, 재위 292~300)까지의 식읍(食邑)과 겸영(兼營)에 관한 기사, 16대 고국원왕(재위 331~371)까지의 왕모(王母)와 왕비(王妃)의 성이 조작되었다고 주장했다.[50] 미시나 쇼에이는 결국 16대 고국원왕까지의 「고구려본기」 기사는 믿을 수 없다고 주장한 것으로써 고구려사 400년을 '조작'으로 몰아붙인 것이다.

---

48 三品彰英, 「骨品制社會」, 『古代史講座』 7, 1963.

49 ________, 『三國遺事考證』 中, 塙書房, 1979, p. 228~229.

50 ________, 「高句麗の五族について」, 『朝鮮學報』 6, 1956, pp. 30~31, p. 37, 47.

(2) 이케우치 히로시

이케우치 히로시 역시 '『삼국사기』 초기 기록 불신론'을 전파한 식민사학자 가운데 하나다. 그의 시각 역시 쓰다 소키치, 마에마 교사쿠, 오타 아키라, 이마니시 류의 견해와 대체로 동일할 것임은 물론이다. 도쿄제국대학 교수였던 이케우치 히로시는 일본인뿐만 아니라 이병도를 비롯한 한국인 사학자들에게도 많은 영향을 끼친 인물이다. 특히 그는 『삼국사기』 「신라본기」는 물론, 「고구려본기」도 조작되었다고 주장하는 데 역점을 둔 인물로서 이에 대해 별도의 논문을 쓸 정도였다.

먼저 『삼국사기』 「신라본기」에 관한 이케우치 히로시의 견해부터 알아보자. 그의 주장은 다음과 같이 정리될 수 있다.[51]

① 거칠부·이사부·사다함·김후직 등의 인물이 내물왕 이전에 소급되지 않는다. 그러므로 진성여왕(眞聖女王)까지의 28대 제왕 중 역사상의 인물로 인정되는 최초의 왕은 내물왕이고 그 이전의 제왕은 모두 공상의 인물이다.

② 석우로(昔于老)와 박제상(朴堤上)의 조상이 내물왕보다 훨씬 이전에 소급되는 것은 조작이다.

③ 삼성교립 이야기는 후세의 조작이다. 중국의 하·은·주의 계승 관계를 취합해 조작되었다.

이케우치 히로시는 17대 내물왕(재위 356~402) 이전은 공상의 국

---

51 池內宏, 「新羅の骨品制と王統」, 『東洋學報』 28-3, 1941.

왕이라고 주장했다. 그런데 내물왕 이전은 공상의 국왕이라고 주장하다보니 문제가 생겼다. 『삼국사기』 '열전'에 내물왕 이전의 인물들이 등장하는 것이다. 『삼국사기』 「석우로열전(昔于老列傳)」이 석우로에 대해 "내해 이사금의 아들이다."라고 10대 내해왕(재위 196~230)의 아들이라고 기재하고 있는 것 등이 이를 말해준다. 이케우치 히로시는 국왕 자체를 공상으로 몰았는데, 그 신하가 실존 인물이라면 자신의 주장을 유지할 수 없다고 생각했다.

이 경우 일본인 식민사학자들의 수법은 뻔하다. 석우로의 기록까지 조작으로 몰아버리는 것이다. 『삼국사기』 「박제상열전」은 내물왕 때 인물인 박제상에 대해 "시조 혁거세의 후손이고, 파사 이사금의 5세손으로서 할아버지는 아도(阿道) 갈문왕(葛文王)이고, 아버지는 파진찬(波珍湌) 물품(勿品)이다."라고 아주 구체적으로 기재하고 있다. 『삼국사기』 〈일성(逸聖) 이사금 15년〉조는 "박아도(朴阿道)를 갈문왕으로 삼았다."라고 구체적으로 서술하고 있다. 그러자 이케우치 히로시는 내물왕 이전에 소급되는 것은 이것이고 저것이고 모두 조작이라고 주장했다. 자신의 머리에 심어둔 고정관념과 다르면 어떤 사료든 사료 자체가 조작이라는 오만방자한 태도다.

그럼 이케우치 히로시가 『삼국사기』 「고구려본기」에 대해서는 무엇이라고 말하고 있는지 살펴보자.[52]

> ① 고구려 시조에서부터 수대(數代)의 세계(世系)에 관해서 광개토왕비와 『위서』 「고구려열전」 사이에 차이가 있다.

---

52 池內宏, 「高句麗王家の上世の世系について」, 『東亞學』 38, 1940(『滿鮮史』 「上世編」에서 인용함).

② 주몽에서 궁(宮, 6대 태조왕)에 이르는 세계는 『삼국사기』와 『위서』와 광개토대왕릉비가 같지 않다. 이것은 후세의 고구려인이 공상적으로 만든 것이다. 6대왕의 칭호가 태조왕인 것은 그가 실제의 시조임을 뜻한다.

③ 궁(6대), 수성(7대), 백고(8대)의 3대의 재위 기간은 『삼국사기』와 중국사적의 기록 사이에 두드러진 차이가 있고, 후세의 조작이 있다. 또한 세계(世系)도 양자간에 차이가 있는데 중국사적에는 3대가 부자관계임에 비해 『삼국사기』 기록에는 형제관계로 되어 있는데, 이는 후세의 조작이다.

④ 중국과의 관계에 관한 『삼국사기』와 중국사기(史記)의 차이는 한국측 기록이 후세의 허구임을 뜻하는 것이다.

⑤ 6대 태조왕(궁), 7대 차대왕(수성), 8대 신대왕(백고)의 3왕의 이름은 중국사서와 같고 9대 고국천왕[남무(男武)] 이후의 제왕의 이름은 중국과 다르다. 전자의 것은 고기록(古記錄)의 작자가 중국사서의 기사에서 얻은 지식에 의하여 추가한 것이다.

①~⑤에 대한 필자 비판 : 이케우치 히로시는 『삼국사기』 「고구려본기」 내용이 중국사서와 약간 다르다는 것을 조작의 주요 근거로 몰았다. 『삼국사기』 편찬자들과 고구려 고기록의 작자들이 중국 사료를 보고 추가했다는 것이다. 그러나 중국 사료를 보고 추가하려면 똑같이 베끼지 왜 조금씩 다르게 베꼈겠느냐는 당연한 의문에 대해서는 아무런 설명도 하지 않았다. 그런데 정작 『일본서기』에는 중국의 『송서(宋書)』·『진서(晋書)』·『양서(梁書)』 등의 중국사서가 전하는 왜5왕(倭五王)이 나오지 않는다. 이케우치의 논리대로라면, 중국사서의 내용과 약간 다른 정도가 아니라 왜5왕 자체가 나오지 않는 『일본서기』는 전체가

조작이다. 그러나 이케우치는 다른 일본인 식민사학자들처럼 『삼국사기』만 조작이고 『일본서기』는 조작이 아니라는 이중적 태도를 보인다.

⑥ 고국천왕(남무)은 공상의 마지막 왕인 모본왕(慕本王, 5대) 다음에 위치해야 하는데 모본왕에서 떠나서 8대 신대왕(백고)의 다음 왕으로 조작되었다.

⑦ 고구려 상세(上世) 왕가 세계 중 실재의 최고의 왕은 10대 산상왕[연우(延憂)]이다.

⑧ 태조대왕(6대), 차대왕(7대), 신대왕(8대)은 후세의 고구려인 사이에서는 그 이름조차 잊혀졌었다. 즉 후세 고구려인은 이러한 제왕의 이름도 전혀 모르고 있었다.

⑨ 10대 산상왕 이전의 제왕에 관한 『삼국사기』「고구려본기」의 일체(一切)의 기술은 그것이 언제 어떻게 만들어졌다고 하더라도 중국사서에서 가져온 것 이외에는 모두 신용할 수 없다.

⑥~⑨항에 대한 필자 비판 : 이케우치 히로시는 고구려 10대 산상왕 이전의 국왕은 중국사서에서 가져온 것 이외에는 모두 신용할 수 없다고 주장한다. 한편에서는 중국 사료를 베낀 것이라면서 위서로 몰고, 한편에서는 중국사서에서 가져온 것이 아니면 신용할 수 없다는 모순된 주장을 하고 있는 것이다. 그러면서 5대 모본왕을 공상의 왕이라고 주장했다. 『삼국사기』「고구려본기」는 모본왕이 재위 2년(서기 49) "장수를 보내 한나라의 북평, 어양, 상곡, 태원을 습격하게 했는데 요동태수 채융이 은혜와 신의로써 대하므로 이에 다시 화친했다."고 기록하고 있다. 그런데 이 기사는 중국 기록에도 나온다. 중국 사료인 『후한서』「광무제본기」의 "(광무제) 25년(서기 49) 춘정월, 요동 변방

의 맥인이 북평·어양·상곡·태원을 침략했는데, 요동태수 제융이 불러 항복시켰다."라고 설명하고 있는 것이다. '고구려'가 '요동 변방의 맥인'으로, 요동태수 제융이 '은혜와 신의로 대하므로'가 '불러 항복시켰다'고 바뀌었을 뿐 완전히 같은 내용이다. 이처럼 중국사서와 달라도 조작이고 같아도 조작이며, 심지어 중국사적에 중국을 공격했다고 나오는 임금도 공상이라는 것이다.

⑩ 궁·수성·백고 3왕의 관계, 궁의 졸년, 치세년, 수성의 재위기수, 백고의 치세년수 모두가 『해동고기』의 찬자(撰者)가 조작한 것이다.

필자 비판 : 『해동고기』는 김부식이 『삼국사기』를 편찬할 때 참고한 사서인데 지금은 전하지 않는다. 『삼국사기』 〈태조왕〉조는 『후한서』와 『해동고기』 내용을 비교해 적으면서 결론에서 "혹시 『후한서』 기록이 잘못된 것이 아닌가?"라고 덧붙였다. 이처럼 김부식은 그때까지 고려에 전해온 사료를 바탕으로 『삼국사기』를 편찬하면서 중국 사료도 비교 검토했다. 양자의 기록이 다를 때는 양자를 모두 기록하고 자신의 견해를 덧붙였다. 『삼국사기』가 조작이 아니라는 명백한 증거다. 그러자 이케우치 히로시는 『삼국사기』가 참고한 『해동고기』가 조작이라고 몰아붙인 것이다. 앞서 설명했듯이 이기백도 이케우치 히로시를 추종해서 『해동고기』를 조작이라고 주장했다. 『해동고기』를 사실로 인정하면 김부식이 『삼국사기』를 조작하지 않았다는 것을 인정해야 하므로 『해동고기』 자체를 조작으로 본 것이다. 그런데 『해동고기』는 현전하지 않으므로 조작인지 아닌지 판단할 근거가 전혀 없다. 일본인 식민사학자들이 아니라면 감히 상상도 할

수 없는 주장을 태연히 말하는 것이다. 이런 괴이한 주장을 이기백이 그대로 추종하고 있는 것에서 한국사학계의 문제가 그대로 드러난다.

⑪ 남무(고국천왕)의 세계(世系)상의 위치를 궁(태조대왕)의 직전 모본왕의 직후로 옮기어 이것을 공상의 왕인 모본왕 및 이전의 제왕 속에 넣는 것을 주저하지 않는다.

⑫ 고구려 상세(上世)의 세계는 확실한 근거가 있는 소전(所傳)이 아니고 중국사서의 기사를 참고로 하면서 그렇지 않은 것으로 가장시키려 한 『해동고기』 찬자의 조작에 불과하다.

쓰다 소키치와 이케우치 히로시가 「고구려본기」 초기 기록 조작의 결정적인 증거로 삼고 있는 것이 6대 태조대왕의 호칭이다. 고려나 조선에서 시조를 태조라고 부르는 것을 소급해서 태조대왕이라고 불렀기 때문에 그 이전의 왕은 공상의 왕이라는 논리다. 태조대왕 이전인 5대 모본왕은 중국사서에도 나온다는 사실은 차치하고, 태조대왕에 대해서만 살펴보자. 그들은 6대왕의 호칭이 태조대왕이므로 그 이전의 왕은 전부 조작되었다고 주장한다. 그러나 태조대왕이라는 호칭은 고구려인들이 그를 탁월한 국왕으로 생각했다는 증거는 될 수 있지만 그 이전 역사가 모두 허구라는 증거는 될 수 없다. 태조대왕이라는 호칭은 다음에서 연유되는 것으로 생각한다(다음 쪽 표 참조).

『삼국사기』에서 태조대왕의 치적을 정리하면 다음과 같다.

① 시조 동명성왕으로부터 6대왕까지의 여섯 왕 중 가장 오랫동안 재위하였다.

태조대왕과 이전 제왕의 치적 비교

왕(재위기간)	영토 관계 기사	복지 관계 기사
시조 동명성왕 (19년)	2년 비류국 송양 강복 6년 행인국 정벌 10년 북옥저 정벌	
2대 유리왕 (37년)	3년 선비 강복 32년 부여군 대파	23년 죄수 대사
3대 대무신왕 (27년)	5년 부여국종제 강복 9년 개마국 정벌 구다국왕 강복 13년 매구곡인(買溝谷人)으로 상수(尙須) 등 내투	2년 죄수 대사
4대 민중왕 (5년)		원년 죄수 대사 2년 유민 구제
5대 모본왕 (6년)		2년 유민 구제
6대 태조대왕 (94년)	3년 요동 지방에 10성을 쌓아 한나라 침입 대비 4년 동옥저 정벌 16년 갈사왕 손도두(孫都頭) 나라를 들어 항복 20년 조나(藻那) 정벌[노기왕(虜其王)] 22년 주나(朱那) 정벌[노기태자(虜其太子)] 66년 예맥 · 한의 현도 습격 화려성 공취 69년 현도 · 요동 2부 정벌 요대현 공취 70년 요동 격파 94년 요동 · 서안평 습격	25년 죄수 대사 56년 유민 구제 66년 환과고독자와 노인에 의식 하사 69년 궁곤자에 물건 하사

② 여섯 왕 중 죄수 대사 및 기민 · 궁곤자, 환과, 노인 구제 등과 같은 복지정책을 가장 많이 실시하였다.

③ 여섯 왕 중 영토 보전과 확장에 가장 많은 공헌을 하였다.

④ 여섯 왕 중 생시에 양위한 유일한 왕이며(선위 후 15년 간 생존) 다른 다섯 왕은 사후에 칭호를 얻었지만 태조대왕은 생시에 칭호를 얻었다. 중국에서도 선위하고 생존한 왕은 태상왕, 태상황의 칭호를 받는다.

⑤ '대왕' · '태조'의 칭호는 삼국 중기 이전까지는 삼국 어느 나라도 사용되지 않았다.

이케우치 히로시의 견해 역시 앞서 살펴본 다른 일본인 식민사학자들과 차이가 없다. 그가 지적한 12개 항목 중 ①~⑤항은 양설이 있는 것이고 ⑥~⑫항은 근거 없이 그가 독단적으로 조작한 것이다. 한마디로 이케우치 히로시가 『삼국사기』「고구려본기」를 조작으로 본 것은 아무런 근거가 없다.

(3) 스에마쓰 야스카즈

다음으로 스에마쓰 야스카즈에 대해서 살펴보자. 스에마쓰 야스카즈는 현재 한국에서 계속되고 있는 식민사학의 확산에 특히 중요한 인물이다. 스에마쓰 야스카즈는 도쿄제국대학 사학과를 졸업하고 조선총독부 직속의 조선사편수회에서 근무했다. 조선사편수회 수사관(修史官)으로 『조선사(朝鮮史)』 편찬에 종사하면서 경성제대에서도 강의했다. 스에마쓰 야스카즈가 중요한 것은 패전 후 일본으로 쫓겨 간 후에도 경성제대에서 자신이 가르쳤던 제자들과 계속 관계를 맺으면서 식민사학 카르텔을 유지해왔다는 데 있다. 스에마쓰 야스카즈는 1949년 『임나흥망사』라는 책을 발간했는데, 이 책에서 임나일본부를 전라남도 전부와 충청남북도 일부, 경상남북도 일부에 걸치는 제국으로 그려놓았다.

스에마쓰 야스카즈는 "『삼국사기』에 있는 신라 시조 즉위년인 B.C. 57년(오봉 원년 갑자)부터 514년(23대 법흥왕 즉위년)까지는 571년 간이 되지만 내외의 증거사료에 의해 신라가 한 국가로서 역사상으로 활동한 때를 추구하면 나머지 150년이 개국기가 된다."[53]

---

53 末松保和, 『朝鮮史』 5, 『朝鮮行政』 2-2, 1938.

고 말했다. 그가 말하는 '나머지 150년'이란 신라 17대 내물왕(재위 356~402)부터 23대 법흥왕(재위 514~540) 즉위까지의 기간을 신라의 실제적인 개국기로 본 것이다. 즉 다른 일본인 식민사학자들처럼 17대 내물왕을 신라의 개국 군주로 본 것도 아니고 내물왕부터 법흥왕까지의 150년 동안을 개국기로 보았으니, 다른 일본인 식민사학자들보다도 개국기를 늦춰 잡은 것이다.

그런데 스에마쓰 야스카즈는 이런 논리를 "내외의 증거사료에 의하여"라고 말했지만 그 역시 "내외의 증거사료"는 제시하지 않았다. '당신이 범인이라는 여러 증거자료를 갖고 있다'고 위협하면서 증거를 보여달라고 하면 안 보여주는 격이다. 이미 살펴본 쓰다 소키치, 이마니시 류 등과 같은 수법이다. 스에마쓰 야스카즈는 이런 논리로 『삼국사기』 초기 기록을 조작으로 몰았다.[54]

① 마에마 교사쿠가 주창하고 이케우치 히로시가 동조한 '삼성교립'의 세계(世系)를 신라 말기에 즉위한 박씨 3대(신덕왕, 경명왕, 경애왕) 16년 간(912~927)에 있어서 역사 개작한 결과라고 보는 것은 안이한 생각이다. 그러나 김씨 전에 석씨, 석씨 전에 박씨의 왕위를 놓은 것은 신라가 병합한 몇 나라의 대표적인 두 개의 개국전설을 가상하여 만들어진 것이다.

② 박·석·김에 의한 신라의 삼성교립은 중국의 삼황전설(하·은·주의 3대 계승)을 모방하여 만들어진 것일 가능성이 있다.

③ 53대 신덕왕(神德王, 재위 912~917)이 박씨라고 한 것은 모성(母姓)을 따랐기 때문이다.

---

54 최재석, 앞의 책, pp. 104~105 참조.

④ 신라 말의 왕통은 왕통 계보의 실정(實情)을 전하지 않는다.

⑤ 상고(上古) 22왕 대 중에서 반(半)전설적·반(半)역사적 시대는 제17대 내물왕 이후의 일이다.

스에마쓰 야스카즈가 말한 ⑤항의 내용과 전에 그가 언급한 개국기의 내용을 그림으로 나타내면 다음과 같다.

스에마쓰 야스카즈가 주장하는 신라의 개국 시기

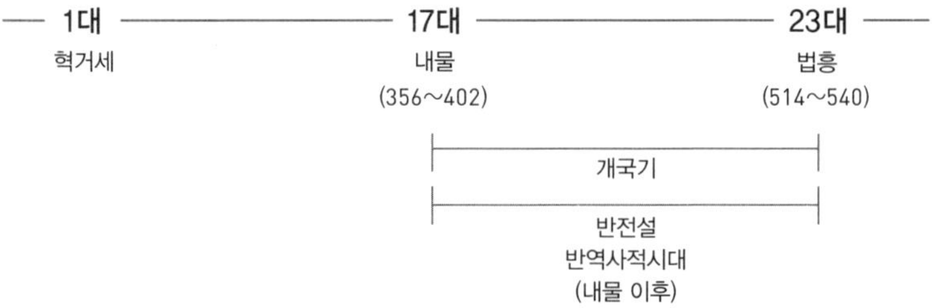

스에마쓰 야스카즈가 주창한 '『삼국사기』「신라본기」 불신론'의 특징은 이렇게 요약할 수 있다. 첫째, 신라의 개국기를 수년이나 수십 년으로 잡지 않고 150년(내물~법흥)으로 잡았다. 둘째, 개국기의 시작을 17대 내물왕으로 잡으면서도 동시에 이 기사를 반전설·반역사적 시대로 잡았다. 반은 전설이고 반은 역사적 사실이라는 것이다. 결국 반은 전설이라는 것이니 내물왕 이후 법흥왕까지 이른다는 개국 시기도 사실로 믿을 수 없게 된다. 즉 스에마쓰 야스카즈는 내물왕 이후를 개국기라고 말했지만 실제로는 내물왕이 아니라 23대 법흥왕 이후라야 역사시대가 된다고 말한 것이다. 신라 개국기를 150년으로 길게 잡는 것이나 역사시대를 23대 법흥왕 이후로 잡는 점에 있어서 스에마쓰 야스카즈는 『삼국사기』의 사료적 가치를 가장 많이 말살하려고 한 사람으로 볼 수 있다.

이제 스에마쓰 야스카즈가 백제 건국에 대해서는 어떻게 바라보았는지 살펴보자. 그는 백제의 13대 근초고왕(재위 346~375)을 실제의 개국왕으로 간주했다. 서기 372년[함안(咸安) 2년]에 백제왕이 최초로 동진(東晋)에 견사(遣使)했다는 기록이 있다는 이유로 백제 건국을 서기 350년 무렵으로 잡은 것이다.[55] 서기 350년은 13대 근초고왕의 재위 기간(346~375)에 해당한다.[56] 앞에서 살펴봤듯이 『일본서기』를 『삼국사기』에 비추어보았을 때 15대 오진에 해당하는 백제 국왕이 근초고왕이므로 이때를 개국기로 본 것에 불과하다. 즉 『일본서기』를 사실로 만들기 위해서는 어쩔 수 없이 근초고왕을 인정해야 하므로 개국 임금으로 본 것이다.

(4) 이노우에 히데오

마지막으로 이노우에 히데오의 견해를 알아보자. 이노우에 히데오는 교토대학에서 식민사학자 미시나 쇼에이를 사사한 후 도후쿠(東北)대학 교수로 한일고대사를 연구한 학자였다. 이노우에 히데오도 스에마쓰 야스카즈처럼 『삼국사기』「고구려본기」는 언급하지 않고 「신라본기」와 「백제본기」에 대해서만 자기 견해를 제시했다. 1950년에 교토대학을 졸업했으니 전후세대라고 할 수 있지만 그 역시 「신라본기」 상대의 기록은 조작, 가필이나 새로운 조작 기사

---

55 末松保和, 『新羅史の諸問題』, 1954, p. 135.

56 ________, 『朝鮮史』 4, 『朝鮮行政』 2-1, 1938.

라고 주장하면서 17대 내물왕부터 역사시대로 보았는데,[57] 구체적으로는 다음과 같이 언급하고 있다.[58]

① 신라상대(上代) 전반의 신화시대에 삼성교대(三姓交代)의 계보가 보이며 시조 박혁거세 이후 7대의 왕에 박씨를 칭하였다고 전해져 있지만 이 칭성(稱姓, 성을 칭함)은 후대의 가필이다.
② 삼성교대는 사실이 아니고 신화이며 이케우치 히로시가 지적한 바와 같이 하대(下代)에 조작된 것이다.
③ 신덕왕(53대)이 서정혁신(庶政革新)의 일대 계기를 만들기 위하여 박성(朴姓)으로 개성(改姓)했다.
④ 『삼국사기』와 『삼국유사』에 박씨 왕통의 마지막 왕[末王] 아달라 이사금(8대)은 자식이 없다고 되어 있는데도 불구하고 신덕왕이 아달라의 원손(遠孫)이라고 하여 아달라와 결부시킨 것은 '신화시대의 전승도 고친 새로운 조작 기사'를 뜻한다.

이노우에 히데오의 특징은 「신라본기」 상대뿐만 아니라 하대 기사까지도 조작되었다고 본다는 점이다. 한국과 마찬가지로 일본도 전후 식민사관이 극복되기는커녕 더욱 심화되고 있음을 보여준다. 신라 53대 신덕왕(神德王, 재위 912~917)에 대해 『삼국사기』 「신라본기」에서 아달라왕의 먼 후손[遠孫]이라고 한 것을 조작의 증거로 삼았다. 그러나 『삼국유사』는 「왕력」편에서 신덕왕에 대해 "어머니는 진화부인(眞花夫人)인데, 부인의 아버지는 순홍(順弘) 각간(角干)

57 井上秀雄, 『古代朝鮮』, 1972, p. 135.
58 최재석, 앞의 책, p. 105.

으로서 후에 시호를 성호대왕(成虎大王)이라고 했다. 할아버지는 원홍(元弘) 각간으로 아달라왕의 먼 후손[遠孫]이었다."라고 설명하고 있다. 먼 후손이란 말에는 직계가 아닌 방계까지 포함되는 것이고, 또한 모계로 이어졌을 가능성도 있는 것이다. 아달라왕이 아들이 없다는 이유 하나만으로 그 먼 후손이라고 한 것을 조작이라고 몰아붙일 수는 없다.

이노우에 히데오는 『삼국사기』「백제본기」 초기 기록도 믿을 수 없다고 주장했다. 이노우에 히데오는 제12대 계왕(재위 344~346) 이전의 기사는 설화적인 전설 기사이거나 후세의 조작 기사 등으로서 백제의 정확한 역사를 전하는 문헌사료가 아니다[59]라고 말해, 쓰다 소키치나 오타 아키라, 이마니시 류와 견해차가 없음을 알 수 있다. 그는 『삼국사기』「고구려본기」〈태조왕 69년(서기 121)〉조의 영토 확장과 제사의 기사도 '관념적'일 뿐 사실(史實)이 아니라고 주장하였다.[60]

『삼국사기』「고구려본기」〈태조왕 69년〉조에는 "태조왕이 선비(鮮卑) 8,000명과 함께 요대현(遼隊縣)을 공격하니 요동태수 채풍(蔡諷)이 군사를 거느리고 나와서 신창(新昌)에서 싸우다가 죽었다."고 기재하고 있는데, 이것이 사실이 아니라는 것이다. 그런데 이 기사는 『후한서』「고구려열전」에 건광(建光) 원년(서기 121) 태조왕이 "요동 선비 8,000명과 함께 요대현을 침공해서 관리와 백성들을 살상하자 채풍 등이 신창에서 나와 추격하다가 전사했다."라고 거의 똑같이 등장한다. 중국 사료에 안 나오면 조작이고, 중국 사료

---

59 井上秀雄, 앞의 책, p. 99.

60 ________, 「古代朝鮮史定說」, 「王者と宗教」, 1978, p. 112.

에 나와도 조작이라고 우기는 일본인 식민사학자들의 습성을 광복 후의 이노우에 히데오도 그대로 답습하고 있음을 알 수 있다.

지금까지 일본인 및 한국인 식민사학자들의 '『삼국사기』 초기 기록 불신론'에 대해 살펴보았다. 그 결과 이들이 모두 "『삼국사기』 초기 기록은 조작되었다."는 결론을 먼저 내려놓고 이런저런 논리를 펼친다는 사실을 알 수 있었다. 또한 이들이 『삼국사기』를 조작으로 모는 이유는 『일본서기』를 사실로 둔갑시키기 위한 것이라는 사실도 알 수 있었다. 『삼국사기』를 근거로 『일본서기』의 기년을 맞추면서도 거꾸로 『삼국사기』를 위서로 모는 상반된 태도도 알 수 있었다. 지금까지 거듭 살펴본 것처럼 '『삼국사기』 초기 기록 불신론'은 단 하나의 합리적 근거도 찾을 수 없는 식민사학의 악의적인 조작에 불과했다. 문제는 이런 '『삼국사기』 초기 기록 불신론'을 한국인 학자들이 그대로 따르고 있다는 사실이다.

제3장

비판자들이 불신하는 부분과 그 근거

1. 조작되었다고 주장하는 시대

지금까지 『삼국사기』 기록의 사료적 가치에 대하여 최초로 언급한 나카 미치요부터 조직적인 비판을 가한 쓰다 소키치, 마에마 교사쿠, 이마니시 류 등을 지나 이노우에 히데오에 이르기까지 일본인 학자들의 견해 내지는 주장을 살펴보았다. 그 결과 『삼국사기』의 상대(上代) 기록은 조작되거나 조작된 전설의 반영이어서 믿을 수 없다는 것이 그들의 한결같은 주장이었음을 알 수 있었다.

그러면 이번에는 그들의 주장 중 그들이 불신하고 있는 분야가 특히 어떤 대목인지를 중점적으로 알아보자. 이 문제도 아울러 밝혀져야만 『삼국사기』가 조작되었다고 주장하는 사람의 숨은 의도를 파악할 수 있기 때문이다. 일본인 식민사학자들이 『삼국사기』 상대 기록에서 조작되었다고 하는 하한선은 어느 때쯤인가를 알아보자.

일본인들이 조작되었다고 주장하는 시대

비판자	신라	백제	고구려
나카 미치요	흘해왕(16대) 이전	계왕(12대) 이전	태조대왕(6대) 이전
쓰다 소키치	실성왕(18대)까지	계왕(12대) 이전	태조대왕(6대) 이전
오타 아키라	자비왕(20대)까지	근초고왕(13대) 이전	
이마니시 류	내물왕(17대) 이전 또는 진흥왕(24대) 이전 또는 진덕(28대) 이전	근초고왕(13대) 이전	「고구려본기」 전체 기사
미시나 쇼에이	지증왕(22대) 이전	계왕(12대) 이전	고국원왕(16대)까지
이케우치 히로시	내물왕(17대) 이전		태조대왕(6대) 이전 또는 산상왕(10대) 이전
스에마쓰 야스카즈	내물왕(17대) 이전 또는 법흥왕(23대) 이전	근초고왕(13대) 이전	
이노우에 히데오	내물왕(17대) 이전	계왕(12대) 이전	태조대왕(6대) 대의 기사도 사실이 아니다

위의 표에 나타나 있듯이, 신라에 대해 쓰다 소키치는 실성왕(18대, 재위 402~417) 이전을, 그리고 오타 아키라는 자비왕(20대, 재위 458~479) 이전까지를 조작되었다고 주장하고 있다. 가장 많은 것은 내물왕(17대, 356~402) 이전까지의 기록을 조작된 것으로 보는 것이다. 그중에서도 한국인 사학자들이 가장 존경하는 이마니시 류는 혼란스러운 주장을 하고 있다. 이마니시 류는 기분 내키는 대로 『삼국사기』를 재단하다 보니 어떤 때는 17대 내물왕 이전까지를 조작이라고 하고, 어떤 때는 24대 진흥왕(재위 540~576) 이전까지를 조작이라고 하고, 또 어떤 때는 28대 진덕왕(재위 647~654) 이전까지를 조작이라고 하고 있다. 『삼국사기』 「신라본기」를 바라보는데

도 세 번씩이나 자기주장을 바꾸고 있다. 서울 북한산과 함경도 함흥의 황초령과 마운령까지 진출해 순수비(巡狩碑)를 세웠던 진흥왕도 조작되었다는 것이다. 그렇다면 순수비는 우주인이 와서 세웠단 말인가?

『삼국사기』「백제본기」에 대해서 쓰다 소키치는 13대 근초고왕(재위, 346~375) 이전 왕인 12대 계왕(재위 344~346) 이전까지 조작되었다고 발표했다. 이후 일본인은 물론 한국인 사학자들도 백제에 관한 한 대체로 근초고왕 이전까지는 조작이라면서 근초고왕부터 실제의 왕이라는 주장을 하고 있다. 그런데 백제의 근초고왕과 신라의 내물왕(356~402)은 동시대의 왕이다. 쓰다 소키치를 비롯해서 일본과 한국의 일부 사학자들이 근초고왕을 최초로 실재했던 백제 국왕이라고 고집하는 것은 『일본서기』를 기준으로 볼 때 『일본서기』에 나타나는 최초의 백제왕이 근초고왕이기 때문이다. 즉 『일본서기』를 기준으로 『삼국사기』의 진위를 판정하는 엉터리 '제국주의 사학'의 전통이 오늘날까지 계속되고 있는 것이다. 『삼국사기』를 기준으로 『일본서기』의 기년을 판정해놓고도 정작 『삼국사기』를 위서로 몰아가는, 이해할 수 없는 상황이 계속되는 것이다.

2. 조작되었다고 주장하는 국가와 영역

이제 일본인 식민사학자들이 신라·백제·고구려 삼국의 초기 기록 중 어느 나라의 기록이 조작되었다고 주장하는가를 살펴보자.

이케우치 히로시가 『삼국사기』「백제본기」를 비판했는지는 알 수 없으나 그를 제외한 모든 일본인들은 한결같이 『삼국사기』「백제본기」와 「신라본기」가 조작되었다고 주장하고 있다. 『삼국사기』 「고구려본기」의 상대(上代) 기록이 조작되었다고 주장한 일본인 학자는 나카 미치요·쓰다 소키치·이마니시 류·미시나 쇼에이·이케우치 히로시·이노우에 히데오 등이다.

그런데 이들은 왜 『삼국사기』 상대 기록을 부인하는 비학자적인 길을 걸어야 했을까? 그것은 일본의 제국주의적 침략 정책과 밀접한 관계가 있다. 『일본서기』의 '웅대한 구상'[61]을 사실로 만들기 위해서는 무엇보다도 이러한 침략 정책에 치명적인 장애 요소가 되는 『삼국사기』 「신라본기」와 「백제본기」의 상대 기록을 조작 또는 전설로 '조작'해야만 했다. 이 때문에 신라나 백제의 고대사를 연구하는 일본인 식민사학자들은 한 사람도 예외 없이 『삼국사기』의 신라와 백제의 상대 기록이 조작되었다고 주장한 것이다.

반면 『일본서기』를 사실로 만드는 데 별로 장애 요소가 되지 않는 『삼국사기』 「고구려본기」에 대해서는 서로 견해가 달라진다. 쓰다 소키치나 이케우치 히로시는 조작 또는 전설이라고 주장했지만 오타 아키라는 「고구려본기」가 조작되지 않았다고 보는 것은 바로 이 때문이다. 실제로 『삼국사기』 「고구려본기」에는 「신라본기」나 「백제본기」와는 달리 왜에 관한 기록이 거의 없다. 또한 『삼국사기』 「고구려본기」 기록이 조작되었다고 주장하는 학자들의 자세도 흥미롭다. 「고구려본기」가 조작되었다고 보는 시대와 「백제본기」가 조

61 일본의 고대 왜(倭)는 백제의 한 지방이거나 제후국에 불과했다. 그런데 『일본서기』는 이런 왜를 '삼한을 정벌한 제국'이라고 묘사했다. 이것이 근대일본 제국주의의 침략 구상과 맞아떨어지는 것이었기에 『일본서기』를 사실로 만들려고 했던 것이다. 이들이 주장하는 '웅대한 구상'이란 과장과 왜곡으로 가득 찬 『일본서기』를 사실로 신봉하려는 구상을 뜻한다.

「신라본기」·「백제본기」·「고구려본기」에 대한 일본인 학자들의 태도

비판자	신라본기	백제본기	고구려본기
나카 미치요	조작으로 봄	조작으로 봄	조작으로 봄
쓰다 소키치	조작으로 봄	조작으로 봄	조작으로 봄
오타 아키라	조작으로 봄	조작으로 봄	올바른 기록으로 봄
이마니시 류	조작으로 봄	조작으로 봄	조작으로 봄
미시나 쇼에이	조작으로 봄	조작으로 봄	
이케우치 히로시	조작으로 봄		조작으로 봄
스에마쓰 야스카즈	조작으로 봄	조작으로 봄	
이노우에 히데오	조작으로 봄	조작으로 봄	조작으로 봄

작되었다는 시대가 서로 상이한 경우도 적지 않다. 각 주장에 대한 학문적 일관성이 배제되었기 때문이다.

『삼국사기』라는 하나의 역사서의 상대 부분을 조작하려면 세 나라에 대한 조작 연대가 비슷해야 한다. 그래야만 서로 모순이 생기지 않기 때문이다. 그러나 일본인 식민사학자들은 '『삼국사기』 초기 기록 불신론'을 주장할 때 이런 기초적인 사항조차도 고려하지 않았다. 그래서 그들이 조작되었다고 주장하는 「고구려본기」의 하한연대는 「백제본기」보다 훨씬 상대로 소급하여 6대 태조왕(재위 53~146) 이전으로 결정을 본 듯하다. 백제와 신라는 다 같이 서기 400~500년 이전의 기록이 조작되었다고 한 데 비해서 고구려는 서기 200년 이전의 기록만 조작되었다고 주장하는 것이다. 이 시기 고구려는 왜(倭)와 직접 관계가 없기 때문에 굳이 조작이라고 몰지 않아도 된다는 속내의 표출일 것이다.

일본인 학자들이 '『삼국사기』 초기 기록 불신론'을 주장한 이유는 『일본서기』가 사실이라고 강변하기 위해서였다. 일본인들은 『일본서기』를 『삼국사기』와 비교해본 결과 일본의 오진에 해당하는 백제왕이 근초고왕이라는 것을 알게 되었다. 여기서 중요한 것은 『일본서기』 내용을 『삼국사기』에 비추어 진위 판정을 했다는 점이다. 『삼국사기』에 비추어 『일본서기』의 오진에 대항하는 백제왕이 근초고왕이라는 사실을 알아내고는 근초고왕 이전의 기록은 모두 조작 또는 전설이라고 몰아세운 것이다. 또한 그들은 이 근초고왕과 동시대의 왕을 신라에서 찾아본 결과 그 왕이 내물왕이라는 것을 알게 되었다.[62]

그래서 신라도 내물왕 이전의 기록은 모두 조작 또는 전설의 것으로 몰아세우게 된 것이다.[63] 『삼국사기』에 의해 일본국왕인 오진

62 일본인 및 한국인 식민사학자들 중에는 신라의 역사가 17대 내물왕(김씨)부터 시작된다고 보는 사람이 제일 많다. 내물왕이 김씨 왕이라는 사실을 중요하게 생각했다. 13대 미추왕도 김씨지만 조작이라고 주장하므로 별개로 쳤다. 그러나 어느 왕으로부터 계산하든 김씨 성을 가진 왕이 신라의 시조라고 주장하는 일본인 식민사학자들은 신라 말기의 53대 신덕왕, 54대 경명왕, 55대 경애왕이라는 박씨 성을 가진 3왕의 존재에 대해 뭔가 변명을 하여 자기주장을 합리화하지 않으면 안 되었다. 그래서 식민사학자 특유의 궤변이 속출했는데, 이케우치 히로시는 '역성(易姓)의 왕'으로 성을 바꾼 것이라고 주장하기도 하고, 스에마쓰 야스카즈는 '본래 김씨인데 모성(母性)인 박씨를 따랐기 때문'이라고 주장하기도 하고, 마에마 교사쿠, 이케우치 히로시, 이노우에 히데오 등은 '역사개작(歷史改作) 결과'라고 다시 조작설로 돌아갔다(최재석, 앞의 책. pp. 104~105 및 p. 131 참조). 신라가 내물왕 때 시작했다고 주장하는 학자 중에 신라 말기 박성을 가진 3왕의 존재는 언급하지 않은 이들도 위와 같은 궁색한 변명을 따르지 않을 수 없었다. 그러한 변명을 따르지 않는다면 신라의 역사는 김성을 가진 왕(내물왕 또는 그 밖의 김성을 가진 왕)부터라는 자기주장이 허물어지기 때문이다.

63 제1부 제4장 2절 참조.

의 연대를 알 수 있었음에도[64] 『일본서기』 기록의 허위성을 은폐하기 위해, 또는 『일본서기』의 허무맹랑한 구상을 정당화시키기 위해 적반하장 격으로 『삼국사기』 조작설을 만들어서 집요하게 주장했던 것이다. 이런 논리로 일본인 식민사학자들은 『삼국사기』 「백제본기」는 근초고왕 이전, 「신라본기」는 내물왕 이전, 「고구려본기」는 태조대왕 이전의 기록이 조작되었다고 우긴 것이다.

그러면 일본인 식민사학자들은 『삼국사기』 중 어느 부분이 가장 심하게 조작되었다고 주장하는가? 그들이 『삼국사기』 기록 중 삼국의 영토에 관한 기사, 한일관계에 관한 기사, 왜에 관한 기사, 덕망 있는 왕의 존재나 왕도정치의 실시에 관한 기사 등 여러 영역에 걸쳐서 조작되어 있다고 주장하였지만, 그들 전부가 시종일관 가장 역점을 두어 조작되어 있다고 강조한 부분은 삼국의 기년과 세계(世系)에 관한 부분이었다. 이것은 그들의 주장에 소비한 지면의 양이나 강조점 등으로 미루어보아도 그러하다. 앞 장에서 상세히 제시하였지만 영토, 한일관계, 덕망 있는 왕의 존재, 왕도정치의 실시 등에 관한 기사가 조작되었다고 하는 것도 결국은 삼국 상대(上代)의 기년이나 세계가 조작되었다고 하는 것을 뒷받침하기 위한 하나의 수단으로 볼 수 있겠다.

3. 불신의 근거를 분석한다

지금까지 『삼국사기』 「백제본기」와 「신라본기」 상대의 기년과 세

---

64 제1부 제4장 2절 참조.

계가 조작되었다는 일본인들의 주장을 살펴보았다. 이제 그들이 어떤 근거에서 그런 주장을 했는지를 검토해보자. 말할 필요도 없이 이 점의 구명은 매우 중요하다. 『삼국사기』 초기 기록이 조작되었는지를 판명하는 가장 중요한 기준은 근거의 존재 여부일 수밖에 없기 때문이다. 앞에서 일본인 식민사학자들이 『삼국사기』를 조작으로 모는 이유를 몇 번에 걸쳐서 예시했는데, 여기서 그들의 주장을 일목요연하게 정리해두고자 한다. 즉, 그들이 근거라고 제시한 수많은 주장은 다음의 어느 항목에 해당된다.

① 처음부터 근거의 제시 없이 조작이라고 단정한 것.
② 근거를 조작해놓고 『삼국사기』가 조작되었다고 한 것.
③ 근거 없이 수백 년 동안을 전설시대라고 말한 것.
④ 스스로 억측이라고 말하고도 조작되었다고 한 것.
⑤ 『삼국사기』 기록과 상이한 말을 해놓고 그 기록이 틀렸다고 한 것.
⑥ 자기가 설정한 기준을 뒤엎고 조작되었다고 한 것.
⑦ 중국사적을 기준으로 하여 조작되었다고 한 것.
Ⓐ 중국 기록에 없으면 조작된 것이다.
Ⓑ 중국 기록과 같으면 모사한 것이다.
Ⓒ 중국 기록과 차이가 있어도 조작된 것이다.
⑧ 『일본서기』 등을 기준으로 하여 조작되었다고 한 것.
Ⓐ 『일본서기』에 없으면 조작된 것이라고 하거나 불신한다.
Ⓑ 『일본서기』와 차이가 있으면 불신한다.
⑨ 이설 내지 모순된 조항·기록이 있으면 조작된 것이라고 한다.
⑩ 자기가 이해하지 못하거나 남이 이해하지 못할 것 같으면 조작

된 것이라고 한다.

⑪ 기록이 불명확한 곳이 있으면 조작된 것이라고 한다.

⑫ 기록이 상세해도 조작된 것이라고 한다.

⑬ 보통 한 나라의 국사나 왕조사의 상대사가 조작될 가능성이 있으니 신라사도 조작된 것일 가능성이 있다고 한다.

⑭ 김부식이 신라의 개국연대를 소급하였으니 다른 사항도 조작된 것이라고 한다.

⑮ 착오·과오가 있는 기사가 몇 개 있다고 하여 조작되었다고 한 것.

⑯ 의심스러운 기사가 있다고 하여 조작되었다고 한 것.

이상이 일본인 식민사학자들이 『삼국사기』 초기 기록이 조작되었다고 제시한 근거들이다. 제시된 근거를 하나하나 따져본다면 역사학적 방법론에 의한 합리적 근거는 찾기 어렵다. 대부분이 사료적 근거의 제시 없이 무작정 『삼국사기』 초기 기록은 조작되었다고 억측하거나 단정한다. 이 가운데는 쓰다 소키치, 오타 아키라, 스에마쓰 야스카즈 등처럼 자신들이 근거를 조작하거나 『삼국사기』 기록과는 다른 말을 해놓고 조작되었다고 주장한 경우도 있다. 어떤 사료적 근거도 제시하지 않고 수백 년이라는 긴 기간을 전설의 시대라고 몰아붙이는 예도 수없이 포함되어 있다. 쓰다 소키치처럼 자기가 설정한 기준을 뒤엎고 조작이라 하는 사례도 포함되어 있다. 전설(신화)과 역사적 사실을 구별해놓고도 전설이 사실이 아니라는 이유로 조작이라고 하는 것이 그런 예가 될 것이다.

다음으로 중국이나 일본의 기록을 판단기준으로 하여 『삼국사기』 기록이 여기에 맞지 않으면 조작된 것이라고 단정하는 사례도 적지 않다. 중국 기록에 없으면 없다는 이유로 조작되었다고 하고, 중국 기록과 차이가 있으면 차이가 있다고 하여 조작의 근거로 삼고 있다. 심지어 중국 기록과 같으면 같다는 이유로 조작이라고 주장하기도 한다. 결국 『삼국사기』는 중국 기록과 같아도 조작이고, 달라도 조작이고, 조금 차이가 있어도 조작이라는 것이, 과연 학문적인 주장인가?

『삼국사기』는 양설(兩說)이 있는 경우 양설을 모두 제시하면서 어떤 때는 중국의 기록이 잘못이라고 부기하고, 어떤 때는 양설 중 어느 것이 옳은 것인지 모르겠다고 명기하고 있다. 김부식을 비롯한 『삼국사기』 편찬자들은 자신들이 갖고 있는 사료와 중국 사료가 다를 경우 어떤 경우는 중국 사료가 틀린 것 같다고 부기하거나 어느 것이 옳은지 모르겠다고 부기하는 학문적 태도를 견지했다. 김부식을 비롯한 『삼국사기』 편찬자들이야말로 문헌비판적 태도를 취하면서 『삼국사기』를 편찬하는 합리적 편찬 원칙을 견지한 것이다. 그런데 이러한 사실은 전혀 무시하고 식민사학자들은 자기들 멋대로 어느 경우를 막론하고 『삼국사기』 기록은 조작되었다고 우겼던 것이다.

스에마쓰 야스카즈는 『일본서기』는 진위상반(眞僞相半)의 것이라고 말했다. 『일본서기』는 사실과 거짓이 각각 반씩 있다는 것이다. 그래서 스에마쓰 야스카즈는 『일본서기』 연구에서 긍정할 수 있는 유일의 것은 일본고대국가의 구상(構想)뿐이라고 말했다. 그는 또 일본국왕 오진의 실제 기년을 『삼국사기』에서 확인하였다고도 말했다. 『일본서기』를 『삼국사기』와 비교해서 사실인지 아닌지를 확인했다는 것이다. 그래놓고는 『일본서기』 기록과 상이하다고 하여 『삼국사기』 기록이 조작되었다고 주장한 것이다. 학문적 일관성이 결여된 것은 물론 앞뒤가 맞지 않는 이런 주장을 하는 이유는 처음부터 『삼국사기』를 가짜로 몰려는 저의가 있었기 때문이다.

일본인들 중에서도 스즈키 다케주(鈴本武樹)는 「〈일본서기〉·〈고사기〉에 나타난 한(「記」·「紀」にあらわれた「韓」)에서, 혼다 미쓰오(本多光夫)는 「고대 일본과 조선문화(古代日本と朝鮮文化)」에서 『일본서기』는 한국측 사서를 자료로 하여 날조한 위서라고 말했다. 객관적인 시선으로 『일본서기』를 보면 그대로 믿을 수 없는 조작된 사서임을 쉽게 알 수 있다. 그럼에도 『일본서기』와 다르다고 『삼국사기』를 조작이라고 하다니, 적반하장도 이만저만이 아니다.

또한 『삼국사기』 기록에 이설, 모순, 불명확한 기사가 있거나 또는 일본인 식민사학자 자신이 그 기사를 이해하지 못하면(예 : 박·석·김 삼성의 왕위계승) 이를 조작의 근거로 삼기도 했다. 그러나 어느 나라의 역사서도 어느 정도의 자체 모순이나 불명확한 기사는 있는 만큼 이를 근거로 『삼국사기』 초기 기록 전부를 조작으로 모는 것은 학문적 자세가 아니다. 이는 그 기사 자체를 연구해서 왜 그런 문제가 발생하게 되었는지를 학문적으로 연구해야 할 대상이지 이를 꼬투리 삼아 해당 역사서의 어느 시기 전체가 조작되었다고 볼 수는 없는 것이다.

여기서 『삼국사기』 등 한국사서에 약간의 이설 내지 모순이 있는 부분이 있다는 이유로 나머지 내용까지 모두 조작이라고 몰아붙인 일본인 학자가 『일본서기』 등 일본사서에 대하여는 어떻게 대하고 있는가를 미시나 쇼에이의 예를 들어 살펴보자. 그는 『일본서기』 기년의 수많은 연대적 모순, 수많은 이설도 조작으로 보아서는 안 된다고 주장했다. 또한 고대 사료가 포함하는 모순이나 이해할 수 없는 점이 있다고 해서 무조건 믿을 수 없다고 볼 수 없으며 때로는 이런 사실이 그 사서의 역사적 가치를 감소시키는 것이 아니라 사실과의 거리를 암시하는 것으로서 오히려 존중되어야 할 경우도 없지 않다[65]고 주장했다.

『삼국사기』 기록이 조작되었다는 것을 입증하려면 무엇보다도 『삼국사기』 편찬자들이 왜 조작하지 않으면 아니 되었는가 하는 적극적인 이유를 밝혀야 하지만 일본인 식민사학자들은 이것을 밝히지 않고 있다. 밝힐 수가 없기 때문이다. 그들은 한결같이 일본국왕 오진과 동일연대의 왕인 백제의 근초고왕과 신라의 내물왕 이전의 기록을 신라인과 고려인들이 조작했다고 주장하고 있지만 왜 조작을 했는지, 조작의 적극적이고도 구체적인 이유를 전혀 밝히지 못했다. 무엇 때문에 신라인과 고려인들이 신라와 백제의 초기 기록을 조작했는지, 또한 하필이면 일본의 오진과 같은 때의 국왕들인 근초고왕과 내물왕 이전의 기록을 조작해야 했는지, 또한 조작했다는 증거는 무엇인지 밝혀야 한다. 그러나 일본인 식민사학자들은 앞에서 조작의 근거를 예시한 것처럼 대부분 아무런 근거도 될 수 없는 이유를 잔뜩 예거하여 조작하였다고만 주장할 뿐 그 조작의 적극적인 이유에 대해서는 함구하고 있다.

끝으로, 일본인 식민사학자들이 『삼국사기』가 언제 어떻게 조작되었다고 주장하고 있는지를 알아보자. 이 주장도 다른 여러 주장처럼 근거의 제시가 없는 것은 물론이다. 고구려인 또는 신라 하대 말의 신라인이 조작하였다고 꾸며대는 사례도 없지 않지만 가장 많이 주장하는 것은 통일신라시대나 고려시대에 조작되었다는 것이

---

65 三品彰英, 『增補 日鮮神話 · 傳說の研究』, 1943, p. 242 ; 『新羅花郎の研究』, 1943, p. 16.

다. 그러나 이것도 일관된 것은 아니다. 쓰다 소키치는 『삼국사기』의 계보는 통일신라 후 얼마 되지 않아서 신라인에 의하여 조작되었다고 주장하고, 고구려의 세계는 광개토왕에서 멀지 않은 후대의 고구려인에 의하여 조작되었다고 주장했다. 이렇게 되면 『삼국사기』「고구려본기」는 신라인과 고구려인 두 나라 사람이 조작한 셈이 된다. 「고구려본기」는 왜 신라인과 고구려인이 각각 조작해야 했는지 그 이유는 당연히 설명하지 않았다.

쓰다 소키치는 여러 차례 "역사의 조작은 신라 수사가(修史家)의 상투수단이다."라고 말했는데, 이는 학자로서 가져서는 안 될 무조건적 선입견을 『삼국사기』에 대입한 것이다. 만약 "역사의 조작은 중국 한(漢)나라 수사가의 상투수단이다."라는 말로 사마천의 『사기』나 반고(班固)의 『한서(漢書)』를 조작이라고 몬다면 통용될 수 있을 것인가? 이는 쓰다 소키치가 얼마나 간절히 『삼국사기』의 사료적 가치를 말살하고 싶었는지를 말해주는 여러 사례의 하나이다.

그런데 『삼국사기』 조작설을 주장하면서 아주 복잡한 논리를 내세워 사람들을 현혹케 한 사람은 이케우치 히로시다. 그는 「고구려왕가의 상세(上世)의 계보에 대하여」에서 고구려의 초기 기록(특히 기년과 세계)은 고구려인이 제멋대로 전해온 것이라고 주장하기도 하고, 위서를 대본으로 윤색한 것이라고 주장하기도 하고, 후세의 고구려인이 공상으로 만든 것이라고 주장하기도 하고, 김부식이 조작한 것이라고 주장하기도 했다. 심지어 이케우치 히로시는 『해동고기』의 찬자(撰者)인 고흥이 중국 기록에서 얻은 지식으로 추기(追記)한 것도 있다고 주장했다. 고흥의 『해동고기』는 오늘날 전하지 않는데, 전하지도 않는 역사서의 찬자가 중국 기록을 보고 추기했는지 아닌지 어떻게 알 수 있는가? 이기백이 『해동고기』 찬자가 조작했을 수도 있다고 한 것은 이케우치 히로시의 이런 주장을 그대로 추종한 것이다. 이케우치 히로시는 『삼국사기』가 조작되었다는 결론을 미리 내려놓고 이 주장 저 주장을 내키는 대로 언급했을 뿐 학문적 타당성이나 논리적 타당성은 찾아볼 수 없다.

일본인 식민사학자들의 주장을 정리하면 다음과 같이 된다.

Ⓐ 『삼국사기』 초기 기사의 조작은 그 찬자 김부식 혼자만 한 것이 아니고 김부식이 자료로 사용한 『해동고기』의 찬자인 고흥도 조작을 하였다.

Ⓑ 조작은 한 번이 아니라 여러 번에 걸쳐 행해졌다.

Ⓒ 조작은 1천여 년에 결쳐서 시행되었다. 즉 삼국시대, 신라의 삼국통일 직후, 신라 하대 말, 고려시대에 조작되었다.

Ⓓ 『삼국사기』나 『해동고기』 같은 사서 편찬의 자료가 된 초기의 기록은 삼국시대 사람이 제멋대로 전해온 것이다.

이들의 주장을 정리하면 『삼국사기』는 아득한 옛날부터 제멋대로 전해온 내용을 가지고 삼국시대와 통일신라시대에 조작이 가해졌다는 것이다. 여기에 고려시대 사람이 다시 중국의 것과 공상의 것을 가미하여 조작했다는 것이다. 중요한 것은 이런 주장에 단 하나도 사료적 근거에 바탕한 비판이 없다는 점이다. 학문적 타당성이 결여된 악의적 비판에 불과한 것이다. 처음부터 『삼국사기』는 조작이라는 결론을 내려놓고 이 논리 저 논리를 마구잡이로 갖다 댄 것에 불과하다. 『삼국사기』를 조작이라고 몰아붙여야 고대에 야마토가 삼한을 정벌했다는 『일본서기』 내용을 사실로 만들 수 있기 때문이다. 즉, 일본인 식민사학자들은 근대의 대한제국 점령을 학문적으로 합리화하기 위한 목적으로 『삼국사기』를 조작으로 몰았던 것이다.

제4장

일본인 식민사학자들의 기본적 사료비판 태도

1. 『일본서기』에 대한 태도

지금까지 이른바 '사료비판자', 즉 일본인 식민사학자들의 '『삼국사기』 초기 기록 불신론'에 대한 구체적 내용을 살펴보았다. 또 『삼국사기』를 '조작·날조' 또는 '전설'이라고 주장하는 내용을 살펴보고, 그들이 불신하는 근거를 살펴보았다. 그 결과 일본인 식민사학자들은 아무런 사료적 근거도 없이 무작정 조작으로 몰고 있다는 사실을 거듭 확인할 수 있었다.

이번에는 일본인 식민사학자들이 『삼국사기』를 보는 기본적 태도 내지는 자세를 알아보자. 이것이 밝혀져야 그들이 이른바 '고증사학'의 이름으로 행했던 『삼국사기』 비판의 저의 내지 기본적 태도를 밝힐 수 있다. 『삼국사기』에 대한 일본인 식민사학자들의 기본적 태도는 『삼국사기』에 대한 비판 자체에서도 찾아볼 수 있다. 또한 『삼국사기』를 비판할 때 자주 드러나는 『일본서기』를 보는 시각을 분석함으로써도 파악할 수 있을 것이다.

일본인 학자들이 『삼국사기』를 조작으로 모는 근본적인 이유는 『일본서기』를 사실로 만들기 위한 것이다. 그러므로 먼저 『일본서기』의 정체에 대하여 한마디 해두어야겠다. 서기 720년에 만들어진 『일본서기』는 귀신이 왕이 된 귀신 7대 시대와 사람이 왕이 된 진무(神武)부터 지토(持統)까지 40대의 합계 47대, 약 1,800년에 걸친 기록이다. 이중 가장 뒷부분인 약 100년 정도의 기록은 사실에 가까우나 나머지 1,500~1,600년 간(비다쓰 내지 스이고까지)의 기록은 조작된 것이다. 여기에서 『삼국사기』 기록을 조작이라고 주장하는 가장 중요한 이유는 『삼국사기』를 기준으로 『일본서기』를 비판할 수 없도록 하기 위해서임을 짐작할 수 있다.

일본인 식민사학자들이 『삼국사기』의 사료적 가치를 비판할 때는 대부분 『일본서기』에 대해서도 언급하고 있다. 따라서 『일본서기』에 대한 그들의 기본적 태도와 『삼국사기』를 보는 그들의 태도와의 차이를 비교해보고자 한다.

『일본서기』의 체제에 대해서도 언급해두는 것이 좋을 것 같다. 『일본서기』는 10여 명의 국왕이 연달아 100세 이상 140세까지 살았던 것으로 기록되어 있고, 그 체제도 「기(紀)」만 있고 「지(志)」·「열전(列傳)」도 없다. 더욱이 저자의 이름도, 서문도, 발문도 없는 책이다. 저자와 출처를 밝히는 동양 사회의 일반적인 역사서 서술 방식과는 동떨어진 책이다.

여기서는 『삼국사기』를 비판한 바 있는 일본고대사 전공자인 오타 아키라의 저서를 중심으로 몇 가지 특징만 인용하고자 한다.[66]

---

66 太田亮, 앞의 책, pp. 475~483.

앞에서 이미 설명한 것처럼 오타 아키라는 "『삼국사기』「고구려본기」의 연대는 대체로 신용할 수 있다."고 평가한 점이 조금 다르지만 「신라본기」의 20대 자비왕(재위 458~479)까지의 역사를 조작이라고 보는 '『삼국사기』 초기 기록 불신론'자라는 점에서는 같다. 이런 오타 아키라가 『일본서기』를 어떻게 보는가를 살펴보는 것은 『일본서기』의 정체를 파악하는 좋은 방법이 될 것이다. 오타 아키라의 저서 중에서 『일본서기』의 기년과 세계에 관해서만 이야기하면 다음과 같이 정리할 수 있다.

① 일본고대의 기년은 실제보다 2주갑 120년 인상되어 있다.
② 일본고대 초기의 역대 천황의 재위연수에 관해서 일본의 고대 2대 사서인 『일본서기』와 『고사기』는 엄청난 차이가 있다.
③ 일본고대 초기 역대 천황의 수명(壽命)연수(年數)에 관해서 『일본서기』와 『고사기』는 엄청난 차이가 있다.
④ 일본고대 초기 역대 천황의 장기간의 재위연수는 부자연스럽다.
⑤ 일본고대 초기 역대 천황의 장수 기록은 믿을 수 없다.[67]

---

67 22대 자비왕까지의 『삼국사기』 기록, 특히 그 기년이 완전히 조작되었다고 주장하는 오타 아키라의 저서(앞 책, pp. 478~479)에서 일본 고대 천황의 수명을 소개하면 다음과 같다(괄호 안은 계산 기준의 차이에서 나온 연령임).

대	천황명	『일본서기』	『고사기』	대	천황명	『일본서기』	『고사기』	대	천황명	『일본서기』	『고사기』
1	진무(神武)	127	137	8	고겐(孝元)	116	57	15	오진(應神)	110(111)	130
2	스이제이(綏靖)	84	45	9	가이카(開化)	115	63	16	닌토쿠(仁德)	110	83
3	안네이(安寧)	57	49	10	스진(崇神)	120(119)	168	17	리추(履中)	70(77)	64
4	이도쿠(懿德)	77	45	11	스이닌(垂仁)	140(139)	153	18	한제이(反正)		60
5	고쇼(孝昭)	114	93	12	게이코(景行)	106(143)	137	19	인교(允恭)	81	78
6	고안(孝安)	137	123	13	세이무(成務)	107	95	20	안코(安康)		56
7	고레이(孝靈)	128	106	14	주아이(仲哀)	52	52	21	유랴쿠(雄略)	62	124

오타 아키라도 『일본서기』는 먼저 역사서의 가장 기초인 기년 자체가 맞지 않고, 비슷한 시기에 편찬된 『일본서기』와 『고사기』의 역대 일왕 재위연수가 다르다는 사실을 인정하지 않을 수 없었다. 이 두 사서에 기록되어 있는 역대 일왕의 장기간의 재위연수와 장수 기록을 믿을 수 없다는 말은 결국 『일본서기』와 『고사기』는 믿을 수 없는 기록이라고 인정했다는 말이다.

『삼국사기』에 기록된 삼국 국왕의 합리적인 수명과는 달리 일본 국왕 10여 명이 연속적으로 100~140세까지 장수한 것으로 기록되어 있다는 것은 무슨 뜻이겠는가? 이는 『일본서기』가 일본 국왕의 수명을 비합리적으로 늘림으로써 일본의 역사기년을 끌어올렸다는 사실을 말해준다. 이 때문에 발생한 가장 큰 문제는 『일본서기』의 기년 자체가 맞지 않게 되었다는 점이다. 기년은 모든 역사서의 기본 중의 기본인데, 기년 자체가 맞지 않는다는 것은 역사서로서의 기본 가치를 의심하게 만든다. 따라서 이런 『일본서기』의 내용을 사실로 만들기 위해 일본인 식민사학자들이 고안한 '『삼국사기』 초기 기록 불신론'은 출발부터 문제가 있었다고 보지 않을 수 없다.

2. 『일본서기』와 『삼국사기』를 보는 태도 차이

역사서는 형식적인 편찬연대보다도 그 사서의 사료적 가치가 더 중요하다. 따라서 『삼국사기』의 편찬 시기가 『일본서기』보다 늦기 때문에 『일본서기』가 더 신빙성 있다는 말은 타당성이 없다. 고대에 특정한 정치적 목적을 달성하기 위해서 조작하고 왜곡한 역사서가 그 후에 엄밀한 사료적 논거를 가지고 편찬한 역사서보다 신빙성이 있다고 볼 수는 없기 때문이다.

그러면 일본인 식민사학자들이 『일본서기』와 『삼국사기』를 보는 태도를 알아보자. 편의상 쓰다 소키치와 이마니시 류와 스에마쓰 야스카즈 세 사람에 대해서만 살펴본다.

(1) 쓰다 소키치의 태도

쓰다 소키치는 『일본서기』에서 인용한 백제 사료에 대해서 다음과 같이 언급하고 있다.

> "『일본서기』의 편자는 백제의 기록을 취하더라도 상당히 대담한 변개와 윤색을 가하고 있는데 그 주된 취지는 많은 경우 일본의 권위와 은혜를 문자상으로 나타내려고 하는 점에 있으며 거기에다 어떤 사실의 기원을 설명하려고 하는 생각에서 나온 것이 가해져 있다. 그리고 그 윤색에는 우화적 · 설화적 방식이 있다."[68]

위에서 인용한 쓰다 소키치의 견해는 이렇게 정리할 수 있다.

① 『일본서기』는 백제의 기록을 취하였다.
② 『일본서기』는 크나큰 조작(대담한 변개)이나 윤색이 가해졌다.
③ 『일본서기』는 일본의 권위와 은혜를 나타내기 위하여 우화적 · 설화적으로 쓰인 것이다.

---

68 津田左右吉, 「百濟に關する日本書紀の記載」, 『滿鮮地理歷史硏究報告』 8, 東京大學 文學部, 1921.

쓰다 소키치는 『일본서기』가 백제의 기록을 취해서 작성했다고 스스로 인정하고 있다. 그런데도 백제 기록을 그대로 인용한 것이 아니라 대담한 변개와 윤색이 가해졌다고 주장하고 있다. 그런데 그 대담한 변개와 윤색의 결과 『일본서기』는 우화적·설화적으로 쓴 역사서가 되었다는 것이다. 그러면서도 백제의 기년과 세계에 대해서는 『삼국사기』보다 『일본서기』가 더 정확하다고 거꾸로 강조하고 있다.[69]

『일본서기』에서 백제 사료를 인용할 때 많은 변개와 윤색이 이루어졌다고 인정하면서도 그런 『일본서기』에 나오는 백제의 기년과 세계가 『삼국사기』「백제본기」에 기록된 기년과 세계보다 정확하다는 주장이니 논리적으로 앞뒤가 전혀 맞지 않는다. 『일본서기』가 많은 변개와 윤색을 가한 것은 인정하면서도 변개와 윤색을 하지 않은 『삼국사기』보다 정확하다니, 참으로 희한한 논리다. 이것이 '『삼국사기』 초기 기록 불신론'을 체계화했다는 쓰다 소키치가 『일본서기』와 『삼국사기』를 바라보는 기본자세다.

(2) 이마니시 류의 태도

이마니시 류는 쓰다 소키치보다도 좀 더 상세하게 자기 입장을 밝히고 있는데 그 역시 『일본서기』가 많은 문제점이 있는 사서라는 점은 인정하고 있다. 이마니시 류는 다음과 같은 5가지로 『일본서기』의 문제점을 정리하고 있다.

---

69 津田左右吉, 앞의 글.

① 『일본서기』는 연대가 잘못되었다.[70]

② 『일본서기』의 연대는 2주갑(120년) 인상되었다.[71]

③ 일본의 고전설(古傳說)과 백제·신라의 기록을 가지고 편찬하였다.[72]

④ 『일본서기』는 결락이 있다.

⑤ 『일본서기』는 간략하다.[73]

이마니시 류 역시 『일본서기』의 연대가 잘못되었으며 실제보다 2주갑, 120년이 인상되었음을 시인했다. 또한 일본의 옛 전설과 백제 및 신라의 기록을 가지고 편찬했다는 사실도 인정했으며 결락된 부분, 즉 빠진 부분과 간략한 부분이 있다는 점도 인정했다. 이마니시 류가 학문적 일관성을 가진 학자라면 '그러므로 『일본서기』는 믿을 수 없는 사서'라고 결론 내렸어야 마땅하다. 아니면 최소한 『삼국사기』를 비판한 동일한 잣대를 가지고 『일본서기』의 가치를 평가했어야 할 것이다. 그는 『삼국사기』에 대해서는 몇 개의 부분적 착오를 꼬투리 삼아 『삼국사기』는 조작·날조되었다고 주장했다. 그러니 같은 잣대에 의하면 『일본서기』는 『삼국사기』와 비교 자체가 어불성설일 정도로 조작된 엉터리 역사서라고 보았어야 한다. 그러나 『삼국사기』는 조작이라는 상위의 결론을 미리 내려놓고 하

---

70 『일본서기』에 연대가 틀리는 점이나 배열을 착오한 점은 있다(이마니시 류, 앞의 글).

71 사실보다 2주갑정도 오래되었다(이마니시 류, 상동).

72 『일본서기』는 고전설(古傳說)이나 백제·신라의 기록을 가지고 편년체(編年體)로 편찬·수록한 것이다(이마니시 류, 상동).

73 (『일본서기』에) 기사가 결락되거나 간략한 유감(遺憾)은 있다(이마니시 류, 상동).

위의 논리를 꿰맞추는 것이 특징인 일본인 식민사학자들에게 이런 학문적 양심을 기대할 수는 없다. 그는 위에서 『일본서기』가 5가지 문제점이 있는 역사서라고 인정을 해놓고는 이는 조작이나 날조가 아니라 다음과 같은 이유 때문이라고 변명했다.

① 『일본서기』 편찬자가 '운수(運數)의 설' 또는 중국의 사적(史籍) 기사를 오인하였기 때문에 생겨났다.[74]
② 조작이 아니고 편찬자의 과실인 착오인데, 과실은 허위가 아니다.[75]
③ 사서 편찬에는 간지(干支)는 틀리지 않더라도 연(年)·시(時)는 종종 틀린다.
④ 사서 편찬시의 착오는 필연적인 것이다.[76]
⑤ 『일본서기』에 착오·모순이 있는 것은 허구 때문에 생긴 것이 아니라 고전(古典), 고자료를 충실하게 수록하기 때문에 기인되는 것이다.[77]

---

74 진구 황후나 오진 천황의 연대에 대해서는 『일본서기』의 편찬관이 혹은 운수(運數)의 설을 잘못 오신(誤信)하고 혹은 중국사적의 기사를 오인하여 이것을 정했기 때문에 연대가 그 사실보다도 2주갑 정도 인상되었다. 여기에서부터 기년의 착오가 온다. 진구시대부터 게이타이(繼體)시대 때까지 사이에 2주갑정도 연장되어 길어졌다(이마니시 류, 상동).

75 착오(錯誤)는 수찬자의 과실이다. 과실은 허위가 아니다(이마니시 류, 상동).

76 고기록에는 많은 간지(干支)를 사용하고 있기 때문에 이것을 편년체로 배열할 때는 간지는 틀리지 않더라도 연대는 틀리는 일이 종종 있는 것이다. 하물며 간지도 기록되어 있지 않은 기록이나 전설을 편년체로 배열할 때에는 이 과오가 일어나는 것은 당연하다(이마니시 류, 상동).

77 전설이나 단편적 기록을 자료로 하여 편찬한 고사적은 그 자료가 정확하더라도 연대에 있어 착오가 생기고 또한 기년에 모순이 생긴다. 이 착오와 모순이나 앞뒤가 맞지 않는 곳이 있는 것은 그 자료에 손을 가하여 개찬(改竄)하거나 변경

지금까지 본문과 주석에서 이마니시 류가 『일본서기』에 대해서 변명하는 말을 살펴보았다. 이것이 과연 『삼국사기』를 조작으로 몰아붙이던 그 사람인가 의심이 들 정도로 태도가 판이하다. 이마니시 류는 『삼국사기』에 단 하나의 모순만 있어도 전체를 조작이라고 모는 근거로 삼았다. 그러나 『일본서기』의 착오와 모순은 '고전과 고자료를 충실하게 수록했기 때문에 생긴 것'으로서 믿을 만하다는 것이 결론이다. 앞뒤가 달라도 너무 다르다. 이런 궁색한 변명을 열거한 뒤 이마니시 류는 다음과 같이 『일본서기』를 옹호한다.

Ⓐ (『일본서기』는) 고전·고기록의 가치 있는 것을 자료로 했든가 또는 이것을 자료로 하여 쓴 사적(史籍)을 자료로 하여 『일본서기』를 쓴 것이다. 물론 착오도 있고 연대의 잘못도 있지만 세상의 어떤 일부 사람이 생각하는 것과 같이 두찬(杜撰, 틀린 것이 많음)의 것이 아니다. 물론 허구의 것이라고 말하는 것은 언어도단의 방언(放言, 거리낌 없이 내뱉는 말)이다.[78]

Ⓑ 착오는 편찬자의 과실이기 때문에 이것을 올바르게 하는 것이 연구이다. 과실은 허위가 아니다.[79]

Ⓒ 이 고전·고기록의 각각의 정확성의 정도는 각각에 따라 별개의 문제이다. 나는 주로 편찬자의 태도에 대하여 말하고 있다. 실로 우리 『일본서기』는 고전설과 고기록을 충실하고도 풍부하

하거나 하지 않았기 때문이다. 고사를 허구로 한 것이 아니라 고전이나 고자료를 문사의 수식(修飾) 정도는 다소 하였다 하더라도 어느 정도까지는 원형대로 충실히 수록하였기 때문이다(이마니시 류, 상동).

78 今西龍, 『百濟史の研究』, pp. 88~89.

79 ______, 상동

게 보장하고 있다.[80]

Ⓓ 여기서 주의할 것은 동일한 모순이나 앞뒤가 맞지 않는다는 외견상 동일 사실이 하나는 그것이 허구의 산물이라는 것을 증명하는 것이 된다. 그 책 그 책에 따라 여러 가지 점에서 고찰하지 않으면 아니 된다. 일지반해(一知半解, 하나를 알고 반만 이해함)의 도(徒, 무리)가 후출(後出)의 기록 등에 가치적 판단을 하면서 동일한 이유로 『일본서기』의 가치를 판단하여 이것을 배척하여 믿을 수 없다고 하는 것은 실로 틀린 것이다.[81]

Ⓔ 『일본서기』의 기사는 연구하면 연구할수록 귀중한 고전설(古傳說)·고기록(古記錄)에 의해 이루어졌다는 것을 알 수 있다. 『일본서기』는 일본 국민의 보전(寶典)일 뿐만 아니라 세계의 보전이다.[82]

이마니시 류의 가장 큰 문제는 『일본서기』를 대하는 자세와 『삼국사기』를 대하는 자세가 완전히 다르다는 점에 있다. 『삼국사기』를 대하는 자세로 『일본서기』를 보든지, 『일본서기』를 대하는 자세로 『삼국사기』를 보아야 학문을 하는 자세라고 할 수 있다. 『삼국사기』의 아주 부분적 문제를 일반화시키고, 또한 근거가 없는 말을 조작하면서까지 "(『삼국사기』) 「신라본기」의 상대(上代) 기년은 믿을 수 없다."고 딱 잘라말하던 그가 『일본서기』의 조작·날조는 '착오'라고 옹호하면서 '착오' 또는 '과실'을 바로잡는 것이 '연구'라고

80 今西龍, 앞의 책, pp. 86~87.

81 ______, 앞의 책, pp. 87~88.

82 ______, 상동.

말을 바꾸고 있는 것이다.

『삼국사기』는 아주 부분적인 문제를 가지고 조작이라고 몰아붙이면서 역사서의 기본 중의 기본인 기년도 맞지 않는 『일본서기』에 대해서는 "착오는 편찬자의 과실이기 때문에 이것을 올바르게 하는 것이 연구이다."라고 한다면 누구도 납득할 수 없을 것이다. 『일본서기』가 위서라는 것은 일본인 학자들 사이에서도 과거부터 꾸준히 있어왔던 분석이고, 쓰다 소키치도 『일본서기』는 조작이 많은 역사서라는 사실을 시인했는데도 이마니시 류는 "『일본서기』는 일본 국민의 보전일 뿐만 아니라 세계의 보전이다."라고까지 극찬했다. 하나의 잣대를 가지고 『일본서기』와 『삼국사기』를 본 것이 아니다.

이마니시 류는 "『일본서기』를 두찬 또는 허구라고 하는 것은 언어도단이며 방언이다."라고 말했는데, 어떤 역사서에 대한 평가를 두고 '언어도단', '방언' 같은 용어를 써서 막는다면 이는 이미 종교이며 계율이지, 학문이 아니다.

이마니시 류는 Ⓒ와 Ⓓ에서 『일본서기』는 고전설과 고기록에 충실하다고 옹호하면서 이에 대해 비판하고 믿을 수 없다고 하는 것은 틀린 것이라고 말했다. 같은 잣대로 고전설과 고기록에 충실한 『삼국사기』는 왜 믿을 수 없다고 비판하는지를 설명하지 못한다면 이 역시 미리 결론을 내려놓고 『삼국사기』를 조작이라고 몰았다는 증거밖에 되지 않는다. 심지어 이마니시 류는 『일본서기』는 일본 국민의 보전이며 세계의 보전이므로 『일본서기』의 취지에 어긋나는 연구를 하여서는 아니 된다고 주장했는데, 그렇다면 그는 『일본서기』는 일본과 세계의 보전인데, 왜 『삼국사기』는 한국과 세계의 보전은커녕 믿을 수 없는 조작이 되는지를 설득력 있게 설명해야 한다. 『일본서기』의 기년을 『삼국사기』와 비교해서 진위 판정을 한다는 사실 자체가 『삼국사기』와 『일본서기』를 동일선상에서 비교하는 자체가 어불성설임을 말해주는 것이다. 『삼국사기』가 조작이면 『삼국사기』를 기준으로 기년 비정을 해야 하는 『일본서기』는 진위판정을 할 것도 없이 조작임이 틀림없다.

그런데 이마니시 류는 『삼국사기』를 조작으로 몰고 『일본서기』를 사실로 둔갑시켜야 일제의 한국 점령을 합리화할 수 있기 때문에 이런 조작을 서슴지 않은 것이다. 일본인 식민사학자들은 일제 강점기는 물론 해방 후에도 이런 식민사관에 대해서 반성하지 않았다. 문제는 한국인 학자들이 해방 후에도 이런 식민사관에 동조하는 현상이 계속되고 있다는 점이다. 일제 강점기도 아니고 해방된 나라에서 한국인 학자들이 왜 이런 허무맹랑한 억지를 추종하는지 정말 불가사의하다.

(3) 스에마쓰 야스카즈의 태도

다음으로 스에마쓰 야스카즈의 견해를 살펴보자. 이마니시 류가 고대 삼국사를 언급하는 자리에서 『일본서기』의 사료적 가치에 대해 언급한 것과는 달리, 스에마쓰 야스카즈는 별도의 논고로 『일본서기』 자체의 사료적 가치에 대하여 논하고 있다.[83] 그런데 『일본서기』를 논하려면 『일본서기』가 문제가 많은 사서라는 점은 인정하지 않을 수 없다. 그래서 그도 정도의 차이는 있지만 『일본서기』의 사료적 가치의 결함에 대하여도 언급하고 있다. 그는 『일본서기』의 사료적 가치의 문제에 대해서 다음과 같이 지적하였다.

---

83 末松保和, 「日本上世紀年考批判」, 『青丘學叢』 13, 1933.

① 일본 국가 형성의 연대는 기년고(紀年考)의 결론을 떠나서는 입론될 수 없는데 『일본서기』의 120년 인상(引上)은 『삼국사기』와의 비교로 판명되었고 일본의 진구·오진의 시대는 백제의 근초고왕·근구수왕·비류왕·진사왕의 4왕의 시대(346~391)에 해당하는 것을 알게 되었다.

② 『일본서기』의 내용은 진위상반(眞僞相半, 진짜와 가짜가 반씩 섞여 있음)의 것이며 기년은 유랴쿠 천황(21대)에 이르기까지 극히 불완전하고 불명하다.[84]

③ 종래의 일본 기년 연구에서 성찰할 수 있는 유일의 것은 백제 고사(古史)의 한 조각[片影]만을 알 수 있는 것에 불과하다.[85]

④ 『고사기』·『일본서기』에 대한 '구진적 태도'는 뿔을 바로잡으려 하다가 소를 죽이게 된 결과가 되었다.[86]

이상 ①~④까지 스에마쓰 야스카즈의 『일본서기』의 사료적 가치 평가는 그야말로 옳은 비판이다. 그는 『일본서기』는 진실과 거짓이 반씩 섞여 있으며, 그 기록에서 긍정할 수 있는 것은 일본에 관한 것이 아니라 백제 고대사의 한 조각에 지나지 않다고 시인했다. 그래서 구진적 자세를 가지고 『일본서기』에 대한 사료적 비판을 가

---

84 『일본서기』「간메이기(欽明紀)」처럼 대한기사(對韓記事)가 풍부한 일기(一紀)이면서도 그 내용은 진위 상반의 것이며 기년과 같은 것은 유랴쿠(雄略) 이후 여기에 이르러서도 극히 불완전하며 불명하다(스에마쓰 야스카즈, 앞의 논문).

85 종래의 일본 기년 연구의 결론으로서 우리가 긍정할 수 있는 것이 있다고 한다면 그것은 『일본서기』 속에서 백제의 고사의 편영(片影)을 적출한 데 불과하다(스에마쓰 야스카즈, 상동).

86 『고사기』, 『일본서기』에 대한 종래의 이른바 '구진적 태도'는 결과에 있어 뿔을 바로잡으려 하다가 소를 죽이게 되었다고 생각한다(스에마쓰 야스카즈, 상동).

하면 『일본서기』 전체가 무너지는 결과가 되어 일본고대사를 죽이는 지경에 이르렀다고 평했던 것이다. 스에마쓰 야스카즈의 말처럼 『일본서기』에 대해서 '구진적 태도', 즉 학문적 진실을 구하는 태도로 접근하면 『일본서기』 자체가 죽게 되어 있다.

그러나 일본 제국주의의 한국 침략을 합리화하는 것이 식민사학의 목적이다. 더구나 스에마쓰 야스카즈는 조선사편수회의 핵심 인물이자 일본 패전 후에도 한국인 식민사학자들을 계속 지도했을 만큼 식민사관을 옹호했던 식민사학자인데, 『일본서기』를 끝까지 비판할 리가 없다. 일관된 잣대로 『일본서기』와 『삼국사기』를 바라보면 『일본서기』는 역사서로서 존립조차 힘들다. 그렇기에 스에마쓰 야스카즈는 『일본서기』를 합리화하기 위해 또 다른 잣대를 들이대었다. 다음은 스에마쓰 야스카즈가 『일본서기』를 합리화하기 위해서 창안한 논리들이다.

① 『일본서기』는 일본 역대 국왕[조종(祖宗)]의 성덕대업(聖德大業)을 기술한 것이니 중국의 역사나 한국의 역사와 동일시될 수는 없다.[87]

② 나카 미치요의 표현대로 『일본서기』는 파괴할 만한 오류가 없으며 일본 최고의 2대 대전(大典, 일본서기 · 고사기)의 하나로서

---

87 스에마쓰 야스카즈는 나카 미치요의 논문 「상세연기고(上世年紀考)」 서설(『양양사담(洋洋社談)』 38, 1878)의 다음과 같은 글을 인용하고 있다. "황조의 역사(『일본서기』, 『고사기』를 가리킴 - 괄호 내 필자주)는 우리 조종의 성덕대업을 기술한 것이며 중국 사람이 복희(伏義) · 신농(神農)을 설명하고 조선인이 단군을 이야기하는 것과 같은 유(類)와 동일시해서는 아니 된다. (중략) 우리 고사(古史)는 파괴될 만한 오류가 지적되지 않으며 정실(正實)로 돌아가야 할 오류가 정정(訂正)될 수 있다." (스에마쓰 야스카즈, 앞의 논문)

일본 국가 발전의 웅대한 구상은 긍정되어야 한다.[88]

③ 한 공기의 밥 속에 몇 알의 모래를 보고 그 밥 전부가 모래라고 단정할 수 없는 것과 같다.

④ 『일본서기』에 나오는 것은 전적으로 '연월을 초월한 설화', 즉 초시간적인 시간이다.

⑤ 『일본서기』와 『삼국사기』의 기록을 비교하는 것은 '공막(空漠, 막연해서 종잡을 수 없음)'하고 '경솔'한 짓이니 이러한 짓은 삼가야 한다.[89]

스에마쓰 야스카즈는 일본 패망 후 일본으로 돌아가서 1949년에 『임나흥망사』를 간행한 인물이다. 그가 『임나흥망사』를 간행한 목적은 일본 국민들에게 "일본이 다시 한국을 점령할 수 있다."는 메시지를 던지기 위해서였다. 스에마쓰 야스카즈는 패전 후에도 때때로 한국에 와서 서울대학교 국사학과 교수들을 지도했다. 해방 후

88 스에마쓰 야스카즈는 "『고사기』, 『일본서기』는 일본 최고의 2대 고전으로서 취급하는 것을 허락지 않는 정도로 유력 및 근본적인 것이 아니니다."라고 말하기도 하고 "전후 일관된 것은 서기 편찬자의 의도인 국가 발전의 경과에 관한 웅대한 구상의 표현 그 자체이며 우리들이 긍정할 수 있는 것은 실은 이것뿐이다."라고 말하기도 한다(스에마쓰 야스카즈, 앞의 논문).

89 "유랴쿠 이전의 『일본서기』 기년을 백제의 사기(史記, 『삼국사기』「백제본기」를 가리킴 - 괄호 내 필자주)에 의하여 시정하려고 한 논자는 더욱 「유랴쿠기(雄略紀)」 이후의 『일본서기』에 대해서도 백제의 사기(史記)와의 대비에 의하여 그 진실성을 입증하려고 하였다. 먼저 방법이 공막(空漠)한 것이라고 한다면, 이 태도는 너무도 경솔한 것이라 하지 않으면 아니 된다." (스에마쓰 야스카즈, 앞의 논문) 스에마쓰는 『일본서기』를 『삼국사기』와 비교하는 것이 얼마나 두려운 일인가 하는 점을 잘 알고 있는 것이다. 『일본서기』를 『삼국사기』와 비교하면 『일본서기』 자체가 위서가 되기 때문에 이런 접근 태도를 막아야 했던 것이다.

에도 한국인 역사학자들이 식민사관을 추종하는 지금의 한국사학계의 학문 구조에서 아주 중요한 위치에 있는 인물이다.

스에마쓰 야스카즈는 『삼국사기』와 비교해서 비로소 『일본서기』의 연대를 알 수 있었다고 말했다. 그럼에도 불구하고 믿지 못할 역사서는 『일본서기』가 아니라 거꾸로 『삼국사기』라고 주장했다. 심지어 『삼국사기』 「신라본기」의 23대 법흥왕(재위 514~540) 이전은 믿을 수 없는 전설시대라고 주장했다. 이처럼 일본인 식민사학자들 논리의 모순은 모든 식민사학자들에게 수도 셀 수 없을 정도로 찾을 수 있는 내용이다. 『일본서기』에서 긍정할 수 있는 것은 일본의 사실에 관한 것은 하나도 없다고 하면서도 비사실적이고 조작된 부분이 '한 공기 밥 속의 몇 알의 모래'에 지나지 않는다고 주장한 것은 이런 수많은 모순의 한 예에 불과하다.

스에마쓰 야스카즈의 태도를 보면 『삼국사기』와 『일본서기』에 대한 '구진적 태도', 즉 학문적 진실을 찾는 것을 얼마나 두려워하는지를 잘 알 수 있다. 『삼국사기』와 『일본서기』를 비교하여 역사적 사실을 찾으려 하였더니 뿔을 바로잡으려고 하다가 소를 죽이는 결과에 이르렀다는 말이 이를 말해준다. 결국 『일본서기』는 학문적으로 접근하면 안 되는 역사서라는 말이다. 그러니 『일본서기』는 역사서의 기초인 시간 자체를 초월한 종교 경전으로 만들지 않을 수 없었다. ④의 "『일본서기』에 나오는 것은 전적으로 '연월을 초월한 설화', 즉 초시간적인 시간이다."라는 말이 이를 말해준다. 학문적 접근을 거부하니 '초시간적'이란 비학문적 용어로 그 내용을 합리화할 수밖에 없는 것이다. 그러나 '초시간적'인 것이 무엇인지조차 밝히지 못했다는 점에서 『일본서기』에 대한 스에마쓰 야스카즈의 고민을 짐작할 수 있다. 결국 『일본서기』는 '역사적 사실의 존재

여부를 따져서는 아니 된다'는 말로 『일본서기』에 대한 학문적 연구 자체를 봉쇄한 것이다. 그래서 스에마쓰 야스카즈는 "우리나라의 고전에서 나온 것은 여전히 연월을 초월한 설화이다. 유랴쿠전(雄略傳, 『일본서기』「유랴쿠조」)에서 4조(朝)를 지나 게이타이기(繼體紀, 『일본서기』「게이타이조」)에 이르러서도, 또한 안칸(安閑)·센카기(宣化紀)에 이르러서도 그러하다."고 『일본서기』의 일왕들의 서술을 '연월을 초월한 설화'라는 말로 학문적 접근을 막았다. 그러다가 『일본서기』는 너무나 웅대하기 때문에 학문적 접근도 허용한다는 앞뒤가 맞지 않는 망언까지 하기에 이르렀다.[90] 『일본서기』는 학문적으로 접근하면 기년 자체가 맞지 않지만 그 구상이 너무나 웅대하기 때문에 학문적 접근도 허용한다니, 이렇게 이상한 말이 어디 있는가.

일본인 식민사학자들의 『삼국사기』나 『일본서기』를 대하는 자세에 학문적 양식을 찾는 것은 불가능하다. 이들의 논리는 객관성·과학성을 벗어난 지 이미 오래다. 『일본서기』의 내용은 초시간적인 것이어서 역사적 사실 존재 여부를 따져서는 아니 된다[91]는 스에마쓰 야스카즈의 논리는 이미 『일본서기』를 역사서가 아니라 종교 경

---

90 "『일본서기』, 『고사기』는 어디까지나 그 일관된 극히 선이 굵은 구성이 있어서 전체적으로 긍정되어야 하는 것이며 여기에 명확하게 표현된 일본 고대(나라시대)인의 국사이념과 기년고(紀年考)라는 문제에 있어서 행해졌던 것과 같은 구진적(求眞的)·과학적 방법에 의한 종래의 연구를 허용할 만큼 너무나 웅대하다." (스에마쓰 야스카즈, 앞의 논문)

91 스에마쓰 야스카즈는 『일본서기』는 결코 그 시간성과 진위를 따져서는 아니 된다고 주장했으면서도 『삼국사기』의 초기 400년 간의 기록은 허위의 기록이라고 주장하고 임나 기사만은 사실이라면서 『임나흥망사』를 썼다. 『임나흥망사』가 어떤 발상과 관점에서 씌어졌을지는 읽지 않아도 자명하다.

전으로 만들고 있음을 나타내는 것이라 하겠다.

그런데 스에마쓰 야스카즈의 『일본서기』와 『삼국사기』를 대하는 태도에서 특기해야 할 점은 임나일본부에 대한 자세다. 그는 잡지 『조선행정(朝鮮行政)』의 1937년 9월호부터 시작된 조선사강좌에서 삼국의 역사를 고구려, 임나일본부·백제, 신라의 세 나라로 구분하여 역사를 서술했다. 삼국 중에 백제와 임나일본부를 하나로 묶은 것이다. 이런 관점은 일제 패전 후 간행한 『임나흥망사』에서 더욱 대담하게 전개된다. 『임나흥망사』에서 스에마쓰 야스카즈는 종래 쓰다 소키치도 김해 일대의 소국으로 그려놓았던 임나의 강역을 전라남도 전역과 전라북도 상당 부분과 경상남북도 및 충청남북도 일부를 차지하는 것으로 그려놓았다. 정작 임나는 한반도 내에 존재하지도 않았는데, 『일본서기』에만 나오는 임나 4현(任那四縣) 등의 위치 비정을 모두 한반도 내로 해놓은 결과이다.

일제의 한국 침략은 항상 역사 침략부터 시작했다. 그리고 역사 침략은 일본이 한국으로부터 영향을 받았다는 사실을 부인하는 데서 시작되었다. 스에마쓰 야스카즈가 "종래의 일본상고사 연구자는 일본상고사의 개념에 있어서나 또한 상고사상(上古史上)에 있어서의 일본과 조선반도와의 문화비교에 있어서 너무나 겸손하다는 한(恨)이 없지 않다."고 말한 것도 이를 말해준다. 과거 일본인으로서 일본상고사를 연구하는 학자들이 일본상고사에 대한 조선반도의 영향력을 긍정한 것이 '한이 된다'는 것이다. 고대일본이 고대한국의 문화적 영향을 받았다는 사실 자체를 부인했어야 한다는 뜻이다. 고대한국문화를 받아들여 일본문화가 발전했다는 사실을 인정하지 말고 원래 일본문화가 우위에 있었다고 주장해야 했는데 종래의 연구자들이 그렇게 하지 않은 것이 한이라는 뜻이다. 이마니시 류가 "일본의 문화는 반도(조선)에서 왔다지만 그것은 반도의 문화가 아니라 중국의 문화가 반도를 경유한 데 지나지 않는다."라고 말한 것도 마찬가지 뜻이다. 고대일본문화는 고대 한반도를 경유한 중국문화를 받아들인 것이지 고대한국의 문화를 받아들인 것이 아니라는 뜻이다. 스에마쓰 야스카즈나 이마니시 류 같은 식민사학자들은 종래 일본인 연구자들이 일본상고사는 한국의 영향을 받아서 시작되었다고 보았던 개념을 완전히 뒤집으려고 시도했던 것이다. 학문적으로는 완전히 불가능했던 이런 작업이 광복 후 70여 년이 되도록 일본은 물론 한국에서도 통하는 현실이 된 것이야 말로 불가사의한 일이 아닐 수 없다.

지금까지 쓰다 소키치, 이마니시 류, 스에마쓰 야스카즈 등의 『삼국사기』와 『일본서기』를 보는 시각 내지는 관점의 차이를 검토했다. 그 결과 그들이 『삼국사기』와 『일본서기』를 대하는 기본적 태도를 알게 되었다. 그들이 아무리 식민사학자라고 해도 학자의 외피를 입고 있는 한 『일본서기』가 위서이고 허위에 찬 기록이라는 사실은 인정하지 않을 수 없었기에 이런저런 비판을 가하고 있다는 사실도 알 수 있었다. 그러나 곧 이런저런 말로 『일본서기』를 사실로 인정하고 합리화하고 있음도 알 수 있었다. 그러니 결국 비학문적 결론이나 어거지로 귀결될 수밖에 없었는데, 대부분이 『일본서기』는 일본 역대 국왕의 성덕대업의 기술물(記述物)이고 실물(實物)이며 웅대한 국가 발전의 구상으로 보아야 한다는 정치적 주장으로 나아가고 있었음을 확인할 수 있다. 즉 『일본서기』와 『삼국사기』에 대한 접근이 처음부터 학문적인 것이 아니라 일제의 한국 지배를 합리화하기 위한 정치적인 것이었음을 확인할 수 있었다.

일본인들의 이러한 자세는 메이지(明治) 초기부터 그 틀이 잡혀

왔으나 한국과의 관련 하에서 이것이 더욱 강조된 시기는 1920년대부터이다. 이러한 기본자세 위에서 일본인들은 고대사 특히 일본 국가의 기원이나 고대 한일관계 등의 문제를 보아왔음을 여기서도 다시 확인할 수 있었다. 일본인 식민사학자들의 『일본서기』에 대한 이런 기본적 태도를 명확히 하지 않고서는 그들이 『삼국사기』 초기 기록 조작설을 주장하는 숨은 저의를 간파할 수 없는 것이다.

"『일본서기』, 『고사기』는 어디까지나 그 일관된, 극히 선이 큰 구성에 있어 전체적으로 긍정되어야 한다."는 스에마쓰 야스카즈의 주장은 개인의 것이 아니고 그 이전부터 시작된 대부분의 일본인 식민사학자들의 주장의 반복이다. 『삼국사기』에 대해서는 한결같이 조작되었다고 평하면서도 그 가치가 "극히 불완전하고 불명확"한 『일본서기』에 대하여는 "구진적·과학적 방법을 허용할 정도로 웅대하다."고 한 스에마쓰 야스카즈의 말에 의해서도 『삼국사기』와 『일본서기』에 대한 일본인의 기본적 태도를 알 수 있다. 또한 스에마쓰 야스카즈가 패전 후 서술한 『임나흥망사』에서 더욱 개악적인 주장을 한 것에서 앞으로도 그들의 태도가 어떠할 것인가 하는 것도 짐작하고 남음이 있다.

3. 『삼국사기』에 대한 태도

이번에는 같은 관점에서 일본인들이 『삼국사기』를 어느 정도 불신하고 있는가 하는 불신의 정도를 알아보자. 일본인 학자들은 『삼국사기』 초기 기록을 전면적으로 부정하는 학자들과 부분적으로 부정하는 학자들로 나눌 수 있다. 『삼국사기』에 대한 일본인들의 이런 불신 사례는 이미 여러 곳에서 언급하였지만, 여기서는 기록의 일부를 불신하는가 또는 전부를 불신하는가 하는 양적인 측면과 또 불신의 정도는 어떠한가 하는 질적인 측면에 초점을 두고 살펴보고자 한다.

그러나 이러한 『삼국사기』 기록의 불신 정도를 살피기 전에, 『삼국사기』 비판자들이 비판 논문을 쓰게 된 동기부터 먼저 살펴보는 것이 좋을 것 같다. 일반적으로 사료비판이란 그 기록의 사료적 가치를 따지는 것으로서 보통 역사적 사실을 기록한 것인가 그렇지 않으면 허구의 사실을 기록한 것인가로 나누게 된다. 즉 사료 자체의 진위 여부부터 따진 다음에 과실·착오·모순 등을 아울러 따지게 된다. 그러나 일본인 학자들은 이런 역사학적 학문 방법을 따르지 않았다. 그들이 행한 『삼국사기』에 관한 사료비판은 처음부터 그 가치를 전적으로 말살하기 위한 것이었다.

오른쪽 표의 '〈삼국사기〉「고구려본기」 비판'이나 '〈삼국사기〉 비판'이란 논문 제목에서 알 수 있는 것은 처음부터 한국고대사의 어떤 주제를 논하기 위해서 쓴 것이 아니라 『삼국사기』의 사료적 가치를 부정하기 위해서 쓴 것들이라는 점이다. 다른 논문들도 제목은 다르지만 목적은 모두 같다. 처음부터 의도적으로 『삼국사기』의 사료적 가치를 전적으로 말살하거나 『삼국사기』 기록은 모두 조작되었다고 주장하기 위한 논문이었다. 또한 시기도 시조의 개국 시기에만 한정하지 않고 신라의 경우 내물왕, 백제의 경우 근초고왕 이전의 수백 년을 전설시대로 몰아붙이기 위한 논문이었다.

이런 유의 글은 1921년 쓰다 소키치가 「백제에 관한 〈일본서기〉의 기재」를 발표한 이래 1930년, 1940년대까지 꾸준히 발표되었다. 이 글들의 공통점은 『삼국사기』 초기 기록이 조작되었다고 주장하

번	발행연도	논문명	지은이
①	1921	백제에 관한 〈일본서기〉의 기재	쓰다 소키치
②	1922	〈삼국사기〉「고구려본기」 비판	쓰다 소키치
③	1924	〈삼국사기〉「신라본기」에 대하여	쓰다 소키치
④	1925	신라왕의 세차와 그 이름에 대하여	마에마 교사쿠
⑤	1928	조선 고사연대(古史年代)의 연구와 일한의 관계	오타 아키라
⑥	1931	〈삼국사기〉 비판	이나바 이와키치(稻葉岩吉)
⑦	1933	신라사통설	이마니시 류
⑧	1936	백제약사	이마니시 류
⑨	1936	백제사강화	이마니시 류
⑩	1940	고구려왕가의 상세(上世)의 세계에 대하여	이케우치 히로시
⑪	1941	신라의 골품제와 왕통	이케우치 히로시

고 있다는 점인데, 그 이유는 이 시기가 일본의 고대국가의 기원과 관련이 있기 때문이었다. 다시 말하면, 『일본서기』의 이념을 펼치는 데 방해가 되는 시기인 삼국의 초기 기록이 조작되었다고 주장하는 것이다. 『삼국사기』 초기 기록이 조작되었다고 주장해야 『일본서기』에서 말하는 일본의 국가 기원이 거짓이라는 사실을 방어할 수 있다고 생각했던 것이다. 공격이 최선의 방어라는 명제가 '『삼국사기』 초기 기록 불신론'에 그대로 적용되었던 것이다. 결론적으로 일본인 식민사학자들이 '『삼국사기』 초기 기록 불신론'을 주창한 이유는 『일본서기』의 정체가 폭로되는 것을 막는 동시에 고대한국이 일본의 식민지였다고 주장함으로써 근대일본이 한국지배권을 갖고 있다고 우기기 위해서였다. '『삼국사기』 초기 기록 불신론'을 주창

한 핵심 이유는 일제의 한국 식민 지배를 합리화하고 영구화하는 것이었다.

그렇다면 그들의 '『삼국사기』 초기 기록 불신론'의 정도는 어떤지, 즉 그들이 『삼국사기』 초기 기록을 어느 정도로 부인하고 있는지를 살펴보자.

① (백제는) 온조왕 이후 12대 계왕까지의 국왕을 조작하였다. (쓰다 소키치)

② 『삼국사기』의 계왕 이전의 백제기는 모두 사실로 믿을 수 없다. (쓰다 소키치)

③ 신라상대(上代)의 기사는 거의 전부 공허하다. (쓰다 소키치)

④ 역사의 조작은 신라 수사가의 상투수단이다. (쓰다 소키치)

⑤ 역사적 사실로서는 궁(宮, 고구려 6대) 이전의 국왕의 세계(世系)는 전혀 모른다. (쓰다 소키치)

⑥ 신라 전체의 기년이나 역대 국왕의 세계도 또한 허구이다. (쓰다 소키치)

⑦ 신라상대의 열여섯 왕의 세차는 전혀 가구(假構)이다. (마에마 교사쿠)

⑧ 『삼국사기』의 왜도 일본이고 가야도 일본이다. (오타 아키라)

⑨ 『삼국사기』의 신라의 기년은 240년 연장되고 백제는 180년 연장되었다. (오타 아키라)

⑩ 12대 계왕까지의 『삼국사기』 「백제본기」 기사는 전혀 믿을 수 없다. (이마니시 류)

⑪ 10대 산상왕 이전의 제왕(諸王)에 관한 『삼국사기』 「고구려본기」의 일체(一切)의 기술은 그것이 언제 어떻게 만들어졌든 중

국역사에 나오는 것 이외에는 모두 신용할 수 없다. (이케우치 히로시)

⑫ 고구려 상세(上世)의 세계(世系)는 확실한 근거가 있는 소전(所傳)에서가 아니고 중국역사의 기사를 참고하면서도 그리 하지 않은 것으로 가장(假裝)시키려는 『해동고기』 찬자(撰者)의 조작에 불과하다. (이케우치 히로시)

일본인 식민사학자들의 『삼국사기』 불신 정도는 위에 인용한 그들의 글에 잘 나타나 있기 때문에 새삼스럽게 설명은 필요가 없을 것 같으니, 한마디만 더 언급한다. 그들은 삼국의 초기 기록, 이를테면 백제에서는 시조 온조왕에서 12대 계왕까지, 신라에서는 시조 박혁거세에서 17대 내물왕 이전까지, 고구려에서는 시조에서 10대 산상왕까지의 기록을 전부 또는 전혀 허구이니 믿을 수 없다고 주장하였다.

그런데 그들은 자신들 입으로 어떤 곳에서는 『일본서기』는 허구로 가득 차 있기 때문에 긍정할 수 있는 것은 아무것도 없다고 했다. 한마디로 『일본서기』는 믿을 수 없는 역사서라는 뜻이다. 그래 놓고는 다른 데서는 『일본서기』를 일본 국가 발전의 이상을 담은 보물이라고 평하고 있다. 학자적 견해에 따르면 전자가 맞지만 일본인 식민사학자들은 학자가 아니라 침략주의를 신봉하는 정치가들이기 때문에 후자에 일제히 초점을 맞추고 있는 것이다. 이것은 일본의 제국주의적 발전을 위해서는 외국의 강역은 물론 역사서에 대해서도 어떠한 짓도 할 수 있다는 국가주의의 발로이다. 이런 침략적 국가주의에 따라 『삼국사기』를 거짓으로 본 것이다.

문제는 광복 후 오늘날까지도 이러한 침략주의 사관이 종식되지 않고 있다는 점이다. 광복 후인 지금도 미시나 쇼에이, 스에마쓰 야스카즈, 이노우에 히데오는 '『삼국사기』 초기 기록 불신론'을 추종하면서 여러 논문들을 쓰고 있다.[92]

92 근래 하마다 고사쿠(浜田耕策)가 신라의 신궁과 종묘에 관한 논문을 발표했는데 시조묘의 존재가 자기가 주장하는 종묘의 원리와 상치(相馳, 서로 어긋남)된다고 하면서 신라 시조묘 기사를 '가구적 추기(假構的追記, 가짜로 만들어 후에 기록한 것)'로 몰아붙인 것이 광복 후에도 계속되는 일본인 학자들의 태도를 보여주는 좋은 예라 할 것이다(浜田耕策, 「新羅の神宮と百座講會と宗廟」, 『日本古代史講座』 9, 1982).

제5장

'『삼국사기』 초기 기록 불신론'에 대한 평가

그동안 쓰다 소키치나 이마니시 류 등 일본인 식민사학자들은 『삼국사기』 초기 기록을 조작·변개·윤색되었다고 주장했다. 그런데 일본인 식민사학자들은 물론 한국인 학자들까지도 이들의 '『삼국사기』 초기 기록 불신론'을 '엄격한 비판', '근대적·학문적 비판'이라고 추켜세우고, 그들이 행했던 방법론을 문헌 고등비판의 방법론에 따른 '문헌고증학'이라고 명명하여왔다. 그런데 『삼국사기』 상대(上代) 기록에 대한 불신론, 즉 '『삼국사기』 초기 기록 불신론'은 『삼국사기』 자체나 『삼국사기』의 문제점 등에 대한 학문적 연구 끝에 도달한 견해가 아니었다. 나카 미치요·쓰다 소키치 등이 처음부터 한국 침략을 합리화하기 위한 목적으로 만든 제국주의 침략을 그대로 따른 데서 유래됨을 알게 되었다. 이들의 주장은 '문헌고증학'이 아니라 아무런 학문적 근거가 없는 제국주의 침략 이론일 뿐이다. 『일본서기』 기록의 허구성을 인정했다면 그 토대 위에서 『일본서기』의 어느 부분이 허구인지를 검토함으로써 『일본서기』의 실제 사료적 가치를 평가하는 것이 문헌고증학이지 『일본서기』의 허구성을 인정했으면서도 제국주의의 침략 이념에 짜 맞추기 위해서 『삼국사기』 같은 한국고대의 역사적 기록을 조작·허구로 몰아붙이는 것이 문헌고증학이 될 수 없다는 것은 너무나 명백하다.

『일본서기』가 상당 부분 조작되었다는 것을 시인하면서도(그들은 '대담한 변개나 윤색'으로 표현하고 있다), 조작의 이유를 운수(運數)나 중국 기록의 오인, 연대(年代) 기록에 필연적으로 수반되는 것이라고 변명하면서 조작이 아니라 과실·착오로 돌리거나 고자료에 충실한 결과라고 둘러대고 있다. 또한 『일본서기』는 조작된 부분이 거의 대부분인데도 그들은 '진위상반(眞僞相半)' 또는 '파괴될 만한 오류'는 없다고 호도하면서 '한 공기 밥 속의 몇 알의 모래알에 불과한 과오'라고 옹호하고 있다. 또한 『일본서기』에서 사적(史的) 사실을 찾았더니 소를 죽이는 결과에 이르게 되었다는 점을 인정하면서도 유독 이른바 삼한 정벌설을 담은 진구 황후의 기사[93]나 임나일본부 기사만은 어떤 일이 있더라도 고수하려는 그들의 사학이 어떻게 문헌고증학이 될 수 있는가.

설사 그들이 역사의 개별적 사건에 대하여는 실증적 방법을 사용하였다고 하더라도 억측과 조작에 의하여 삼국시대의 300~400년 동안의 기록을 모조리 조작된 것 아니면 전설로 돌려 그 기록의 사료적 가치를 말살하려는 반(反)역사학적인 태도는 결코 문헌고증학으로 불릴 수 없다. 『삼국사기』의 사료적 가치를 비판할 때면 언제나 『일본서기』가 거론되는데, 『일본서기』는 10여 명의 국왕이 연달

93 쓰다 소키치는 초기에는 진구 황후의 삼한 정벌설만은 믿지 않고 있었다. 그러다가 입장을 바꾸어서 이 역시 사실이라고 주장하게 되었다.

아 100세 이상 140세까지 살았다는 「기(紀)」를 싣고 있다. 또한 『일본서기』는 「지(志)」도 「열전(列傳)」도 없으며 저자의 서문(序文)도, 발문(跋文)도 없다. 또 한때 일본의 실제의 최고(最古)의 국왕으로 간주되는 15대 오진(『일본서기』에는 오진 이전에 14대가 있었던 것으로 기록되어 있다) 연대에 해당하는 신라의 내물왕과 백제의 근초고왕 이전의 수백 년간의 『삼국사기』 기사는 모두 부인하면서 동시에 삼국에 대한 기술도 『삼국사기』 기사보다 『일본서기』 기사가 더욱 정확하다고 주장하는 것을 보면 그들의 의도를 명백히 알 수 있다.

앞에서 보았듯이 『삼국사기』 초기 기록만 조작되었다고 하는 것은 일본인 학자들의 치밀하고도 조직적이며 장기간에 걸친 조작의 결과임이 명백해졌다. 일본인 식민사학자들의 모든 활동은 『일본서기』 이념을 수호하기 위한 것에서 비롯됨도 알게 되었다. 『일본서기』는 역사적 사실을 기록한 것이 아니라고 시인하면서도 이른바 임나일본부 기사를 포함하여 일본의 국가발전에 관계되는 기사만은 고수·신봉하겠다는 주장은 너무나 비논리적일 뿐 아니라 자가당착이라고 말하지 않을 수 없다. 그들이 말하는 '구진적(求眞的) 태도'에서 벗어난 지 오래된 것임을 스스로 말해주는 사례이다.

일본인 식민사학자들은 『일본서기』 서술 방침 자체가 근대 일본 제국주의의 침략 이론과 상통함을 발견하고 그런 이념을 펼치는 데 장애가 되는 것은 모두 계획적·조직적으로 파괴·말살하려고 한 것이다. 그 목표가 바로 『삼국사기』의 후기 기록이 아니라 초기 기록이었던 것이다. 그래서 그들은 『삼국사기』 중에서 특히 「신라본기」와 「백제본기」 기록을 조작 또는 전설로 몰아붙이고 그 사실적 사료 가치를 박살·말살하는 데 온 힘을 기울였던 것이다.

문제는 일본인 식민사학자들이 이런 조작설의 확실한 증거를 하나도 제시하지 못하고 있다는 점이다. 역사학적 방법론에 입각한 비판은 하나도 없고 억측과 단정과 조작에 의해 '『삼국사기』 초기 기록 불신론'을 되풀이했던 것이다. 이들은 『삼국사기』「신라본기」가 조작되었다는 가장 유력한 근거로 신라왕실의 왕위계승 문제를 제기했지만 이 역시 이미 살펴본 대로 조작의 증거가 될 수 없다.

필자는 『삼국사기』 초기 기록에 '일부' 문제가 있다는 사실 자체를 부인하는 것은 아니다. 삼국의 시조 이야기를 제외하더라도 『삼국사기』 초기 기록에는 국왕의 수명이나 재위연수 문제처럼 부분적이기는 하지만 착오나 과오가 있는 부분이 존재한다.

그러나 이러한 부분적 착오나 모순은 『삼국사기』뿐만 아니라 고대사를 기록한 모든 역사서가 공통적으로 갖고 있는 문제이다. 또한 그 시기도 삼국 초기에만 국한되는 것이 아니라 고려시대나 그 이후의 시대에 대해서 쓴 역사서들에도 이런 문제는 존재한다. 문제는 어떤 역사서에 일부 과실이나 모순된 기사가 있다고 해서 그것이 그 역사서 전체를 조작된 것으로 볼 수 있는 것은 아니라는 점이다. 시조묘(始祖廟)와 5묘(廟) 주신(主神)의 모순된 기사나 고려시대의 가산(家產)·봉작(封爵)·음직상속(蔭職相續)과 제사(祭祀)·입사(立嗣)·정전상속(丁田相續)의 모순된 기사도 일부 문제가 있었던 것이지 조작된 것은 아니었던 것이다.

김부식 자신이 『삼국사기』「신라본기」와 「백제본기」에서 삼국의 시조 탄생 신화[94]인 박·석 난생설과 김씨 금궤강탄설(金櫃降誕說)

---

94 일본인들은 또 『삼국사기』의 사료적 가치를 떨어뜨리기 위해 삼국 시조의 탄생 신화도 건국신화로 견강부회했다. 탄생신화나 전설은 고대국가의 개국시조에만 있는 것이 아니고 시조가 아니더라도 비범한 존재이면 조선시대에도 존재한다.

을 괴이하여 믿지 못하겠지만 수사(修史)할 때 옛날 그대로 전해 내려온 것이니 그것을 산락(刪落, 깎거나 누락시킴)할 수 없어 그대로 기술한다고 했다. 이는 김부식이 『삼국사기』 초기 기사를 고의로 조작했다고 볼 수 없는 분명한 증거이다.

지금까지 『삼국사기』와 『일본서기』를 보는 일본인들의 태도와 그 차이를 분명하게 파악할 수 있었다. 『일본서기』는 일본인들로서는 그 진위를 언급할 수 없는 일종의 성경(聖經)이었다. 『일본서기』를 성스러운 경서(經書)로 신봉하는 일본인 식민사학자들이 『일본서기』를 '구진적(求眞的)'으로 연구할 수 없음은 말할 것도 없다. 이런 태도를 가진 일본인 식민사학자들이 한국고대사나 고대 한일관계사는 물론 일본고대사도 학문적으로 연구할 수는 없을 것이다. 일본인 학자들은 일본 제국주의가 만들어놓은 『일본서기』의 이념, 즉 고대일본이 고대한국을 점령했다는 허황된 이야기를 폐기하지 않는 이상 한국고대사나 고대 한일관계사, 일본고대사도 제대로 연구할 수 없다. 그리고 그들은 이를 학문적으로 연구할 생각도 없다.

문제는 이를 합리적, 객관적으로 연구해서 부정하고 극복해야 할 한국인 학자들이 광복 후 70여 년이 다 되도록 일본인 식민사학자들의 '『삼국사기』 초기 기록 불신론'을 추종하고 있는 현실이다. 이제 이런 제국주의 추종 사학을 폐기하고 학문적 진실에 입각한 새로운 역사학의 기틀을 세워야 할 때다.

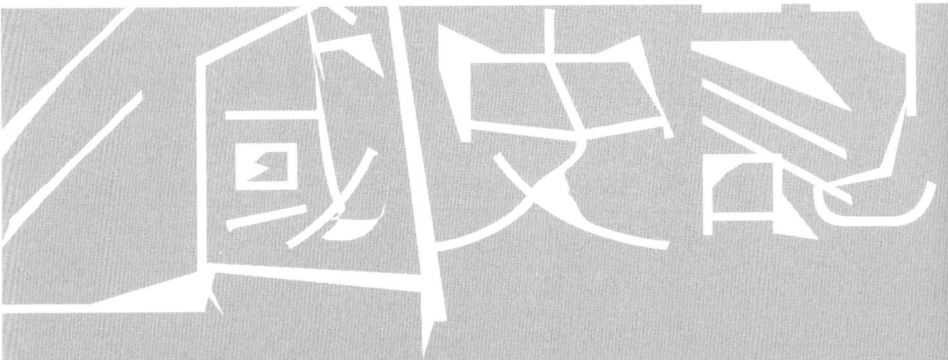

제2부

일본인 식민사학자들의 각론 심층 비판

제1장

이마니시 류의 한국고대사론 비판

일본인들의 한국고대사 말살·왜곡 작업은 19세기 말인 1890년대부터 시작한다. 형식적으로는 나카 미치요부터 시작하는 것처럼 보이지만 사실은 나카 미치요 개인의 의지에 의하여 시작된 것이 아니었다. 그것은 광개토대왕릉비 비문 변조와 그 변조된 비문의 탁본을 토대로 하여 한국고대사를 왜곡한 일본참모본부와 여기에 참여한 다른 일련의 일본인 학자들의 소행과 맥을 같이하는 작업의 하나였다.

그런데 이 나카 미치요의 한국고대사 말살·왜곡 작업의 맥을 추적하면 크게는 쓰다 소키치에 의하여 계승되고 다시 이마니시 류로 이어진다는 사실을 알 수 있다. 일본인들의 한국사 말살·왜곡론은 이마니시 류에 이르러 정설로 굳어진다. 그때까지는 대다수 학자들도 『일본서기』를 비판적으로 인식했는데, 이마니시 류에 이르러 『일본서기』를 사실로 받아들이면서 그 시각으로 한국고대사를 왜곡하는 것이 통용되게 된 것이다. 이런 이마니시 류의 주장은 일본인

에게는 스에마쓰 야스카즈[95]에 이어지고 한국인에게는 이병도로 이어졌다.[96]

그러나 한국고대사 학계에서는 필자가 이를 비판한 1985년은 물론 30여 년이 지난 지금까지도 이마니시 류 등의 일본인 식민사학자들의 주장이 학계의 정설로 인정하고 있으며[97] 아직도 이를 '고증사학', '문헌고증학'으로 받아들이고 있다.

예를 들어 이기백은 백제가 참된 역사시대에 들어간 것은 13대 근초고왕부터라고 한 이마니시 류 등의 『삼국사기』에 대한 비판을 "근대적 · 학문적 비판"이라 평했으며[98] 김철준은 삼국시대와 신라 통일기 연구의 선구적 개척을 한 학자는 "이마니시 류 박사이며 그의 연구가 여(麗) · 제(濟) · 라(羅) 삼국에 걸쳐 상당히 넓은 분야의 기초작업을 이루었다."라고 평하고 있다.[99] 한편 이기동은 "나카 미치요 이래 (중략) 이마니시 류 (중략) 등 근대적 역사연구 방법을 체득한 일본 역사가들은 이른바 사료의 고등비판이란 것을 금과옥조로 내세우면서 (중략) 주로 문헌학적인 측면에서 삼국시대 연구를 개척하였다."라고 평한다.[100] 이처럼 한국인 역사학자들이 일본인 식민사학자들의 '『삼국사기』 초기 기록 불신론'을 그대로 추종한

---

95 최재석, 「스에마쓰 야스카즈의 신라상고사론 비판」, 『한국학보』 43, 1986.

96 ______, 「〈삼국사기〉 초기 기록은 과연 조작되었는가 - 이른바 '문헌고증학'에 의한 〈삼국사기〉 비판의 정체」, 『한국학보』 38, 1985.

97 이기동, 「백제왕실 교대론에 대하여」, 『백제연구』 12, 1981. 한일역사공동연구위원회 한국측 위원이었던 김태식은 오히려 이병도 설보다 더 후퇴한 '삼국사기 초기 기록 불신론'을 주장하고 있다. 『한일역사공동위원회보고서』, 2005.

98 이기백, 「백제왕위계승고」, 『역사학보』 11, 1959, pp. 2~3.

99 김철준, 「한국고대사의 방향」, 『한국고대사회연구』, 1977, p. 24.

100 이기동, 『신라 골품제 사회와 화랑도』, 일조각, 1984.

것이 광복 70년을 맞는 지금까지 그 후배 학자들에 의해 그대로 계승되고 있는 상황이다.

그러나 필자의 견해는 정반대다. 일본인 한국고대사 연구가는 모두 한국사를 왜곡한 식민사학자들이다. 일례로 쓰다 소키치는 조선총독부 못지않은 침략 조직인 만주철도에서 한국사를 왜곡한 자이고, 이마니시 류는 조선총독부 직속의 조선사편수회에 참여하여 한국고대사 말살·왜곡의 선봉에 선 자이다. 일본인으로서 한국고대사에 관심을 둔 자는 누구를 막론하고 한국고대사를 왜곡했지만 왜곡의 양이나 질(?)에 있어서 가장 두드러진 존재는 이마니시 류이며, 후학에 큰 영향을 준 이도 이마니시 류다. 스에마쓰 야스카즈는 이마니시 류의 주장을 받아들여 임나일본부의 영역을 기존의 김해에서 지금의 전라도 일대까지 확장했다.

이마니시 류는 다른 일본인들과 달리 한국고대에 관하여 「신라사통설」, 「백제약사」, 「백제사강화」, 『조선사개설』 등 4종의 개설론을 집필하였다. 한국고대사에 관한 논문도 적지 않으며 대표적인 것으로 「고구려 5족5부고」, 「백제 5방5부고」, 「신라골품고」가 있다. 실로 지금까지도 한국고대사 학계가 주장하는 한국고대 사회에 대한 이론적 주장은 대부분 이마니시 류의 주장을 답습한 것에 불과하다고 보아도 과언이 아니다. 그래서 여기서는 위의 여러 개설론과 논고에 있어서 그의 한국고대사에 관한 견해 내지 주장을 알아보자.

1. 「신라사통설」 비판

이마니시 류는 1919년에 『조선사개설』(교토대학 하기강연회 강연고본)을 내고 그로부터 7년 후인 1926년에 「신라사통설」, 3년 후인 1929년에 「백제약사」(『조선급만주』, 1929년 6월호)를 냈으며 이어서 1930년에는 「백제사강화」(『문교의 조선』, 1930~1932)를 저술했다. 이런 일련의 저술을 통해 이마니시 류는 한국고대사 전체를 허위와 왜곡된 체계로 서술했다. 그는 『신라사 연구』라는 저서도 냈는데, 그중 「신라사통설」은 총 78쪽으로 이루어진 신라사에 관한 개설이다. 모두 8개 장으로 나뉘어 있지만 내용은 다음 2가지로 요약할 수 있다.

① 『삼국사기』 초기 기록은 전설 내지 조작이어서 믿을 수 없다.
② 신라의 왕은 일본인이었고 신라는 일본에 봉사하는 일본의 속국이었다.

이마니시 류는 여타 일본인 식민사학자들이 그런 것처럼 「신라사통설」에서도 상호 모순되는 서술을 했다. 예를 들면 신라를 일본의 속국이라고 주장하다가 또 중국의 예속국이었다고 주장하는 것이 그런 예이다. 물론 근거는 하나도 제시하지 않았다. 그의 주장을 보다 자세히 알아보면 다음과 같다.

(1) 이마니시 류는 『삼국사기』 기년과 세계를 왜곡했다

이마니시 류가 「신라사통설」에서 『삼국사기』 초기 기록을 가공·전설의 것이라고 주장한 것은 대체로 다음 13항목이다. 이마니시 류의 주장은 사료적 근거가 없는 일방적 주장일 뿐이지만 다른 일본인 식민사학자들과 제자인 스에마쓰 야스카즈 등에 의해 받아들여져 확산되었다. 스에마쓰 야스카즈는 아래 항목 ⑧번에 근거하여

신라 건국이 377년 이전으로 소급될 수 없다고 주장했다.[101]

① 신라 건국의 기년은 뚜렷하지 않은데 『삼국사기』에서 처음 만든 것은 아니고 『구삼국사』 또는 고득상(高得相)의 『삼국통력(三國通曆)』에 기술한 것인데, 더욱 나아가서는 신라시대에 설정된 것이다. (이마니시 류, 『신라사 연구』, 8쪽. 이후 쪽수만 표시)

② 어떤 국민도 그 나라와 그 가문이 오래된 것을 명예로 생각하기 때문에 신라 사관도 이런 감정이 있어서 신라의 건국연대를 가능한 오래되도록 만들었다. 이 경우 고구려보다 1년만 오래되도록 하는 것이 가장 편리한 방법이겠지만 이렇게 하면 어린애 장난처럼 되기 때문에 고구려 건국 기년과 동일한 1주갑 내의 해, 즉 이보다 20년 전의 오봉(五鳳) 원년(서기전 57) 갑자(甲子)로 설정하였다. (9~10쪽)

③ 내물왕까지는 일본의 스진(崇神) 이전처럼 왕명(王名)·지명(地名)만을 전하는 것이 고작이다. (13쪽)

④ 신라상고의 왕명과 친족관계는 고(古)전설로 존재한 것을 신라의 사관이 각각 안배하여 만들었다. 신라의 왕은 왕족 중의 유력자·명망가가 추대되며 혹은 무력에 의해 왕이 된다. (14쪽)

⑤ 내물왕의 즉위는 397년인데 『삼국사기』는 356년이라고 하고 있으니 크나큰 잘못이다. (17쪽)

⑥ 박혁거세도 3세기 중엽 이전으로 소급할 수 없다. (18쪽)

⑦ 박혁거세의 연대는 1세기 말 또는 2세기 초로 추정된다. (19쪽)

⑧ 신라의 이름이 중국사적에 처음 나타나는 해는 『자치통감(資治

---

101 최재석, 「스에마쓰 야스카즈의 신라상고사론 비판」, 『한국학보』 43, 1986.

通鑑)』 진열종기태원(晋列宗紀太元) 2년(서기 377)이다. (20쪽)

⑨ 『삼국사기』 「고구려본기」는 간략하고 「신라본기」는 상세한 것을 보면 「고구려본기」 기사는 「신라본기」에서 채록한 것이다. (21쪽)

⑩ 신라의 건국은 2, 3세기 무렵이며 일본의 스진, 스이닌(垂仁) 시대 또는 그 이후이다. (26쪽)

⑪ 『삼국사기』 〈유리 이사금 9년〉조의 관위(官位) 제정 기사는 전설이다. (45쪽)

⑫ 고구려는 만주에서 들어와서 한반도 북방을 점령하였다. (49쪽) 신라사에 낙랑과의 교섭을 기록하고 있는데, 이 기사는 연대의 순서로 보아도 가공의 것이다. (51쪽)

⑬ 내물왕 이전의 일식(日蝕) 기사는 다른 천변(天變) 기사와 함께 중국의 것을 전재(轉載)한 것이다.

(2) 이마니시 류는 신라가 일본의 속국이라고 주장했다

이마니시 류는 「신라사통설」을 비롯한 여러 저작에서 신라사에 대한 기발한 주장을 여럿 열거했다. 신라는 일본의 속국이라는 것이 결론인데, 예를 들면 『일본서기』의 귀신(鬼神) 스사노 오노미코토(素盞烏尊)를 신라의 군장이라고 한 것이나, 탈해를 일본인이라고 한 것이나, 신라가 일본에 조공을 바친 속국이라는 주장 등이 그것이다. 신라사와 일본고대사를 조금 아는 사람이라면 웃음마저 터지게 하는 코미디 같은 주장이다. 그러나 이런 주장이 아직까지도 한국사 학계에 막대한 영향을 미치고 있는 것이 현실이므로 그의 구체적 주장을 살펴보겠다.

① 일본 신화 속의 스사노 오노미코토는 신라의 군장임이 명백하다. (23쪽)

② 일본인은 울산만 부근까지 왕래했으며 경주는 남북 양 민족(兩民族, 한·일)의 접촉점이다. (4쪽)

③ 박혁거세 때의 호공(瓠公)은 본래 왜인이다. (27쪽)

④ 탈해가 왜인인 것은 틀림이 없다. (35쪽)

⑤ 신라는 백제의 근초고왕 때 진구 황후의 대토벌을 받았다. (54쪽) 신라인이 해적이 되어 일본의 규슈 연안에 종종 나타났다. (60쪽)

⑥ 신라가 국서(國西)의 금마저(金馬渚)에 고구려왕족 안승(安勝)을 봉하여 세운 고구려국도 신라의 감독 하에 일본에 종종 사절을 보냈다. (67~68쪽)

⑦ 양국(신라와 일본)의 관계는 결코 대등한 관계가 아니라 일본이 신라를 대하는 것은 삼한 복속 시대의 태도를 잊지 않고 신라를 한층 낮은 나라로 보고 그 사절을 조공사(調貢使)라고 불렀다. (68쪽)

⑧ 신라는 일본과의 분란을 피하기 위하여 나라 체면의 다소의 손상도 참고 일본에 조공의 태도를 취하였다. (68쪽)

⑨ 신라에서는 왕자 또는 중신(重臣)이 일본에 왔지만 일본에서는 지위가 낮은 사람이 갔으며, 이 일본 사절을 접대한 신라인은 비교적 지위가 높은 사람이었다. (68쪽)

⑩ 신라는 원래 일본의 먼 황조(皇祖)시대부터 봉사하는 나라라는 말이 있다. (69쪽)

⑪ 신라의 특파(特派) 대사(大使)의 말은 완유(婉柔)해서 완전히 일본의 속국으로 자처하고 있는 듯하였다. (72쪽)

⑫ 신라에서 조공사가 일본에 왔지만 일본 조정은 이를 거절하였다. (73쪽)

⑬ 신라가 원래 일본에 대하여 신이라 칭하고 조공하는 것은 일본의 고금이 다 알고 있다. (74쪽)

⑭ 당시 신라는 난세의 시대[혜공왕(惠恭王)]이고 부역(賦役)이 무거워 일본에 귀화하는 사람이 많았다. (74쪽)

이상 이마니시 류가 신라와 고대 일본의 관계에 대해서 서술한 것을 보면 역사학자라기보다는 아무런 근거도 없이 '우리 집이 훌륭한 집이어서 너희 집은 우리 집의 노비였다'고 우기는 유치한 수준임을 알 수 있다. 사실을 거꾸로 주장하려니 사료를 왜곡해서 우기는 것 외에는 방법이 없었음을 알 수 있다.

(3) 이마니시 류는 신라 사람이 중국인이라고 주장했다

이마니시 류는 신라가 일본에 복속된 국가라고 여러 번 주장하는 한편 신라인(6촌인)은 중국 사람 즉 기자(箕子), 위만(衛滿) 사람이라고 주장하기도 한다. 이렇게 되면 신라인은 중국인이며 일본의 지배를 받은 나라가 되는 셈이다. 이마니시 류는 이렇게 주장한다.

① 경주 6촌의 조선유민은 기자·위만 사람이다. (26쪽)

② 『삼국사기』는 신라인을 진(秦)의 유민이라 하지 않고 조선유민이라 하였는데, 이것은 신라왕조시대의 사관(史官) 또는 고려조 사관이 행한 것이다. (28쪽)

③ 신라는 당의 번속국(藩屬國)이었다. (64쪽)

이마니시 류의 이런 주장은 어떤 근거가 있다기보다는 신라는 무조건 낮추어보아 외국의 식민지로 만들려는 의도로밖에 보이지 않는다.

(4) 그 밖에 이마니시 류가 왜곡한 사실들

이마니시 류는 또 신라의 왕호인 '마립간(麻立干)'은 고구려의 왕이 아닌 신하로서 최고의 관직이었던 '막리지(莫離支)'와 같은 것이라고 주장하기도 했다. 신라의 왕은 고구려의 신하와 동일한 위상이라는 것을 나타내기 위한 것으로 보인다. 이 주장은 스에마쓰 야스카즈에 계승되어갔다. 이에 대하여는 스에마쓰 야스카즈를 비판할 때 언급할 것이므로 여기에서는 재론치 않는다.[102] 이마니시 류는 신라는 일본이 원조한 백제·고구려를 멸망시켰다고도 주장했다. 이마니시는 앞에서 본 것처럼 신라가 일본의 속국이라고 주장했다. 그런데 일본의 속국인 신라가 어떻게 본국인 일본이 지원하는 백제와 고구려를 멸망시키겠는가? 그의 주장은 이런 식으로 앞뒤 모순이 가득하다. 그의 주장 몇 가지를 보면 다음과 같다.

① 신라의 왕호인 마립간과 고구려 최고의 관호인 막리지는 같은 것이다. (44쪽)
② 호공과 석탈해는 동일인물이다. 한 사람은 왕위에 오르고 다른 한 사람이 대보로 머문 것은 후세의 지리가의 설에 의하여 조작된 속된 전설이다. (52쪽)

---

102 최재석, 「스에마쓰 야스카즈의 신라상고사론 비판」, 『한국학보』 43, 1986.

③ 신라가 백제와 접경한 것은 4세기 후경이다. (53쪽)

④ 신라는 일본이 원조한 백제·고구려를 멸망시켰다. (67쪽)

(5) 이마니시 류의 논지불명의 주장

이마니시 류는 영어를 끌어들여 자신의 논지를 전개한다. 예를 들면 'tradition'과 'legend'의 정의, '6부는 tribe이다', 성골·진골은 'clan name(씨족명)'을 갖는다는 따위의 주장들이다. 또한 신라 상대(上代)는 모계사회라고 주장하는 것처럼 논지가 불명한 주장을 자주 한다. 신라의 '왕종'에 성이 붙고 3가(家)로 나뉜다는 것도 뜻이 불명하다. 그는 또 신라가 일본을 두려워했다고 주장했다. 그의 주장대로 신라가 일본을 두려워했다고 하더라도 이것은 정치적·사회적인 것이지 생물학적인 것은 아니다. 그런데도 그는 신라가 일본을 두려워하는 것을 생물학적인 "유전적" 두려움이라고 하였다. 역사학에서 정치적·사회적 상황을 설명하면서 '유전적'이라는 용어를 사용할 수 있는가? 이마니시 류의 「신라사통설」에는 이런 비학문적인 주장이 난무한다. 개념조차 똑똑히 밝히지 않은 영어 몇 마디를 사용한다고 근대사학이 되는 것은 아니다. 이마니시 류의 논지불명의 주장을 알아본다.

① tradition은 갑지(甲地)에서 일어난 것을 을지(乙地)에서 일어난 것처럼 전하는 것인데, 신라의 고(古)전설은 tradition이다. (29~30쪽)

② 6부란 제종의 것의 집회인 tribe다. (30쪽) 신라왕조의 문사(文士)가 당나라에 유학할 때는 중국인의 자손이라 칭했다. (31쪽)

③ 6부의 장에 관한 기사는 후세에 그 출신을 수식하기 위하여 여러 가지 legend를 만든 것이다. (34쪽)

④ (신라) 상대(上代)에 여계(女系)에 비중을 두는 것은 사회학자도 인정하는 바이다. (34쪽)

⑤ 탈해는 왜인으로 신라에 들어와 신라왕의 사위가 되어 가문을 일으켰다. (35쪽)

⑥ 성골·진골은 인도의 브라만처럼 clan-name이 동일한 사람끼리 결혼하였다. (39쪽)

⑦ 신라가 일본을 두려워한 것은 그 국민의 유전적인 인상이었다. (67쪽)

⑧ 신라의 왕종이 성을 붙이고 3가(家)로 나뉘었다. (15쪽)

이마니시 류가 굳이 'tradition'과 'legend'를 구분해서 신라상대사(上代史)를 분석한 것은 그 논리가 복잡한 듯해도 이유는 분명하다. 즉, 『삼국사기』「신라본기」를 거짓으로 몰기 위한 것이다. 그러나 그 논리를 세울 수 없자 사회학 용어들을 개념도 불분명한 상태로 끌어들인 것에 불과하다.

2. 「백제약사」·「백제사강화」 비판

이마니시 류는 신라에 관하여는 「신라사통설」이라는 하나의 개설사를 냈다. 그러나 백제에 관하여는 「백제약사」「백제사강화」라는 두 종의 개설사를 냈다. 이것은 그만큼 백제사를 중시하고 있음을 말해준다. 이유는 물론 백제의 속국이었던 고대 일본의 역사를 거꾸로 뒤집기 위해서다. 반면 고구려에 관한 개설서는 단 한 권도 내지 않았다는 점이 시사하는 바도 크다. 즉, 고대 일본사를 왜곡할 때 가장 중요한 것은 백제사이며, 그 다음이 신라사, 그 다음이 고구려사라는 사실을 말해주는 것이다.

먼저 「백제약사」와 「백제사강화」를 비교해보면 그것에 할애한 지면의 양에 크나큰 차이가 있다. 전자의 분량은 총 62쪽인데 후자는 206쪽이나 된다. 그만큼 「백제사강화」를 중시한 것이다. 이마니시 류는 「백제약사」에서는 크게 3가지 측면에서 백제사를 분석했다. 즉, Ⓐ 백제는 일본의 원조 없이는 나라를 유지할 수 없는 속국이며, Ⓑ 『삼국사기』 「백제본기」 초기의 기년과 세계는 허구이고, Ⓒ 그 밖의 사실(史實) 왜곡이라는 3가지 측면에 역점을 두어 서술했다. 반면 「백제사강화」에서는 Ⓐ 『일본서기』는 일본사와 한국사 연구의 기본사료이며, Ⓑ 임나는 일본의 식민지였으며, Ⓒ 백제는 일본에 예속된 나라였고, Ⓓ 그 밖의 사실의 왜곡이라는 4가지 측면에 역점을 두어 서술했다. 후자, 즉 「백제사강화」에서 언급한 Ⓐ와 Ⓑ는 「백제약사」에 없는 새로운 주장으로 볼 수 있다. 이마니시 류가 「백제약사」와 「백제사강화」에서 한 주장을 좀 더 구체적으로 알아보자.

(1) 「백제약사」 비판

백제는 일본의 속국이라는 허위 주장

이마니시 류는 백제는 일본의 도움 없이는 나라를 지탱할 수 없는 일본의 속국이라고 주장했다. 그는 「백제약사」에서 백제는 일본의 도움 없이는 존재할 수 없으며, 일본은 백제를 위해서 국력을 돌보지 않고 큰 원조를 하였다고 강력하게 주장했다. 이는 구한

말 대한제국의 국권을 침탈한 것을 합리화하려는 목적이라고 볼 수 있다. 또 그는 백제 국왕은 일본에 영원히 충성할 것을 맹세했는데, 일본이 신라를 정벌한 것도 백제가 일본에 헌상물을 보내는 것을 방해했기 때문이라면서 이렇게 주장했다.

① 백제는 시종 일본의 원호(援護)에 의하여 나라를 유지한 나라이다. (『백제사 연구』 1쪽, 이후 쪽수만 표시)
② 백제는 일본을 떠나서는 존재할 수 없으며 일본도 백제를 위하여 국력을 돌보지 않고 다대한 원호를 하였는데, 그것은 참으로 '제도(帝道, 제국의 도 - 필자주)'에 기초한 원호였으며 물질을 구하는 것이 아니었다. (1쪽)
③ 4세기 초에 진구 황후의 신라 정벌이 있었다. (11쪽)
④ 백제로부터 일본에의 헌상물을 신라가 방해했기 때문에 일본이 신라를 정벌하는 군대를 보냈다. (12쪽)
⑤ 근초고, 근구수의 부자왕은 임나 제국의 한기왕(旱岐王)과 맹세하여 일본 천황에 봉사하고 그 원호를 앙망했다. (13~14쪽)
⑥ 『일본서기』에 백제왕이 일본왕에게, '귀국의 홍은(鴻恩, 깊고 큰 은혜)은 천지보다도 무겁습니다. 어느 날 어느 시인들 감히 잊겠습니까. 성왕 위에 있어 명은 일월과 같습니다. 지금 신은 아래에 산악처럼 굳건히 있으면서 영원히 서번(西蕃)이 되어 두 마음 없습니다'라고 했다고 쓰여 있다. (14쪽)
⑦ 백제가 일본의 원호를 얻어 마한 제국을 통일하였다. (17쪽)
⑧ 일본의 오진·닌도쿠(仁德) 때에 일본이 백제를 도와서 고구려와 대전쟁을 하였기 때문에 백제는 그 나라를 유지할 수 있었다. (17쪽)

⑨ 일본은 일본 내지(본토)의 경영과 마찬가지로 여러 지방에 천황 직할지가 있으며 장군이 있어 병사를 양성하고 또한 부근의 나라를 감독하였다. (17쪽)

⑩ 장수왕 대에 백제는 오직 일본의 보호로 나라를 유지하였다. (20쪽)

⑪ 백제는 전에 일본으로부터 증여된 남한의 땅에 군령, 성주를 두었다. (25쪽)

⑫ 성명왕(聖明王) 대에 일본인으로 백제의 왕정에서 일하는 무인이 꽤 있었으며, 5방성의 하나인 득안성(은진 지방)의 책임자인 물부막가무련(物部莫哥武連)도 그중 한 사람이었다. (26쪽)

⑬ 백제로부터 원병을 보내 달라는 불 같은 청구가 있어서 일본의 긴메이 천황은 성명왕 32년에 내신을 장군으로 하여 군사 1,000명, 말 100필, 배 40척을 보냈다. (27쪽)

이마니시 류는 백제와 고대 일본의 관계를 완전히 거꾸로 보고 있다. 그런데 이마니시 류의 이런 논리는 현재 김현구 같은 한국 학자들에게 그대로 계승되어 유사한 주장을 펼치고 있다. 백제 국왕이 일본 국왕에게 충성을 맹세했다는 논리나 백제에 와서 일하는 일본인들이 상당수 있었다는 주장, 백제에 원병을 보내주었다는 주장 등을 이마니시 류가 시작해서 스에마쓰 야스카즈가 계승했고, 이를 다시 일단의 한국 학자들이 추종하고 있는 상황이다.

『삼국사기』 「백제본기」 초기의 기년 · 세계의 왜곡

이마니시 류는 『삼국사기』·『삼국유사』의 초기 기록은 전설 기사이며 근초고왕부터 역사시대라고 다음과 같이 주장하고 있다.

① 『삼국사기』·『삼국유사』의 「백제본기」의 기사는 모순이 많은 전설기사이므로 비판하지 않으면 아니 된다. (6쪽)
② 참으로 역사시대에 들어온 것은 근초고왕부터이다. (10쪽)
③ 4세기 중엽의 근초고왕이 되면 역사시대에 들어간다. (11쪽)
④ 근초고왕 대부터 백제에는 기록이 있게 되었으며 중국의 문화가 백제를 경유하여 일본에 들어갔다. (15쪽)
⑤ 백제가 하나의 엄연한 나라가 되고 역사가 있게 된 것은 근초고·근구수시대이다. (16쪽)

이마니시 류는 백제가 근초고왕 때 건국되었다고 주장했다. 현재 김태식 같은 한국사 학자들이 백제가 근초고왕 때 건국했다고 주장하는 것은 이마니시 류와 쓰다 소키치의 주장을 그대로 추종하고 있는 것이다. 이마니시 류 등이 근초고왕을 백제 최초의 국왕이라고 보는 것은 근초고왕이 『일본서기』에 최초로 등장하는 인물이기 때문이다. 『일본서기』를 기준으로 『삼국사기』와 『삼국유사』를 보는 것이다.

기타 사실의 왜곡

이마니시 류는 이밖에 왕인(王仁)박사는 중국인이며 일본의 고대 문화는 한국의 것이 아니라 한반도를 경유한 중국문화에 불과하며 일본인이 백제를 원조했기 때문에 고구려의 '남하 야욕'을 좌절시켰다고 왜곡했다. 그러나 일본인이 백제를 원조했다는 것은 거짓이며 고구려의 남진을 '남하 야욕'이라 표현한 것도 고구려를 한국이 아닌 외국으로 인식시키려는 계산된 왜곡의 일부로 볼 수 있다. 백제부흥군이 멸망할 당시, 즉 백제부흥군의 도읍이었던 주류성이 떨어졌을 때 『일본서기』에는 일본의 '국인(國人)'들이 조상의 묘지를 다시는 가볼 수 없으리라고 한탄했다는 기사가 있다. 이마니시 류는 이를 일본의 국인이 아니라 백제의 국인이라고 왜곡하고 있다. 그러나 그의 왜곡 해석이 아이러니컬하게도 일본사 해석에 올바른 시각을 던져준다. 『일본서기』에 있는 '국인'을 이마니시 류의 주장대로 백제인이라고 한다면 당시 일본 조정은 백제인이 차지하고 있었음을 자인하는 셈이 된다. 지금 그의 주장을 적기(摘記)하면 다음과 같다.

① 한반도에서 일본으로 온 것은 반도의 문화가 아니라 중국문화가 한반도를 경유한 데 불과하다. (15~16쪽)
② 왕인은 중국인이며 백제에서 일한 왕구라는 사람의 손이다. (16쪽)
③ 일본이 백제를 원조했기 때문에 고구려는 남하 야욕을 달성할 수 없었으며, 한반도의 제국은 고구려에 병합되는 것을 면하였다. (20쪽)
④ 백제의 국인이 서로 말하기를 '주류성이 떨어졌다. 이 일을 어쩌면 좋단 말인가. 백제의 이름이 오늘로 끊겼으니 선조의 묘지에 어찌 왕복할 수 있단 말인가'[『일본서기』 〈천지(天智) 3년 9월〉조]라고 하였다. (50~51쪽)

이마니시 류는 한국사 정체성론에 따라서 한국인들은 역사발전 능력이 없기 때문에 중국에서 수입한 역사를 일본에 전했을 뿐이라는 주장이다. 그러니 왕인은 백제인이 아니라 중국인이라고 주장한 것이다.

(2) 「백제사강화」 비판

『일본서기』는 일본의 보전이자 세계의 보전이라는 허위 주장

이마니시 류는 『일본서기』가 "일본의 보전(寶典)이자 세계의 보전"이라고 주장했다. 즉 『일본서기』 내용이 사실이며 이와 배치되는 『삼국사기』는 조작이라는 것이다. 그러나 『일본서기』는 조금만 연구해보면 많은 기사가 왜곡되었다는 사실을 쉽게 알 수 있다. 연대는 서로 모순되고 일반 기사도 서로 모순되는 것이 적지 않기 때문이다.

그러나 이마니시 류는 『일본서기』가 갖고 있는 연대의 모순과, 일반 기사의 모순과, 또 2주갑의 소급 조작 기사에 대하여 여러 군색한 변명과 변호를 늘어놓았다. 그러면서 한국고대사 연구도 『일본서기』에 의해서만 가능하다고 강변했다. 『일본서기』가 중요한 보전이라고 주장하기 위하여 『삼국사기』 초기 기록을 믿을 수 없다고 강조했다. 『일본서기』를 일본과 세계의 보전이라고 주장하면서 『일본서기』를 허구라고 말하는 것은 언어도단이라고 주장했다. 이마니시 류의 이런 주장은 스에마쓰 야스카즈에 그대로 계승되었다가 현재 한국의 일부 사학자들에 의해서 그대로 답습되고 있다. 이마니시 류의 이에 관한 주장을 적기하면 다음과 같다.

> ① 『일본서기』는 고기록의 간지를 편년체로 배열하였기 때문에 연대의 잘못이 종종 있으며 간지도 없는 기록을 편년체로 배열할 때는 잘못이 일어나는 것이 당연하다. (86쪽)
>
> ② 『일본서기』는 고전설과 고기록을 충실히 풍부하게 보장하고 있어서 이것을 연구하면 연구할수록 좋다. (87쪽)

③ 진구 황후·오진 천황 연대는 『일본서기』의 편집관이 혹은 운수(運數)의 설을 오신하고 혹은 중국사적의 기사를 오인하여 이것을 정하였기 때문에 연대가 사실보다 2주갑 정도 소급되었다. 여기서 기년의 착오가 생겼다. (87쪽)

④ 『일본서기』에 앞뒤가 맞지 않는 기사가 있는 것은 고전설과 고기록에 충실했기 때문이었다. (87쪽)

⑤ 모순이나 앞뒤가 맞지 않는 내용들은 외견상 동일의 사실이라도 고전설·고기록을 충실하게 반영했다는 증명이 되는 것이다. (87~88쪽)

⑥ 일지반해(一知半解, 하나를 알고 반만 이해함)의 도(徒)가 후출의 기록 등의 가치판단을 행하는 동일한 이유로 『일본서기』의 가치를 판단하여 이것을 배척하고 믿을 수 없다고 하는 것은 실로 잘못된 것이다. (88쪽)

⑦ 『일본서기』가 일본 국민의 보전일 뿐만 아니라 세계의 보전이라는 것을 후일 쓰고 싶다. (88쪽)

⑧ 『일본서기』 기사를 『삼국사기』와 『삼국유사』 기사와 참조하여 연구하면 얼마나 정확한가를 알 수 있다. 『삼국사기』는 기사가 극히 간략하고 많은 중국사적의 기사를 전재하고 있기 때문에 본국(신라) 소전의 기사는 적다. 『삼국사기』 「백제본기」는 근초고왕 무렵부터 기년이 옳다. (88쪽)

⑨ 『일본서기』를 허구의 것이라고 말하는 것은 언어도단이다. (89쪽)

⑩ 『일본서기』에 있으면서 『삼국사기』에 기술되어 있지 않은 중대 사실이 적지 않게 있기 때문에 예를 들면 진구 황후의 사적(삼한 정벌 기사 등)을 의심하는 것은 물론 옳지 않다. (89쪽)

⑪ 진구 황후·오진 천황 무렵의 사건으로서 『일본서기』에 있는 사실은 고구려의 광개토왕비에 의해서 판명된다. (90쪽)

⑫ 일본문헌에 의지하지 않으면 조선고대 연구를 할 수 없다. (182쪽)

⑬ 일본의 고전을 경시하고 타국의 고전은 단지 신기하기 때문에 중시한 학계의 유치시대는 이미 과거가 되었다. (182쪽)

이마니시 류 이전에는 일본인 학자들도 『일본서기』 내용을 그대로 믿는 이들이 거의 없었다. 그가 ⑬항에서 말한 대로 "타국의 고전", 즉 『삼국사기』와 『삼국유사』를 중시하는 것이 대체적인 분위기였다. 그러나 이마니시 류는 이런 합리적 학문 태도를 "학계의 유치시대"라면서 무조건 『일본서기』를 신봉해야 한다고 주장했다.

임나는 일본의 식민지라는 허위 주장

스에마쓰 야스카즈에게 그랬듯이 이마니시 류에게도 임나는 중요하다. 이들이 『일본서기』만을 신봉하면서 '『삼국사기』 초기 기록 불신론'을 주창하는 이유도 결국은 한반도 남부에 임나가 있었다고 주장하기 위한 것이다. 그런데 이마니시 류는 임나를 가야라고 주장했다. 현재 김현구, 김태식을 비롯한 한국의 고대사학자들 상당수가 가야를 임나라고 주장하는 것은 이마니시 류와 스에마쓰 야스카즈의 이런 왜곡된 주장을 그대로 추종하는 것이다.

이마니시 류는 임나(가야)에 일본 천황의 직할 영지와 재등(宰等, 이른바 일본부의 전신)이 있었으며 임나가 일본 조정에 공물을 바쳤다고 주장했다. 그는 또 일본 조정이 이른바 '임나 4현'을 백제에 하사했다고도 주장하고, 백제가 일본의 식민지인 임나를 약취(掠取,

약탈해서 취함)했다고도 주장했다. 또 신라와 백제가 일본과 일본의 식민지인 임나와의 교통을 차단하였으며 신라가 임나를 멸망시킨 죄를 묻기 위하여 신라 정벌을 계획했으며, 그리하여 임나 멸망 후에는 신라가 임나를 대신해 일본 조정에 조공하였다고 주장했다. 그 어느 것 하나 논리적 타당성이나 사료적 근거가 없는 소설 같은 이야기다. 있는 것은 역사왜곡의 전형적 사례인 『일본서기』 뿐으로서 어느 정도의 개연성도 찾아보기 힘든, 속이 환히 들여다보이는 왜곡이다. 이마니시 류의 구체적인 주장은 다음과 같다.

① 임나 제국이 공물을 일본 조정에 바친 것은 물론이지만 상세한 내용은 모른다. (85쪽)

② 임나는 일본에 심한 악정이 없는 한 일본에 의뢰할 필요를 점점 느끼게 한 것이 일본의 세력을 유지케 했다. (135쪽)

③ 임나 제국에는 일본 천황의 직할영지가 있었다. (144쪽)

④ 백제왕은 임나의 위임통치권을 일본으로부터 획득하려는 검은 마음을 가지고 있었다. (146쪽)

⑤ 일본 조정은 임나 지방의 상다리(上哆唎)·하다리(下哆唎)·사타(娑陀)·모루(牟婁)의 4현을 백제에 사여하였다. (147쪽)

⑥ (임나) 4현을 백제에 할여한 것은 일본이 반도에 영토를 전혀 상실케 되는 파탄의 원인이 되었다. (148쪽)

⑦ 게이타이 천황 무렵까지 섬진강 유역은 임나의 지(地)이며 일본 천황의 직할지였다. (150쪽)

⑧ 백제가 교활, 교언영색하여 임나 지방을 일본에서 약취하였다. (152쪽)

⑨ 안라(임나)왕은 일본에 가장 충실했으며 그 땅은 임나 제(諸)

지방에 있었던 일본의 재등(宰等)의 집회소였다. (154쪽)

⑩ 4월에 임나왕이 대화대정에 와서 신라의 침구(侵寇)를 호소하고 구조를 청하였다. (154쪽)

⑪ 일본의 외정은 사기 많은 백제에 기만되었다. (160쪽)

⑫ 일본의 관등이 임나 제국과 임나에 있었다. (161쪽)

⑬ 임나 제국에는 일본의 관등이 잔류하였으며 안라는 그 집회의 중심이었다. (162쪽)

⑭ 실로 나머지 임나 제국은 신라와 백제에 차단되어 일본과 교통마저 자유롭지 못하였다. (182쪽)

⑮ 백제왕은 자기도 임나 지방을 원하지만 일본 조정을 겁내고 신라를 두려워한 나머지 잔여의 임나를 자기의 세력 하에 두고 후일을 계획하려고 하였다. (183쪽)

⑯ 일본은 신라가 임나를 멸망시킨 죄를 물어 신라를 치려고 하였다. (230쪽)

⑰ 신라는 이때(백제 법왕 2년) 일본 조정에 서약한 임나 명의의 조공을 그 후 지참하지 않았다. (236쪽)

⑱ 임나가 일본에 봉사한 조공을 신라가 계승하여 그 존재 형식을 정리하여 이 문제를 해결하려고 하였다. (237쪽)

⑲ 일본 조정은 임나 몫의 조공을 조금이라도 임나를 멸망시킨 신라에서 징수하는 방침을 세웠으며, 이것은 임나가 영원히 일본의 속국이라는 명분을 보류케 한 현명한 정책이었다. (237쪽)

⑳ 신라는 자국의 사자 외에 따로 임나 명의의 사자를 보내어 일본 조정에 대하여 임나가 취하는 형식을 취하였다. (238쪽)

㉑ 임나가 하던 조공을 신라로부터 수납하는 종래의 방식을 취하였다. (243쪽)

임나와 고대 일본, 삼국에 대한 이마니시 류의 주장은 서로 앞뒤가 안 맞는 것은 물론 약간의 개연성도 찾기 힘들 정도로 억측의 연속이다. 때로는 백제를 일본의 지원이 없으면 독자적으로 존립할 수 없는 속국이라고 주장하다가 때로는 백제가 임나와 일본과의 교통을 차단했다고 말하는 등 앞뒤가 안 맞는 주장이 적지 않다.

백제는 일본에 예속되었다는 허위 주장

이마니시 류는 여기서 백제국에는 임나에 있어서처럼 일본 조정의 직할지가 있으며 백제 내의 주요 지점은 일본군이 점취(占取, 점령하여 취함)하여 주둔하였으며 백제 조정에는 일본인 무장도 있었다고 왜곡한다. 또 백제가 일본 조정에 조공을 바치고 왕위계승도 일본의 영향으로 좌우되는 일도 있었다고 주장한다. 일본 조정이 병기를 하사하고 백제를 원조했는데도 백제는 이 일본의 은혜도 모르고 임나와 일본 조정과의 교통을 차단했으며 밖으로는 화순충실을 나타내지만 내심에는 성의가 없다고 주장한다. 그의 이런 주장을 적기하면 다음과 같다.

① 백제가 임나 제국과 화친하여 서로 일본 천황을 봉대(奉戴)하였다. (85쪽)
② 백제 국내에 천황의 직할지도 다소 있었다. (86쪽)
③ 백제가 공물을 일본 조정에 바친 것은 물론이지만 일본 조정이 백제를 원조한 것도 더욱 다대하다. (86쪽)
④ 일본군은 고구려에 대항하기 위하여 백제 내의 중요 지점을 점취하여 주군(駐軍)하였다. (99쪽)
⑤ 백제는 왕자 직지를 일본에 인질로 보내고 충실을 맹세하고 일

본의 원조를 얻어 용감하게 고구려에 저항했다. (99쪽)

⑥ 개로왕의 제(弟) 곤지군(昆支君)의 제5자 말다왕(末多王)이 어려서 일본의 조정에 있었기 때문에 유랴쿠 천황은 이를 궁중에 불러 친히 머리를 쓰다듬고 병기를 하사하고 군사 500인을 파견하여 이를 백제에 호송하여 왕위에 오르게 했는데 이가 동성왕이다. (121~122쪽)

⑦ 성명왕(백제 성왕) 시에 왕정에는 일본인 또는 일본인계의 사람으로 무장으로 일하여 고위관에 있었던 자가 적지 않았다. (128쪽)

⑧ 한반도에서의 일본 조정의 위력은 유랴쿠 천황 이후에도 존재하였다. (135쪽)

⑨ 백제는 이 남한(임나)의 땅에 군령성주를 두고 천황의 뜻에 반하여 임나 지방과 일본 조정과의 교통을 차단하였다. (163쪽)

⑩ 백제의 성명왕은 10여 년 말 일본 천황에 종종 표(表)를 바치고 임나를 부흥할 임무를 해야 한다고 상주하였다. (163쪽)

⑪ 백제는 밖으로는 화순충실을 표시하고 내심으로는 일본 천황의 어명을 가지고 신라를 누르고 임나 지방을 탈취하고 싶었으며 일본 조정에는 성의가 없었다. (164쪽)

⑫ 백제는 이미 독립 자유의 관념이 박약하여 일본을 종주국으로 쳐다보고 있었다. (222쪽)

⑬ 일본은 중국의 제국주의 침구에 반항하여 백제를 구호하고 황제의 대군과의 교전을 감행하였다. (224쪽)

이마니시 류의 백제사 인식은 한마디로 백제는 고대일본의 속국이라는 것이다. 고대일본이 백제 국왕의 즉위까지 결정했다는 식인데 이는 현실과 정반대의 주장이다. 『일본서기』 자체도 고대일본의 조정을 장악한 것은 소가(蘇我) 가를 비롯한 여러 백제계 가문이었다고 설명하고 있다.

기타 사실의 왜곡

지금까지 보아온 바와 같이 이마니시 류는 3가지 측면, 즉 『일본서기』, 임나, 백제에 대하여 역점을 두고 왜곡하였다. 이 밖에도 이마니시 류는 또 다음과 같은 여러 대목에 걸쳐서 실제 역사를 왜곡하였다. 그 왜곡의 수준을 보면 웃음이 터져 나올 정도인데, 대표적인 예는 이러하다. 백제왕이 일본을 배반했기 때문에 백제국인이 백제왕을 죽였으며, 신라 역사는 일본과 고구려에의 복종의 역사라고 주장한다, 전자의 주장은 백제 국민은 일본에 예속되어 일본과 친교하기를 원하는데 국왕이 그렇지 못하기 때문에 백성이 백제왕을 죽였다는 의미이다. 국민과 국왕이 대립·이질적이라는 것을 강조하여 20세기 일본에 의한 한국 침략·식민화를 합리화하기 위한 계책으로 보인다. 또 그는 고구려도 일본의 징벌(懲伐)을 받았다고 주장했는데, 그의 왜곡 사항을 적기하면 다음과 같다.

① 백제 진사왕(辰斯王)이 고구려와 비밀히 내통하여 일본에 이반하려고 하자 백제국인이 진사왕을 죽이고 '아화왕(阿花王)'을 세웠다. (96쪽)

② 일본 조정에서는 한쪽에서는 백제를 원호하여 고구려에 대항하고 한쪽에서는 신라를 정벌했다. (101쪽)

③ 고구려병과 신라병은 신라의 국경 내에서 일본병을 몰아내고 그 여세를 몰아 일본의 직할지 중의 하나인 임나가라(김해)를

습격하여 그 성을 함락시켰다. (101쪽)

④ 광개토왕이 신라와 임나를 일시 유린한 결과가 일본의 고구려 정벌이 되었다. (102쪽)

⑤ 일본군은 황해도 지방에 상륙하여 고구려에 징벌을 가하였다. (103쪽)

⑥ 당시의 일본군이 활동한 것은 남조선에만 한정되지 않고 의외로 훨씬 북방에까지 미쳤다. (103쪽)

⑦ (백제의) 아화·전지(腆支) 시대에 일본의 국위가 반도에 빛나서 여러 가지 문물이 일본에 수입되었다. (105쪽) (문맥이 통하지 않으나 그의 말 그대로이다-필자주)

⑧ 기노 오이와노 스쿠네(紀生磐宿禰)는 유랴쿠 천황 시 천황의 칙을 받들고 신라를 정벌하러 갔다. (135쪽)

⑨ 신라의 역사는 일본에 복종하고 고구려에 복종한 일을 기억하고 있다. (223쪽)

이마니시 류는 고대일본을 강력한 대국으로 묘사하고 있다. 고대일본, 즉 야마토는 한편으로는 고구려와 맞서 싸우면서 한편으로는 신라를 정벌하는 강력한 국가이다. 한꺼번에 두 개의 전쟁을 치를 수 있는 국가라는 것이다. 그래서 일본은 한반도 남부에만 머문 것이 아니라 한반도 북방의 황해도 지역까지 군사활동 지역으로 삼았다고 주장하는 것이다. 그리고 신라가 일본에 복종했다고 주장하고 있다. 그런데 『삼국사기』와 『삼국유사』에는 이런 소설 같은 내용들이 전혀 나오지 않는다. 그러니 『삼국사기』와 『삼국유사』를 거짓이라고 몰 수밖에 없게 되는 것이다.

3. 『조선사개설』의 「삼국 · 신라왕국」 비판

(1) 『조선사개설』 전체 분석

이마니시 류는 고구려사에 관해서는 저술하지 않고 신라사와 백제사에 관해서는 각각 한 종류(「신라사통설」)와 두 종류(「백제약사」, 「백제사강화」)의 개설서를 내었다. 또 상고시대부터 조선시대까지 포괄하는 『조선사개설』도 저술하였다. 우리의 관심사는 『조선사개설』에서 그가 삼국시대와 신라통일시대를 어떻게 보았는가 하는 점이다. 그러나 『조선사개설』 전체의 특징을 파악할 필요가 있으므로 먼저 이 책 전체의 대체적인 윤곽을 분석해보자. 이 저술은 104쪽에 이르며 〈표1〉과 같이 6편으로 구성되어 있다.

우선 이 저술에서 눈에 띄는 것은 시대구분의 명칭이다. 한국의 역사는 한(漢)의 식민지에서 시작되었다는 것을 강조하기 위해 '한(漢)의 군현'이라는 편명을 써서 한국사의 자주성을 파괴했다. 또한 고려, 조선이라는 정식 국명 대신에 '고려 왕씨조', '이씨 조선'이라 하여 마치 국가가 아니라 왕씨와 이씨가 다스리던 집단인 양 표현했다. 4편명이 '신라왕조'라면 5편·6편도 당연히 '고려왕조', '조선왕조'로 했어야 한다. 여기서 우리는 그가 "신라 3국은 6촌만의 신라이지 신라 전체의 왕국이 아니"라고 말한 것을 상기하게 된다.

두 번째로 주목되는 것은 각 시대에 할당된 지면의 양이다. 삼국시대가 42쪽으로 월등히 많고 조선시대는 10쪽으로 너무 적다. 삼국시대에 관한 지면이 많은 것은 '일본과 한(韓) 종족과의 관계'·'일본과 남한(南韓)과의 관계'·'진구 황후의 신라 정벌과 백제의 복속'·'반도에 있어서의 고구려와 일본과의 쟁패' 등의 절명(節名)으

〈표1〉『조선사개설』 차례와 분량

내용	분량(쪽수)
서언	2
1편 상고	12
2편 한(漢)의 군현 및 삼한	9
3편 삼국	42
4편 신라왕조	10
5편 고려 왕씨조	21
6편 이씨 조선	10

로도 알 수 있듯이 한반도의 제국(諸國)이 일본에 예속되었다는 것을 주장하기 위해서였다. 이 방면만도 42쪽 중 약 24쪽이나 소비했던 것이다.

좀 더 구체적으로 살펴보자. 1편의 제목이 '상고(上古)'로 되어 있지만 내용을 보면 주로 기자와 위만의 식민지라는 이야기와 단군이 전설이라는 것뿐이다. 2편은 제목 그대로 한사군에 관한 것이 대부분(9쪽 중에 7쪽)이고 삼한에 관한 것은 2쪽 정도이다. 5편 '고려 왕씨조'는 고려시대를 전기와 후기로 나누고 전기는 다시 송나라를 종주국으로 한 시대와 요·금에 복속한 시대로 나누고 후기는 다시 무신지배시대, 원나라에 복속한 시대, 멸망시대로 나누고 있다. 고려의 자주성은 철저하게 부정되고 줄곧 주변 국가에 예속되다가 멸망한 것이라고 강조하고 있다. 마지막 6편 '이씨 조선'의 내용을 보면 조선시대를 전기와 후기로 나누고 전기는 다시 개국·융성시대·화옥시대(禍獄時代, 사화 등으로 인한 옥사시대)로 나누었다.

후기는 다시 피침구(被侵寇)시대·당쟁적쇠(黨爭積衰)시대로 나누었다. 조선시대는 개국 이후 당쟁과 타국에 의한 피침(被侵)으로 쇠약해져 멸망했다고 주장하는 데 역점을 두고 있는 것이다. 이마니시 류가 쓴 통사인 『조선사개설』도 우리가 앞서 살펴본 신라사나 백제사에서 취한 태도나 사관과 매우 동일함을 알게 된다.

요컨대 이마니시 류가 바라보는 한국사는 이렇다. 한국사는 중국, 즉 한(漢)나라 식민지로 출발해서 삼국시대에 일본 식민지가 되었다가 다시 송·요·금·원에 복속되었다가 조선시대에 외침과 당쟁으로 국력이 쇠퇴하여 드디어 끝났다고 주장하는 것이다. 이는 구한말 일본이 한국의 국권을 침탈한 것을 합리화하기 위하여 쓰인 것이라고 볼 수 있다. 그럼 그의 『조선사개설』의 전체적인 분석은 이 정도로 끝내고 이 저술에서 '삼국'(3편)과 '신라왕조'(4편)에 대해 어떻게 서술하고 있는지 좀 더 구체적으로 살펴보자.

(2) '삼국' 비판

『조선사개설』의 제3편 '삼국'에서는 아래의 3가지 측면에 대해 허위 주장과 왜곡을 하였다. 『삼국사기』 초기 기록은 조작되었다고 왜곡하고 또 백제·임나는 일본에 예속되었었다고 허위 주장을 했다. 아래에서 3가지 주장에 대해 살펴보자.

『삼국사기』 초기의 기년·세계의 왜곡

이마니시 류는 다른 논문에서도 그랬지만 '삼국'에서도 역시 『삼국사기』 초기 기록, 특히 그중에서도 기년과 세계가 조작되었다면서 다음과 같이 주장했다.

① 고구려사전(高句麗史傳)은 고구려가 제(諸) 부족을 통일완성한 후 중국 사상에 의하여 수식된 것이다. (『조선사개설』 86쪽, 이후 쪽수만 표시)

② 태조대왕시대(53~146)부터 '역사시대'에 들어간다. (87쪽)

③ 『삼국사기』의 백제개국 기사는 백제 사관이 분식한 것을 재료로 했기 때문에 믿을 수 없다. (90~91쪽)

④ 백제는 동명왕 주몽이 제1세(世)이고 그 자(子) 온조왕이 제2세인데, 『삼국사기』의 찬자는 온조를 시조로 하고 고구려 주몽왕 서거 다음해를 온조왕 원년으로 수정하였다. (91쪽)

⑤ 신라 사관이 박혁거세의 건국을 한(漢) 오봉 원년 갑자(甲子)로 하였는데, 신라의 상대 기년은 믿을 수 없다. (93쪽)

⑥ (신라를) 고구려 개국년보다 더 오래되게 하기 위해 동일한 1주간지(一周干支, 1간지는 60년)의 제1갑자년을 신라의 개국년으로 만들었다. (93쪽)

⑦ 6세기 후반에 이르러 전설에 의하여 3가(家, 박·석·김)로 분류하고 소급하여 3성을 붙였다. (93쪽)

⑧ 신라왕국은 서기 2, 3세기 무렵 일본의 스진·스이닌 천황 때 세워졌다. (93쪽)

이마니시 류는 『조선사개설』의 '삼국'에서 아무런 근거도 없이 삼국 초기사를 왜곡했다. 고구려 태조대왕 이전 시대를 역사시대가 아니라고 몰려면 근거를 제시해야 하는데 아무런 근거를 제시하지 않았다. 백제 시조를 주몽이라고 단정 짓는 것은 정상적인 학자라면 감히 상상도 하기 힘든 내용이다. 또한 신라가 개국 연대를 갑자년으로 맞추어 조작했다는 것도 그만의 상상일 뿐이다. 이마니시 류는 『삼국사기』가 조작되었다는 결론을 가지고 갖가지 상상력을 발휘하고 있는 것으로서 한마디로 학문이라고 볼 수 없다.

백제·임나가 일본에 예속되었다는 허위 주장

이마니시 류가 『조선사개설』 3편 '삼국'에서 가장 힘주어 주장한 대목은 백제와 임나가 일본에 예속되었다는 주장이었다. 그는 여기서 이른바 진구 황후의 신라 정벌을 기정사실화하고 임나에 주재한 일본 무장이 임나 제국을 경영했다는 등 허무맹랑한 주장을 했다. 한걸음 더 나아가 백제사는 일본에 대한 복속사라고까지 주장하였다. 백제는 왕도(王都)의 천도(遷都)도 일본군에 의해서만 가능했으며 백제왕과 가라왕(加羅王, 가야왕)은 일본 조정을 흠모·심복하여 조공을 바쳤다고 주장했다. 이쯤 되면 한 편의 완벽한 희극이다. 신라도 왕도가 일본에 점령되자 신라왕이 일본군에 항복했다는 주장도 잊지 않았다. 여기에 관한 그의 구체적 주장은 다음과 같다.

① 석씨(탈해)는 명백히 일본인이다. (94쪽)

② 일본과 마한, 변한, 진한의 삼한 종족과는 평화적, 무력적 여러 가지 교섭이 일찍부터 있었던 것이 명백한 사실이다. 이 교섭은 일본이 능동적이었고 반도가 수동적이었다. (94~95쪽)

③ 『일본서기』의 진구 황후 신라 정벌 기사나 『신찬성씨록』에 의하면 일본은 가라 제국 보호를 위해 장군을 파견했다. (98쪽)

④ 확고한 connection은 진구 황후가 신라에 대토벌을 가하고 백제가 복속할 때까지 생기지 않았다. (94쪽)

⑤ 상대(上代)의 일본과 한반도와의 관계사는 실로 백제복속사이다. (98쪽)

⑥ 진구 황후는 질풍급우(疾風急雨)의 속도로 신라를 정벌하였다. (98쪽)

⑦ 전설에 의하면 10월에 대마도를 출(出)하여 일거에 신라의 왕도를 전복시키고 왕을 항복시켰다. (99쪽)

⑧ 진구 황후의 신라 정벌에 이어 가라 제국을 경영하였으며 자발(自炑, 창녕)·남가라(南加羅)·안라(安羅)·다라(多羅)·탁순(卓淳)·가라 등은 전적으로 귀복하였다. (99쪽)

⑨ 이때의 백제는 일본에 복속하여 그 보호를 받지 않으면 아니 되는 상태에 있었다. (99쪽)

⑩ 백제는 신라를 토벌한 일본 조정의 위명(威名)을 듣고 근공원교(近攻遠交, 가까운 곳은 공격하고 먼 곳과는 수교함)의 정책을 취하고 사자(使者)를 보내어 지성(至誠)을 표하였다. 일본군이 한반도에 들어와 전라 남변(南邊)의 땅을 백제에게 주었다. (101쪽)

⑪ 백제왕은 가라의 한기(旱岐) 등과 화친을 약속하고 형제가 되어 함께 천황을 섬기고 국가를 안전하게 할 것을 맹세하고 천추만세(千秋萬歲) 무절무궁(無節無窮)하게 서번(西蕃)이라 칭하고 조공할 것을 맹세하였다. (101쪽)

⑫ 백제는 한쪽에서는 일본에 대하여 신례(臣禮, 신하의 예)를 취하고 한쪽에서는 사자를 진(晋)나라에 보내어 그 봉책(封册)을 받았으며, 신라도 일본에 인질을 보내고 조공을 바치어 복속의 예를 취하였다. (101쪽)

⑬ 백제는 일본을 의지하지 않으면 존립할 수 없기 때문에 일본에 공순(恭順)하였지만 그 외교는 사휼(詐譎, 속이고 거짓말 함)을 극하고 중국·신라·고구려·가라의 인방(隣邦, 이웃나라)에 대

하여도 반복무신(反覆無信, 언행이 일정하지 않고 신의가 없음)의 행동을 취하였다. (101쪽)

⑭ 진구 황후 이후 백제·신라는 형제가 되어 천황을 군부(君父)로 받들었다. (102쪽)

⑮ 일본 조정이 백제에 준 은총은 신라로 하여금 일본에 인질을 보내고 조공을 바치면서 북방의 고구려를 심복(心服)케 하였다. (102쪽)

⑯ 스진·스이닌 시대가 되면 일본 조정의 위명을 듣고 신라·가라의 사자가 왔다. (97쪽)

⑰ 이 사절(使節, 가라의 사자들)이 왔지만『일본서기』의 기사에서는 accident로 끝나고 일본 조정과 반도와의 connection은 되지 않았다. connection은 진구 황후 시대에 시작된다. (97~98쪽)

⑱ 일본의 무위(武威)가 한반도에 가장 발양(發揚)한 때는 오진 천황시대이다. (103쪽)

⑲ 광개토왕비의 기록은 실로 고사 연구의 등명대(燈明臺)이다. (104쪽)

⑳ 일본군은 끊임없이 바다를 건너 반도에서 활약하고 드디어 고구려와 접촉하고 신라는 고구려에 의뢰하고 백제는 일본에 의뢰하고 가라 제국은 완전히 일본의 보호를 받았다. (104쪽)

㉑ 일본은 김해 방면에 무장을 주재시켜 가라 제국의 조공을 감독하고 백제·신라에 관한 사무를 보게 했다. (106쪽)

㉒ 신라는 종종 조공을 궐(闕)하였으므로 일본은 군사를 종종 보냈다. (107쪽)

㉓ 유랴쿠 천황 초년에 고구려가 군사를 신라에 보내자 임나일본부의 장군은 전후(前後)의 사려(思慮)도 없이 신라를 구했는데, 신

라는 이것을 은혜로 생각지 않고 불신의 행동을 취하였으므로 천황은 4장군에 명하여 신라를 토벌케 했다. (107쪽)

㉔ 개로왕(蓋鹵王)의 자(子) 문주왕(文周王)은 신라의 원호 하에서 즉위하여 왕도를 웅진(熊津)으로 옮겼는데 아마도 일본 장군이 거느리는 가라병도 있었으며, 일본군의 힘에 의하여 웅진 천도도 가능했다. (108쪽)

㉕ 서기 490년경 일본은 옛날의 무위(武威)는 없었지만 여전히 백제, 가라의 보호자로 자임하고 그 군사(軍事) 도독(都督)의 칭호를 남중국의 송나라에 인정케 하려 했다. (108쪽)

㉖ 일본인 오미노케나노오미(近江毛野臣)가 일본 천황의 명을 받아 안라(安羅, 가라)에 들어와 한반도 문제를 처리하려 했다.

㉗ 안라는 일본에 충성하고 고령가야는 한 번 신라에 붙었지만 곧 일본에 다시 붙었다.

㉘ 백제는 천황에서 의탁된 이 중대한 문제를 성실하게 처리할 의지는 추호도 없이 가라 제국의 한기(旱岐) 또는 차한기(次旱岐)와 일본부(日本府) 사람을 국도(國都)에 소집하여 천황의 임나 복건(復建, 재건)에 관한 조서를 들을 뿐이었다. (111~112쪽)

㉙ 긴메이 천황 15년(서기 554년) 백제왕은 일본으로부터 원군이 도착하므로 한층 분기하여 웅진에 내공한 고구려군을 격퇴하고, (중략) 왕자 여창(餘昌)도 일본군의 용전(勇戰)에 의하여 본국에 돌아갈 수 있었다. (114~115쪽) 백제는 일본을 의지하여 왕자 여창이 즉위하고 위덕왕(威德王)이 되었다. (116쪽)

이마니시 류가 『조선사개설』에서 펼친 이런 주장들은 한마디로 공상소설이라고 볼 수 있다. 또한 이마니시 류가 왜 그동안 일본

학자들이 『삼국사기』·『삼국유사』 등을 기준으로 『일본서기』의 진위를 판정하던 합리적인 연구 태도를 일거에 버리고 『일본서기』만을 사실로 받아들이면서 『삼국사기』·『삼국유사』 등을 위서로 몰아붙이게 되었는지를 알게 해준다. 일본의 긴메이 15년(서기 554)은 백제 성왕이 전사하는 재위 32년으로 『삼국사기』에는 진흥왕과 성왕 사이에 큰 충돌이 있었다고 기록하고 있다. 『삼국사기』「신라본기」에는 이때 백제의 좌평(佐平) 4명과 사졸 2만 9,600명의 목을 벴다고 전한다. 물론 일본군이 참전했다는 이야기는 전혀 없다. 또한 『일본서기』에 따르더라도 일본군이 백제에 보낸 군사 숫자는 1,000명에 불과했으니 수만 명이 충돌하는 전쟁에서 별 의미가 없었다. 그래서 이마니시 류는 『삼국사기』 조작설을 주장했던 것이다. 그럼에도 불구하고 현재 한국의 학자들이 이마니시 류의 이런 공상소설을 그대로 따라서 가야를 임나라고 주장하고 일본이 임나에 장군을 보내서 지배했다고 주장하는 실정이다.

그밖의 사실 왜곡

이마니시 류는 또 한민족은 일본에서 한반도로 이주한 것이라고 주장했다. 일본민족(지배민족)은 한반도에서 건너간 한국인이라는 것이 엄연한 사실인데도 정반대의 주장을 한 것이다. '한민족은 일찍이 일본에서 반도로 이주하였다'는 그의 주장에 이마니시 류의 사관과 이를 사실로 만들기 위한 수단으로서 역사 연구 방법이 가장 잘 나타나 있다고 하겠다. 또 그는 신라의 시조 혁거세 등을 '정복자'로서 타처인 고구려에서 신라에 들어온 것이라고 주장한다. 이것은 국왕과 국민을 정복·피정복관계로 몰아감으로써 신라가 신라 국민, 나아가서는 한국 국민과는 관계없는 정복자의 국가였음을 인식시키고, 자기 나라 역사에 긍지를 갖지 못하도록 하려는 계책으로 보인다. 지금 그의 주장을 적기하면 다음과 같다.

① 한종족(韓種族)은 일본 방면에서 일찍이 반도에 이주하였다. (95쪽)

② 마한(馬韓) 제국은 당시 고구려의 후원 내지 사주 하에서 주로 침략해온 예종족(濊種族, 말갈)을 방어하였다. (92쪽)

③ 왕족(성골·진골)은 정복자로서 타처에서 들어왔고 (중략) 고구려 방면에서 들어온 형적(形迹, 자취)이 있다. (94쪽)

④ 신라는 중국 교통의 길이 없고 그 문화도 훨씬 뒤떨어져 일본에 미치지 못하였다. (103쪽)

⑤ 당시(472년) 중국 남북조, 고구려, 백제, 일본은 하나의 community에 들어가고 탐라(耽羅), 가라도 여기에 포함되었는데, 신라는 직접 여기에 들어올 수 없었다. 그리하여 남조, 일본, 백제와 북조, 고구려가 서로 대치하였다. (107쪽)

⑥ 진구 황후의 '신라 정벌'을 문화가 찬란한 나라에 야만강용(野蠻剛勇, 야만스럽지만 용맹한)한 민족이 횡포(橫暴)하게 침입한 것이라고 해석하면 크나큰 오해이다. (103쪽)

이렇듯 이마니시 류는 사실과 정반대의 주장을 서슴지 않고 전개한다. 한민족이 일본에서 건너왔다든지 신라 지배층이 고구려에서 왔다든지 진구 황후가 신라를 정벌했다든지 하는 주장들이 모두 이런 종류들이다. 사실을 거꾸로 뒤집지 않으면 논리가 성립할 수 없는 일본인들의 열등감이 거꾸로 나타난 것이라고 볼 수밖에 없다.

논지불명의 주장

이마니시 류는 또 다음과 같은 논지불명의 주장을 곧잘 한다.

① 고사는 tradition과 legend로 이루어지는데 legend는 볼 수 없지만 tradition은 사실의 모습을 전하는 것으로 존중해야 한다. (93쪽)
② 실로 신라국도(新羅國都) 전역, 일본의 나라(奈良), 발해의 도읍인 상경(上京)은 당나라의 수도 장안의 colony이다. (132쪽)
③ 신라가 일본의 무위(武威)를 두려워한 것은 '유전적'이다. (116쪽)

(3) '신라왕조' 비판

이마니시 류의 『조선사개설』에서 3편 '삼국'에 비하면 4편 '신라왕조'는 기술이 아주 간략하다. 전자에는 42쪽을 할애했는데 후자는 10쪽에 불과하다. 그러나 여기에서도 그는 진흥왕 무렵부터 신라는 중국에 대하여 독립국이 되어야 한다는 사상이 전혀 없었다는 등 다음과 같은 허위 주장을 하고 있다.

① 진흥왕 무렵부터 중국에 대립하여 독립국이 되어야 한다는 사상은 전혀 없었다. (128쪽)
② 신라는 항복한 고구려를 금마저(金馬渚, 익산)에 있게 하고 고구려왕으로 봉하고 신라왕국의 보호 하에 신고구려왕국을 건설케 하고 서기 670~684년의 15년 간 존립하였다. (129쪽)
③ 견훤(甄萱)은 일본과의 교통을 원하는 뜻이 있어 연희(延喜) 연

간에 공물을 진상하였지만 일본은 배신(陪臣)의 조공을 받을 수 없다 하여 이를 거절하였다. (135쪽)

『삼국사기』「신라본기」는 신라가 고구려왕족 안승(安勝)을 670년 고구려왕을 삼았다가 674년에 보덕국왕(報德國王)으로 봉했다고 기록하고 있다. 신고구려왕국을 건설하게 했다는 기사는 없다. 또한 연희 연간은 901~923년을 뜻하는데, 이때 견훤이 일본에 공물을 진상했다는 기사 또한 존재하지 않는다.

4. 「고구려 5족5부고」 비판

이마니시 류는 고구려에 관한 개설사는 저술하지 않았다. 논문은 미정고(未定稿)를 포함하여 신라에 관한 것이 25편으로 제일 많고, 그 다음이 백제에 관한 것으로 6편이며, 제일 적은 것이 고구려에 관한 것으로 2편뿐이다. 하나는 광개토왕비에 관한 것이고 다른 하나는 지금부터 우리가 고찰하려고 하는 「고구려 5족5부고(五族五部考)」이다.

(1) 『삼국사기』「고구려본기」 초기 기록의 왜곡

이마니시 류는 개설서가 아닌 학술논문에서도 『삼국사기』 초기 기록 특히 그 기년과 세계를 전설·조작이라고 왜곡하였다. 물론 아무런 근거가 없다는 것은 이미 살펴봤기 때문에 다시 일일이 비판하는 것은 생략하겠다.

이마니시 류는 고구려 17대 소수림왕 이전의 「고구려본기」 기사는 중국사서(史書)를 전재(轉載, 옮겨서 적음)하였고, 또 20대 장수왕 때와 그 이후에도 고구려의 기록은 거의 잃어서 중국사적의 기사를 옮겼기 때문에 『삼국사기』「고구려본기」는 사료적 가치를 결여하고 있다고 주장하고 있다. 17대 소수림왕 이전의 기사도 20대 장수왕 이후의 기사도 믿을 수 없다는 주장이니 결국 「고구려본기」 전체 기사를 믿을 수 없다는 결론에 이르게 된다. 그의 주장대로 하면 17대 소수림왕과 20대 장수왕 사이의 18대 고국양왕과 19대 광개토왕의 두 왕 대의 기사만 사실인 셈이 된다.

일본인 식민사학자들의 특징 가운데 하나는 논리적인 일관성이 결여되었다는 것인데, 이마니시 류 역시 다른 논고에서는 고구려의 기년 기사는 사가(史家)에게 권위 있는 기사로 받아들여져 왔다고 말하여 서로 상반된 주장을 펼친 바 있다.[103] 그는 『삼국사기』「신라본기」 기사, 특히 신라 건국년을 조작으로 몰아갈 때는 「고구려본기」 기사가 권위 있는 기사라고 말하고, 고구려 5부 5족을 고찰할 때는 거의 전부 중국사서를 전사(轉寫, 베껴서 적음)한 데 불과하여 믿을 수 없다고 말했던 것이다. 지금 그의 고구려 5부 고찰의 논고에서 『삼국사기』를 믿을 수 없다고 주장한 부분을 적기하면 다음과 같다.

① 『삼국사기』「고구려본기」의 소수림왕(17대) 무렵보다 이전의 부분은 중국사적에 의하여 글을 만들거나 또는 중국사적을 전재한 조항이 적지 않다.

② 선명태자(鮮明太子) 전설은 모용연(慕容燕) 시대 이후에 조작된

103 今西龍, 『新羅史研究』, 1934, p. 9.

설화이다. (『조선고사(朝鮮古史) 연구』 416쪽, 이후 쪽수만 표시)

③ 제(諸) 기사 중 족(族) 또는 부(部) 등에 관하여 기술한 것은 일일이 이것을 사실로서 취할 수 없는 경우도 있다. 그러나 이 방면의 사료로서 취할 점이 없는 것은 아니다. (416쪽)

④ 『삼국사기』 장수왕(20대) 이후의 부분은 기록이 산실(散失)되었으므로 중국사적을 철습(掇拾, 주워모음)하여 기사를 만들었다. (419쪽)

⑤ 대무신왕(3대) 15년조의 부(部)에 관한 기사는 전설이고 후대에 수식한 형적이 있다. 황당한 설이므로 연구의 가치가 없는 것이다. (420~421쪽)

⑥ 고구려의 사실(史實)은 장수왕(20대) 무렵부터 이후 본국(本國, 고구려)에서의 소전(所傳)을 거의 잃고 『삼국사기』 기사도 이때 이후는 중국사적의 기사를 철습(掇拾)·편성(編成)하고 그 체재를 갖추었기 때문에 사료적 가치를 한층 결여하고 있다. (431쪽)

대무신왕 15년조는 아마도 5년조(서기 22)의 기사일 것이다. 『삼국사기』 「고구려본기」는 그 해에 부여왕의 사촌 아우가 1만 명을 거느리고 고구려에 와서 의탁하자 연나부(椽那部)에 안치했다고 기록하고 있다. 서기 1세기에 고구려가 강력했다는 기사를 믿을 수 없다는 것으로서 고구려의 발전 단계를 폄하하기 위한 것이다.

(2) 고구려 5부에 관한 이마니시 류의 견해

고구려의 5부에 관한 이마니시 류의 견해에 관하여는 이미 언급한 바 있기 때문에[104] 여기서는 다시 긴 이야기를 하지 않겠다. 그는 중국사서인 『삼국지(三國志)』에서 고구려의 5부를 구체적으로는 순노부(順奴部), 관노부(灌奴部), 계노부(桂奴部)처럼 '부(部)' 자를 부가(附加)했지만 총칭할 때는 '5족(五族)'이라고 한 데 주목하여 고구려 초기의 5부는 '부족(部族)'이라 칭하고 그 시대의 고구려를 '부족국가(部族國家)'라고 하여 고구려의 중앙집권적 왕권국가 성립 시기를 훨씬 끌어내리는 근거로 삼았다.

그러나 이 5족의 족(族)은 중국적인 용어이며 부족과는 아무 상관 없다. 이마니시 류는 고구려 5부를 고찰할 때는 『삼국사기』를 외면하고 주로 중국사서를 기본사료로 이용했다. 그는 고구려 5부는 초기에는 부족을 뜻하고 후기에 가서야 행정구획을 나타내는 것이라고 주장했지만 아무런 근거를 제시하지 못한 것으로, 모두 왜곡에 불과하다. 사실과 다른 그의 주장을 적기하면 다음과 같다.

① 고구려의 옛 5족은 부족이다. (407쪽)

② 후대의 5부는 왕도(王都)의 행정구획 및 귀인(貴人)의 '부별[部別, 조별(組別)]'이다. (407쪽)

③ 『삼국지』에 나오는 5족이 부족인 것은 한 점의 의심도 없다. (409쪽)

④ 3세기 중엽에 부족 병립의 구(舊) 조직이 쇠퇴하고 왕권강대와 중앙집권에 의거하는 신조직(부별 조직)이 생장하기 시작하였다. (409~410쪽)

⑤ 고구려 말의 5족의 칭호(연노부, 절노부, 순노부, 관노부, 계처부)

---

104 최재석, 「고구려의 5부」, 『한국사회사 연구』 4, 1986.

는 소실되고 5부(部)의 칭호가 존재하였다. (414쪽)

⑥ 연나(부), 비류나(부), 조나, 주나, 환나, 관나, 이 모두 부족명이다. (419~426쪽)

⑦ 5족이 부족명인 것은 『위지』의 기사 전체를 보아도 조금도 의심할 여지가 없다. (427~428쪽)

⑧ 고구려 전기는 약간의 부족으로 이루어지고 그 부족 중에서 혈통이 가장 존귀하고 실력이 가장 강한 자가 왕으로서 전 부족을 통괄하였다. (428쪽)

⑨ 왕가의 세력이 융성강대함에 따라 왕가와 다른 부족과의 관계는 왕실과 봉건제후와의 관계와 같은 군신관계로 점차로 옮아갔다. (428쪽)

⑩ 고구려의 5부는 도성 내의 구분이며 또한 귀족의 조별(組別)이다. (441쪽)

⑪ 고구려 5부에는 고대의 부족 조직의 모습이 남아 있다. (441쪽)

⑫ 고구려의 부족 조직은 3세기 중엽에 쇠퇴하고 평양 천도 무렵에 '부별(部別)'의 제(制)가 완성되었다. (445쪽)

⑬ 고구려의 옛 5족을 당대(當代, 후대)의 5부와 배당(配當)하는 것은 잘못이다. (446쪽)

이마니시 류는 고구려가 초기부터 강력한 고대국가였다는 사실을 부인하기 위해서 5족과 5부를 끌어들였다. 고구려는 강력한 왕권국가가 아니라 5족이 연합한 부족국가라는 논리를 펼친 것에 지나지 않는다. 고구려는 개국 초부터 한나라와 맞서서 모본왕이 지금의 북경과 태원까지 공격했다는 『삼국사기』 및 『후한서』 기록을 볼 때 이마니시 류의 이런 주장은 일방적 폄하에 지나지 않는다.

5. 「백제 5방5부고」 비판

이마니시 류는 백제에 관하여 6편의 논문을 썼지만 「백제 5방5부고(五方五部考)」를 제외하면 거의 백제의 어떤 지역 내지 그 지역의 위치에 관한 것이고 나머지 한 편은 전라북도 서부 지방의 여행잡기다. 그러면 「백제 5방5부고」에 관하여 살펴보자.

(1) 『삼국사기』 「백제본기」의 기년과 세계의 왜곡

이마니시 류는 여기서도 『삼국사기』 「백제본기」 기록은 전설·허구의 것이기 때문에 일본사서(『일본서기』)와 중국사서에 의해 백제를 연구해야 한다고 강변하고 있다. 그는 중국 기록과 일본 기록(『일본서기』)의 사료적 가치를 평할 때는 '탈자'·'누락'·'중복'된 곳이 있다고 말하면서(〈표2〉 참조) 기록적 가치를 인정하는 반면 『삼국사기』 「백제본기」에 대해서는 '전설'·'허구'·'분식(粉飾)'·'조작'·'추기(追記)'되어 믿을 수 없다고 주장한다.

말하자면 중국·일본 기록은 부분적으로는 문제가 있지만 전체적으로는 믿을 수 있다고 보는 반면 『삼국사기』는 전체적으로 믿을 수 없다는 주장이다. 일본·중국 기록을 평가하는 태도와 한국 기록을 평가하는 태도의 이 엄청난 상위(相違)에서 이마니시 류의 계책의 일부를 알 수 있을 것 같다.

다시 이마니시 류의 주장을 요약하면 한국사 연구는 한국측 사료가 아니라 일본이나 중국측 사료를 가지고 행해져야 하며, 일본사서와 중국사서는 조작된 것이 하나도 없고(조작 여부에 대한 언급이 없다), 탈자·오자·중복은 적지 않지만 귀중한 역사적 사료가 된

〈표2〉 이마니시 류의 중국사료 · 『일본서기』 비판

1. 『한원(翰苑)』 · 『괄지지(括地志)』 원본은 오사(誤寫, 잘못 베낌), 탈자가 많지만 이 기사는 실로 귀중한 것이다. (286~287쪽)
2. 『한원』은 탈자, 오자가 많다. 그러나 그 위치를 국남(國南) 360리라 한 것은 귀중한 기사이다. (292쪽)
3. 구지하성(久知下城)을 『괄지지』가 변성(卞城)이라 한 것은 구지(久知) 두 자를 빠뜨리고 하(下)를 변(卞)으로 만들었기 때문일 것이다. (292쪽)
4. (『일본서기』) 사관의 기록의 누락일 것이다. (303쪽)
5. 『일본서기』 〈게이타이기〉에는 기사의 별전(別傳)이 중복된 것이 있다. (306쪽)
6. 양 당서(兩唐書, 『구당서(舊唐書)』 · 『신당서(新唐書)』)에는 탈루, 오자가 있어 의미가 통하지 않지만 (중략) 전국이 5부(部)로 분통(分統)되어 있는 것은 틀림이 없다. (310쪽)
7. 북부(北部)의 부(部) 자는 탈루시켰을 것이다. (311쪽)
8. 『구당서』에는 6대(六帶)이고 여기에 상당하는 『신당서』에는 6갈(六葛)이라는 말이 있으니 중국기사에는 해석하기 어려운 것이 있다. (310쪽)

다는 것이다. 반면 한국사서는 조작만 일삼고 있으므로(탈자 · 오자에 대한 언급이 없다) 전혀 믿을 수 없는 기록이라는 주장이다. 마치 진위(眞僞)의 판단력이 전혀 없는 어린애를 상대로 만들어낸 우화(寓話)를 이야기하는 것 같다.

이마니시 류는 구체적으로 『삼국사기』 「백제본기」를 어떻게 평하고 있는가를 알아보자. 그의 말을 우선 다음에 인용하고자 한다.

> ① 『삼국사기』의 원자료(原資料)인 사적(史籍)의 온조왕 대부터 이하 수대(數代)에 걸치는 기사는 명백히 후세의 '추기(追記)'로서 그 시대의 사실로 취급할 수 없다. (『백제사연구』 318쪽, 이후 쪽수만 표시)
>
> ② 『삼국사기』에 전하는 근초고왕 이전의 백제 기사는 백제왕조에

있어 '전설을 안배(按配)'하고 사(史)의 체제를 작성한 것인데, 한 번 두 번뿐 아니라 여러 번 기사를 첨부하여 안배에 안배를 거듭한 것이 이른바 『고기(古記)』가 되어 후대에 전하는 자료가 되었다. (320쪽) 구 『삼국사기』 즉 『해동삼국사(海東三國史)』는 백제 말에 이루어진 『고기』를 수록한 것에 불과하다. (321쪽) 『삼국사기』는 이 『해동삼국사』를 대본(臺本)으로 하여 글을 닦고, 여기에 중국 사료에서 기사를 '철습(掇拾)'하고 '첨보(添補, 첨가하여 보충함)'한 것에 불과하다. (321쪽)

③ 『고기』는 생각건대 백제 말에 이루어졌으며 그 원형은 오늘날 전해오는 「백제본기」보다 중국사적 기사로 보전(補塡, 부족한 것을 메꿈)된 부분을 제거한 것으로 그 기사는 '영쇄(零碎)'하고 '번용(煩冗)'한 것이며 이 『고기』를 발췌한 절약본(節約本)이 전하여 「백제본기(百濟本記)」의 대본(臺本)이 되었다. (322쪽) 고구수왕(古仇首王, 구수왕)까지의 기사는 백제왕정(王廷)에서 편사(編史, 역사서를 편찬함) 시에 막연한 운연(雲烟, 구름이나 연기)과 같이 포착하기 힘든 '전설'을 취하여 정연하고 견고한 외형을 갖는 골격을 구성하여 여기에 제기사(諸記事)를 '감입가전(嵌入加塡)'한 것을 그 후 다시 이것을 '첨가'한 것이다. (323쪽)

④ 『해동삼국사』. 「백제본기」의 근거가 된 『고기』는 백제 말 아마도 의자왕 대에 수찬되었다. (323쪽) 『삼국사기』에 전하는 4부(部, 백제의 행정구역) 기사는 백제 말기에 '가전(加塡, 더해짐)'되고 '첨부(添附)'되고 개서(改書)된 것이다. (323쪽)

이상에서 본 것처럼 이마니시 류는 『삼국사기』 편찬 당시에 『삼국사기』가 조작되었다고 하지 않았다. 그의 논리는 먼저 『고기』가 전설과 조작으로 여러 번 첨부, 안배, 개서되었는데, 이 『고기』가 『해동삼국사』가 되고 다시 이것이 『삼국사기』가 되었다고 주장한 것이다. 이 논고에서는 『삼국사기』가 조작되었다고 직접 주장한 것은 아니지만 『삼국사기』의 대본이 된 『고기』와 『해동삼국사』가 조작되었으니 당연히 『삼국사기』도 조작된 것이라는 결론이 도출되도록 하는 지능적 술책을 사용하였다.

그러면 그는 어떠한 근거로 『삼국사기』나 『고기』가 조작되었다고 하는가를 알아보자. 그는 극히 일부에 대해서는 나름대로 근거를 제시하고 있으나 다른 대부분의 일본인 식민사학자들처럼 그 역시 대부분의 논리에 대해서는 조작의 근거를 대지 않고 있다. 다만 다음 3가지 점을 『삼국사기』 조작의 근거로 내세우고 있다. 그런데 『고기』나 『해동삼국사』는 현전하지 않는 사서들이다. 현전하지 않는 사서가 조작되었는지 그렇지 않은지는 누구도 알 수 없다. 이 역시 상식에 크게 어긋나는 억지일 뿐이다.

① 『삼국사기』는 신라 소전(所傳)의 백제관계 기사를 「신라본기」에도 쓰고 동시에 「백제본기」에도 수록했다. 백제 소전의 신라관계 기사는 이것을 「신라본기」에도 기재하고 「백제본기」에도 분재(分載)하였다. 「백제본기」와 「고구려본기」 및 「고구려본기」와 「신라본기」도 이와 같이 하여 『해동삼국사』 나 『삼국사기』에서 삼국의 사(史)를 일서(一書)로 할 때 세계(世系), 기년 등에서 삼사(三史, 「신라본기」·「고구려본기」·「백제본기」) 간에 모순이 없도록 개수하였다. (320쪽)

② 근초고왕 대부터 확실한 역사시대에 들어서고 이보다 이전의

역사는 불명(不明)하다. 그런데 이 역사 불명한 시대에 인명(人名)에 부명(部名)을 관(冠)하였으니 조작된 것이다. (320쪽)

③ 사적(事蹟)이 가장 없거나 또는 사적을 전할 수 없는 구수왕 대까지 오히려 4부(部)에 대하여 기술하고 있는 것은 조작 때문이다. (323쪽)

두 나라의 국제관계에 관한 기사가 A국 기사에도 기록되어 있고, B국 기사에도 기록되었다면 그 기록은 사실성이 대단히 높아진다. 그런데 이마니시 류는 그동안 두 기록의 차이가 있으면 이를 조작의 증거로 몰았다. 그런데 이번에는 두 기록이 모순 없이 정확하게 일치한다는 이유로 개수, 조작의 근거로 모는 것이다. 『삼국사기』는 두 나라 기사에 같은 점이 있어도 조작된 것이고, 다른 점이 있어도 조작된 것이라는 논리다. 이마니시 류는 자신이 자의적으로 전설시대와 비역사시대로 나누어놓고 자신이 비역사시대로 분류한 시대의 인명에 부명(部名)이 있거나 4부(部)에 대해서 기술했으니 조작이라는 것이다.

일본인 식민사학자들의 태도를 보면 자신들을 '역사의 신'으로 착각하는 것이 아닌가 하는 생각이 든다. 전설시대와 역사시대를 구분하려면 합당한 근거를 제시해야 하는데 이런 과정은 생략하고 자기 멋대로 전설시대라고 분류해놓고 전설시대의 인물의 이름에 부명(部名)이 들어갔으니 조작이라는 것이다.

이처럼 이마니시 류가 제시한 3가지 근거는 한마디로 얼토당토않은 것들이다. 이러한 얼토당토않은 근거를 가지고 『삼국사기』 「백제본기」 초기 기록은 조작이라고 하였던 것이다.

또 그는 백제 초기(13대 근초고왕까지)의 기사는 후세(백제 말)의 상태를 반영하는 추기(追記)이기 때문에 추기한 시대(백제 말)의 상태를 아는 데 참고가 될 뿐이라고 주장했다(318쪽). 그의 논리에 따르면 모두 후세의 '추기'지만 13대 근초고왕 때부터 31대 의자왕까지의 기사는 사실이고 시조 온조왕부터 13대 근초고왕까지의 기사는 조작이라는 모순된 주장이 된다. 또한 백제 말의 짧은 기간에 있었던 일을 백제의 초기 13왕대, 즉 서기전 18년부터 서기 376년까지 약 400년 동안에 일어난 일인 것처럼 길게 늘려서 기록했다는 결론에 이르게 된다. 역사학자로서는 고사하고 정상적인 사고방식으로는 무슨 뚱딴지같은 소리인지 알 수 없는 주장이다.

앞서도 여러 번 설명했지만 이런 뚱딴지같은 논리를 일본도 아닌 한국의 역사학자들이 지금껏 추종하고 있는 것이야말로 전 세계 사학사상(史學史上) 가장 미스터리한 일일 것이다.

(2) 역사 사실의 왜곡

이마니시 류는 『삼국사기』「백제본기」 기사 중 특히 기년과 세계가 조작되었다고 주장하는 한편 그 밖의 역사적 사실에 대해서도 근거를 찾을 수 없는 허위 주장을 나열했다. 이마니시 류의 개설사에도 이런 주장들이 나타나 있는 것을 보아왔지만 개설사 아닌 학술적 논문에서도 이런 수법을 상투적으로 사용하고 있다. 백제가 일본의 세력 하에 나라를 유지하고 일본 천황이 백제에 임나 땅을 하사하였으며 백제에 일본인계 관인(官人)과 귀인(貴人)이 있었다는 주장 등은 우리가 이미 살펴본 그의 개설사에서 주장한 것과 동일하다.

백제의 지방행정제도는 민정(民政)이 아니라 군정(軍政)에 치중

하였다는 주장이나 5부제가 사비(泗沘) 천도 이후에야 완비되었으며 그 5부제가 완전한 행정구획으로 된 것은 백제 망국의 왕이자 마지막 왕인 의자왕에 이르러서였다는 주장은 백제사를 말살하려는 그의 개설서의 주장과 동일하다고 하겠다. 지금 그의 주장을 적기하면 다음과 같다.

① 고구려가 한반도에 '침입'하여 그 북반을 엄습(掩襲)하고 (중략) 백제는 일본의 세력 하에서 나라를 유지하였다. (283쪽)
② 일본에서 칭하는 '임나'의 강역은 종래의 연구에 의하여 경상도에 한하는 것은 오해이며 전라남도 동반(東半)을 포함하고 지금의 섬진강 유역을 포함한다. (301쪽)
③ 고구려, 가라는 신라에 붙고 반파(半跛)는 반란하자 일본인인 '정토장군(征討將軍)' 모노노베무라지(物部連)가 패배하고 금관가라가 신라에 항부(降附)하자 오미노케나노오미(近江毛野臣)가 임나로 출정하였다. (302쪽)
④ 이때 고구려·가라는 신라를 원망하고 일본에 다시 붙었다. (302쪽)
⑤ 백제에 기문(己汶) 대사(帶沙)의 땅을 하사한 것은 일황(日皇) 게이타이 천황 25년 이전이다. (302쪽)
⑥ 일황 게이타이 천황 6년 또는 7년(성왕 14년 또는 15년)에 일본은 남한의 4현(四縣, 임나 4현)을 백제의 청구를 받아들여 주지 않을 수 없었다. (302쪽)
⑦ 일본인계 백제 관인이 있었다. (315쪽)
⑧ 일본인계 백제 귀인이 있었다. (324쪽)
⑨ 백제의 시방제도는 군정을 주로 하고 민정에 비중을 두지 않

았다. (289쪽)

⑩ 백제는 부족이 없다. (300쪽)

⑪ 씨족 위에 5부의 부명(部名)을 관(冠)하는 것은 기문 대사 사건 무렵에 시작하였으며 사비 천도 후에 완비되었다. (305, 306쪽)

⑫ 무령왕 시대까지 5방(五方)의 칭(稱)은 없었다. (308쪽)

⑬ 5방, 5부의 제도는 웅진재도(熊津在都, 웅진에 수도가 있을 때)시대부터 계획되었지만 사비 천도 후 처음으로 행해졌다. (308쪽)

⑭ 의자왕 시대에 전국을 동서남북중의 5부로 분통(分統)하였다. (314쪽)

⑮ 의자왕 무렵에 5방을 개정하여 완전한 행정구획인 동서남북중의 5부로 개정하였다. (325쪽)

이마니시 류는 백제를 일본의 세력 하에서만 국가를 유지할 수 있는 사실상의 식민지라고 주장하고 있는 것이다. 그런데 그는 쓰다 소키치가 경상도 남부에 한하는 것으로 설정했던 임나를 전라남도까지 끌어들인 최초의 인물이었다. 그의 이런 논리는 스에마쓰 야스카즈에게 이어져서 일본 식민사학에 퍼지게 된다. 그리고 김현구를 비롯한 국내 학자들이 이마니시 류와 스에마쓰 설을 따라서 '임나=가야'라고 주장하면서 임나의 강역을 경상도에서 전라도 및 충청도까지 걸친 대제국으로 묘사하고 있는 것이다.

6. 「신라골품고」 비판

이마니시 류가 신라사에 관하여 발표한 논고는 미정고(未定稿)까지 포함하여 모두 25개이나(이 가운데 약 절반은 미정고의 글이다), 그

대부분이 유적·유물·금석문·전기·잡기·불상 조사에 관한 것이고, 미정고를 제외하고 논고다운 논고는 「신라골품고(新羅骨品考)」와 「신라갈문왕고(新羅葛文王考)」 정도다. 이 가운데 「신라갈문왕고」는 갈문왕에 관한 최초의 논문이고 또 왕비의 부(父, 처부)와 왕모(王母)의 부(외조부)에 갈문왕의 칭호가 추봉되었다는 점을 지적한 점은 평가할 수 있으나 그 의미를 밝히지 못한 점은 아직 입문적인 수준에 있었음을 말해주는 것이라 할 것이다. 본인은 여기에 대하여 신라의 가족도 고려와 조선 초기처럼 장기간의 서류부가(婿留婦家, 남편이 아내의 집에서 오래 거주하는 것)의 가족생활로 서(婿, 사위), 외손(外孫)도 자(子)의 친손과 거의 동등하게 왕위에 오를 수 있고 또 서, 외손과 대응관계에 있는 처부(妻父, 장인), 외조부도 왕부(王父)와 거의 동등한 대우를 받게 되었던 것이고, 따라서 그러한 대우의 하나로 갈문왕의 칭호가 추봉되었으리라는 해석을 한 바 있었다.[105] 그러면 여기서는 그의 「신라골품고」에 대해 살펴보자.

(1) 『삼국사기』 초기 기록의 왜곡

신라골품을 연구한 이마니시 류의 논문은 그 연구 동기부터 골품제 자체 연구가 아니었다. 즉 1905년에 미야자키 미치사부로(宮崎道三郎, 1855~1928)가 발표한 일본의 '가바네(可婆根)'는 한국의 '겨레'의 음역인 신라의 '골(骨)'을 직역한 것이라는 견해에 반대하여

---

105 최재석, 『한국가족제도사연구』, 일지사, 1983, p. 155.
______, 「사회사에서의 여, 시, 외손의 사회적 지위의 변화」, 『학술원논문집』 24, 1985.

양자의 동일성과 유사성보다 차이점을 강조하기 위하여 쓰인 것이었다. 다시 말하여 미야자키 미치사부로의 견해가 나온 이후 신라의 골과 일본의 가바네가 동일한 성질의 것이라는 것이 정설이 되었는데, 이 정설에 이론을 제기하기 위하여 골품제를 연구한 것이었다. 그리하여 이마니시 류는 『삼국사기』 기록은 '추기'·'조작'·'허구'라고 주장할 뿐만 아니라, 신라의 국체는 일본의 지방촌락 조직과 유사하고 신라의 국왕은 일본의 촌락 우두머리와 유사하며, 신라왕국은 신라 6부만의 왕국이지 왕국 전체의 국왕은 아니며, 신라왕호인 '마립간'은 고구려의 관위인 '막리지'와 동어이며, 신라왕통의 시작은 고구려의 힘에 좌우되었으며, 신라의 골품은 오히려 일본의 8색성의 영향으로 제정되었다고 다음과 같이 터무니없이 왜곡하였다.

신라왕통의 시작이 고구려의 힘에 좌우되었다는 주장은 스에마쓰 야스카즈로 이어져갔다. 신라사에 대한 이마니시 류의 시각은 다음과 같다.

① 시조묘, 신궁, 친알(親謁) 기사에는 추기된 것이 적지 않다. (『신라사 연구』 231~232쪽. 이후 쪽수만 표시)

② 『삼국유사』「기이(紀異)」편 제1의 아본용성국인(我本龍城國人, 탈해가 '나는 본래 용성국 사람이다'라고 말한 것)은 전설이고 불서풍(佛書風)으로 분식 허구한 작문이다. (197쪽)

③ 신라인의 박씨·석씨·김씨의 씨명(氏名)을 부(附)한 것은 후대의 사관이 남통(男統) 가계(家系)를 소급하여 추기한 것에 불과하다. (207쪽)

④ 신라상대의 수장은 중국의 왕과는 판이(判異)하다. (231쪽)

⑤ 신라의 성골 8품은 신라에서 행한 것을 서술한 것인지 또는 일본의 덴무(天武) 천황이 제정한 8색 성(姓)을 듣고 전한 것인지 연구해야 한다. (197~198쪽)

⑥ 효공왕(孝恭王) 요(嶢)가 헌강왕(憲康王)의 서자(庶子)로 즉위한 것은 쇠퇴의 난세에 있어 품행이 불량한 진성여왕의 특지(特志) 때문이다. (214쪽)

⑦ 신라왕국은 신라의 6부의 왕국이며 왕국 전체의 왕국이 아니다. (217쪽)

⑧ 혜공왕 15년 윤중[允中, 김유신의 서손(壻孫)]의 서손(庶孫)인 암(巖)은 급찬이고 일본에 조공한 부사(副使)이다. (219쪽)

⑨ 신라의 왕호 '마립간'은 고구려의 관위호(官位號)인 '막리지'와 동어이다. (230쪽)

⑩ 마립간의 칭호는 신라의 왕위가 고구려의 힘에 좌우된 때 시작되었다. (231쪽)

⑪ 신라의 국체(國體)는 일본의 어떤 지방의 촌락 조직과 유사하다. (236쪽) 성골, 진골은 '장백성(長百姓)', 6두품 대하(代下)의 귀족은 '백성(百姓)', 평인(平人)은 '수탄백성(水呑百姓)'과 공통점이 있다. (236쪽)

⑫ 신라 국왕은 가문[家門, 가병(家炳)]의 입장에서 보면 '장옥(庄屋, 마을의 촌장)'과 유사하다(236쪽).

어느 나라를 막론하고 한 나라의 역사를 연구하는 데 가장 기본적인 자세가 결여되었다. 어떤 제도가 있으면 그런 제도가 왜 생겼는지를 연구하는 것이 아니라 무조건 깎아 내리고 폄하하는 것이 신라사에 대한 이마니시 류의 기본자세이다. 유일한 전제는 일본은 발전한 나라이고 신라는 그렇지 못한 미개 사회라는 것으로서 신라를 일본의 지방 촌락과 비교하고, 신라 국왕을 일본의 촌장과 비교한 부분에 이르면 더 이상 분석할 필요조차 느끼지 못하게 된다.

(2) 틀린 주장과 논지불명의 주장

이마니시 류는 신라의 하대(下代)에서는 중국사상의 영향을 받아 부자상속의 원칙을 행하였으며 신라상대(上代)는 성골 중의 유력자가 왕위에 올랐다고 주장하고 있는데, 이러한 주장은 사실을 잘못 파악한 것이다. 왕의 자, 여, 서(婿, 사위), 친손, 외손의 5종의 친족 중에서 왕위계승자가 나온 것을 모르고 주장한 것이다.[106]

또 이마니시 류는 여기서도 『조선사개설』에서처럼 논지불명의 주장을 자주 한다. 전혀 무슨 소리인지 알 수가 없다. 지금 그의 주장을 적기하면 다음과 같다.

① 중대(中代) 하대(下代)에 이르러서는 중국사상의 영향을 받아 부자상속의 원칙을 행하게 되었다. (225쪽)

② 상대(上代)에서는 왕위는 성골 중의 유력자가 올랐다. (227쪽)

③ 이 가(家) 또는 족(族)이라 칭하는 자는 여계상속(女系相續) 또는 남계상속(男系相續)의 어느 한쪽으로 정해져 있는 시대에는 타가(他家), 타족(他族)과의 구별은 명료하지만 신라상대와 같

106 최재석, 『한국가족제도사연구』, 일지사, 1983, 2장 2절 「신라왕실의 왕위계승」 참조.
______, 「신라의 시조묘와 신궁의 제사」, 『동방학지』 50, 1986.
______, 「한국사회에서의 한 제도의 통시적 추구」, 『동방학지』 51, 1986.

은 남계상속의 시대에 들어와 있으면서 아직 여계상속 시대의 흔적이 유존(遺存)하고 있는 시대에서는 갑가(甲家)와 을가(乙家)와의 혼인으로 생기는 관계가 중복하여 가(家)와 가(家)의 구획선이 소실된다. (207쪽)

④ 부모가 골(骨)을 달리하는 경우는 그 자(子)는 부(父)의 골과 모(母)의 골의 쌍방의 골에 속한다. (208쪽)

⑤ '왕족'의 골의 자와 다른 골의 자(子)와 사이에 태어난 자(子)는 다른 골에 속하게 하였다. (209쪽)

⑥ 가족은 여계에서 남계로 옮아가며 여계시대에는 성(姓)이 있고 과도기(여계 및 남계의 혼재)에는 골(骨)이 되고 남계시대에는 성이 되었다. (216쪽)

⑦ 여계의 성(姓)에서 남계의 성으로 옮아가는 것은 과도기의 풍습이다. (217쪽)

⑧ 왕종(王種)은 있지만 왕가(王家)는 없다. (235쪽)

이마니시 류는 자신이 무슨 말을 하는지도 모르고 떠드는 경우가 적지 않은데 이것도 같은 경우에 속한다.

(3) 올바른 해석

지금까지 이마니시 류의 저작인 「신라사통설」, 「백제약사」, 「백제사강화」, 『조선사개설』 「고구려 5족5부고」, 「백제 5방5부고」, 「신라골품고」 등을 살펴보았는데, 기이하게도 마지막 「신라골품고」에서만 그의 사료 해석에 일부나마 올바른 것이 있었음을 알게 되었다. 그의 올바른 해석은 6가지 대목으로 볼 수 있는데 다음과 같다. 초보적인 수준이기는 하지만, 모든 사실을 왜곡하던 그가 왜 이 대목만은 왜곡하지 않고 올바른 해석을 했는지 기이하게 느껴진다.

① 『삼국유사』의 '이상중고(已上中古)로 성골이고, 이상하고(已上下古)로 진골이다'의 이상중고는 이상하고이며, 이상하고는 이상중고의 간오(刊誤)이다. (197쪽)

② 6두품은 5두품보다 귀하고, 5두품은 4두품보다 귀하며, 진골 다음이 6두품이고, 그 다음이 5두품, 그 다음이 4두품이다. 3두품, 2두품, 1두품의 말은 문헌에는 보이지 않지만 존재하지 않았다고는 생각되지 않으며 3두품 이하는 평인백성(平人百姓) 중의 골품이다. (200, 202~203, 215쪽)

③ 대아찬 이상의 상당(相當) 관직은 진골 사람에 한정 임명되었다. (213쪽)

④ 시조 혁거세·거서간(居西干)에서 진덕여왕까지 이른바 상대(上代)의 28왕은 성골의 왕이며, 태종무열왕에서 말왕(末王) 경순왕(敬順王)에 이르기까지 이른바 중대(中代)·하대(下代)의 28왕은 진골의 왕이다. 성골이 여왕(진덕왕)에 이르러 끝난 것은 사실이다. (202쪽)

⑤ 신라인의 사상(思想)이 본인이 상상하는 것과 다름을 보게 된다. 신라상대의 박·석·김 제왕(諸王)의 질립(迭立, 번갈아 섬)의 풍습은 하대에 이르러서도 상존(尙存)했으며, 또 53대 신덕왕(神德王)이 전왕(前王)이 무자(無子)하자 사위 신분으로 왕위를 계승하였는데, 왕위가 김씨에서 박씨로 옮아가는 것을 혁명이라 인정하지 않고 일관하여 역대(歷代) 서로 계승하는 왕속에 넣고 의심하지 않았다. (226~227쪽)

⑥ 중국을 모방하여 세운 오묘제(五廟制)는 단지 사회적 피부(皮膚)의 분식(粉飾)[107]에 불과하며 국인의 사상의 근저에 있는 것이 아니다. (235쪽)

7. 마치며

지금까지 한국고대사(삼국시대와 통일신라시대)에 관한 이마니시 류의 주요 논저를 살펴보았는데, 그의 연구의 성격을 여기서 정리해보자.

① 이마니시 류는 조선총독부가 조선사를 왜곡하여 편찬하려고 조직한 조선사편수회의 위원(委員)과 촉탁(囑託)으로 그 행정 사무에 깊이 관여하였으며 실제로 제1편부(編部, 신라 통일 이전), 제2편부(신라 통일시대), 제3편부(고려시대)의 편수 사무를 담당하였다.

② 그는 경성제국대학 교수로 재직하면서 여러 차례 대학 외(外)에서의 강연을 통하여 한국사 왜곡을 일반에게도 널리 보급하였다.

③ 다른 학자가 하지 않은 개설 종류의 저술을 4종이나 하였는데, 전문 논문에 있어서보다 일반이 읽는 개설서에서 한국사를 더욱 왜곡·말살하려고 하였다. 처음에 신라의 유적·유물 등 물질적인 것에 관심을 갖다가 한국사 왜곡의 주역이 된 것이다.

---

107 '사회적 피부의 분식'이라는 표현은 적절하지 않다.

④ 이마니시 류의 한국고대사 관계 논문은 미정고(未定稿)를 포함하여 신라 관계 25편, 백제 관계 6편, 고구려 관계 2편, 도합 33편정도 되나 대부분 유적·유물·금석문·전기(傳記)·불상조사(佛像調査) 등에 관한 것이었고 전문학술적인 것은 적었다. 더욱이 고대 사회의 정치조직이나 사회조직에 관한 것은 몇 편 되지 않았다.

⑤ 끝으로 지금까지 본론에서 살펴본 논저 7편의 성격을 정리해 두자.

㉠ 그는 먼저 중국의 식민지로 출발한 한국사는 삼국시대에 일본의 식민지 내지 예속지가 되었다가 다시 송·요·금에 복속되었다가 외침과 당쟁으로 국력이 쇠퇴하여 드디어 한국사는 끝났다는 대전제 하에서 자기 연구를 구체화해갔다.

㉡ 그는 어떤 때는 신라인은 중국인이고, 또 어떤 때는 신라인은 일본에서 이주한 일본인이라고 하며, 또 신라왕에는 일본인도 있었으며, 백제왕의 왕위계승이나 천도가 일본에 의해 좌우되기도 했었다는 황당무계한 주장을 하기도 하였다.

그가 역점을 두어 왜곡한 것은 첫째, 위서인 『일본서기』 중심으로 한국사를 연구해야 하며 둘째, 『삼국사기』 초기 기록 특히 그 기년과 세계는 전설·허구이므로 믿을 수 없으며 셋째, 임나뿐만 아니라 백제도 신라도 일본에 예속된 식민지였다는 대목이었다. 대표적인 논저인 고구려의 5부나 백제의 5부 그리고 신라의 6촌에 관한 것도 모조리 개설서의 저의를 구체화시킨 것에 불과하였다.

한국고대사를 가장 방대하게 왜곡·말살하려고 했던 식민사학자는 이마니시 류였다. 이마니시 류의 한국사 왜곡은 지금까지 살펴본 것처럼 일체의 사료적 근거를 찾을 수 없는 황당무계한 것이었다. 그리고 이마니시 류의 한국사 왜곡을 이어받은 식민사학자는 스에마쓰 야스카즈인데, 앞으로 살펴보겠지만 스에마쓰 야스카즈는 보다 악의적으로, 지능적으로 한국사를 왜곡했다. 한마디로 이마니시 류와 스에마쓰 야스카즈에게는 실증도 없고, 고증도 없다.

마지막으로 이마니시 류의 한국사 왜곡의 모순이 노출된 몇 가지 사례를 다음에 첨가해두고자 한다.

① 『삼국사기』「신라본기」의 기사 특히 신라 건국년을 조작으로 볼 때는 「고구려본기」 기사를 권위 있는 기사라고 말해놓고도, 정작 고구려 역사나 고구려 5부 등을 고찰할 때는 「고구려본기」 초기 기록이 모두 조작·전설 기사라고 몰았다.

② 예를 들어 『삼국사기』「신라본기」를 조작이라고 주장한다면 언제까지의 기사가 조작이고 언제까지의 기사가 사실이라고 최소한 그 주장이 동일해야 하는데, 어떤 때는 17대 내물왕 때까지 조작이라고 주장하고, 어떤 때는 24대 진흥왕, 또 어떤 때는 28대 진덕왕까지의 기사는 조작이고 허구라고 주장했다. 일체의 사료 제시도 없지만 논리적 일관성도 없다.

③ 고구려의 연나부, 관나부(貫那部)는 각각 중국사서의 소(消, 연)노부, 관노부(灌奴部)에 비정(「고구려 5족5부고」, 412~413쪽)되므로 사실을 반영하고 있다고 주장했는데, 이는 17대 소수림왕 이전 기사는 거짓이라는 자기주장과 서로 충돌한다. 자신의 주장이 허위임을 스스로 고백한 셈이다.

④ 『삼국사기』 초기(혁거세부터 내물 이전) 기록은 거짓이라고 주장하면서 한편으로는 28대 진덕왕까지의 제왕(諸王)은 성골

이라는 기록을 인정하고 있으니, 전자의 주장이 허위임을 스스로 인정한 것이 된다.

⑤ 백제가 한편으로는 300년 간 일본에 복종하여 한 번도 반항하지 않았다고 하고, 다른 한편으로는 백제가 일본에 반항했다고 했으니 이 역시 자신의 주장의 허구성을 스스로 폭로한 것이다. 이마니시 류는 "백제왕은 가라(加羅) 제왕(諸王)과 화친하고 함께 천황을 봉대(奉戴)하여 충순(忠順)을 맹세한 후 300년 간 멸망할 때까지 일본에 복종하여 한 번도 반항하지 않았다."고 써놓고는 다른 한편으로는 "백제는 이 남한(임나)의 땅에 군령, 성주를 두고 천황의 뜻에 반하여 임나 지방과 일본 조정과의 교통을 차단하였다."고 주장하고 있다. (101, 163쪽)

⑥ 시종 『삼국사기』·『삼국유사』는 조작, 허구, 전설의 것이라 하면서도 『삼국사기』·『삼국유사』 등을 참조하면 『일본서기』는 편년시의 연대의 잘못은 있으나 고전은 확실한 것을 알 수 있다(17~18쪽)고 하였다. 『삼국사기』·『삼국유사』를 기준으로 『일본서기』의 기년을 산출해야 한다는 사실을 실토한 것이다. 전자의 주장이 거짓이라는 것을 자기도 모르는 사이에 노출시킨 것이다. 위서(僞書) 『일본서기』가 사실에 입각한 것이라고 주장하다보니 불가피하게 『삼국사기』가 확실한 것임을 인정한 것이다.

⑦ 12대 계왕 이전의 「백제본기」 기사는 백제 중세(中世)에 제작·분식되었다고 하면서도 『삼국사기』의 대본(『해동삼국사』)의 대본이 된 『고기』는 백제 말(의자왕 대)에 만들어졌다고 주장하고 있다. (323쪽)

⑧ 이마니시 류는 『해동삼국사』는 2~3가지 일문(逸文)을 제외하고는 전하지 않기 때문에 편년인지 국별(國別) 편년(編年)의 삼사(三史)의 총칭인지 또는 기전체(紀傳體)의 모습이 있는 것인지 불명하다고 하였다. 이런 한편에서는 전설과 기사를 여러 번 안배·첨가하여 조작한 『고기』를 수록한 것에 불과한 것이 『해동삼국사』 라고 상반되게 주장하고 있다. (321쪽)

⑨ 이마니시 류는 『삼국사기』는 조작되었으니 『일본서기』에 의해 백제사 등 한국고대사를 연구해야 한다고 주장했다. 그러면서도 『일본서기』 〈긴메이기(欽明記)〉의 백제 관계 기사는 불교 전래기 이외에는 거의 전부 「백제본기」를 수록한 것(301쪽)이라고 주장했으니 결국 「백제본기」에 의해 백제를 연구해야 한다는 결론에 이르게 되어 이것은 자기 스스로 만든 전제와도 모순된다.

⑩ 이마니시 류는 한편에서는 왕도(王都)에 상(上)·전(前)·중(中)·하(下)·후(後)의 5부(五部)가 존재했는지에 대하여는 확실하지 않다고 말하면서(314쪽) 다른 한편에서는 성왕(26대)대에 이르러 도성(都城)을 상·중·하·전·후의 5부로 나누었다고 말하기도 했다. (324쪽) 또한 이 부명(部名)은 분식·모방에 지나지 않는다고 말하고 있다. (325~326쪽)

이마니시 류는 조선총독부 직속 조선사편수회의 위원이자 경성제국대학 교수로 일제의 한국사 왜곡에 선봉 역할을 한 식민사학자이다. 그는 분야를 가리지 않고 한국사 전 분야에 대해서 왜곡과 폄하를 일삼았다. 특히 나가 미치요와 쓰다 소키치의 뒤를 이어 '『삼국사기』 초기 기록 불신론'을 광범위하게 전개하였다. 그러나 지금까지 살펴본 것처럼 『삼국사기』 초기 기록이 조작되었다고만 주장할 뿐 어떤 근거도 제시하지는 않았다. 이마니시 류가 '『삼국사기』 초기 기록 불신론'에 역점을 둔 이유는 한반도 남부에 고대판 조선총독부인 '임나'를 두기 위해서였다. 그런데 이마니시 류의 임나설의 특징은 종래 쓰다 소키치가 경상남도 일부로 국한한 강역을 전라도까지 확대한 데 있다. 물론 『일본서기』에 나오는 지명들을 자의적으로 전라도 지역으로 비정한 것에 불과할 뿐 아무런 사료적, 논리적 근거가 없다. 이마니시 류의 이런 임나관은 스에마쓰 야스카즈에 의해 더욱 정교화된다.

이마니시 류의 한국고대사 관계 저작목록

(비고 : 괄호 안의 쪽수는 그 저서에서의 지면의 양을 뜻한다.)

I.	**개설 저술**
1	「新羅史通說(未定稿)」, 『新羅史研究』, 1933
2	「百濟略史」(未定稿), 『百濟史研究』, 1934.
3	「百濟史講話」, 『文敎の朝鮮』, 59, 67, 75, 77, 77~81, 1931~1932; 『百濟史研究』, 1934.
4	「朝鮮史概說(三國 · 新羅王國)」(講演手記), 『朝鮮史の栞』, 1935.
II.	**논문**
A_1	**신라사 관계(학술지 발표분)**
1	「慶州に於ける新羅の墳墓及び其遺物に就いて」, 『人類學雜誌』, 22-255, 1907(『新羅史研究』, 1933, 26p).
2	「新羅時代の土器に彫刻せる神話」, 『人類學雜誌』, 23-262, 1908(상동, 7p).
3	「新羅舊都慶州の地勢及び其遺蹟遺物」, 『東洋學報』 1-1, 1911(상동, 56p).
4	「慶州所藏王笛考」, 『考古學雜誌』 3-4, 1912(상동, 12p).
5	「慶州栢栗寺六面石幢刻文」, 『考古學雜誌』 8-11, 1918(상동, 9p).
6	「新羅崔致遠傳」, 『歷史と地理』 2-6, 1918(상동, 19p).
7	「新羅殊異傳及び其逸文」, 『藝文』 10-3, 1919(상동, 7p).
8	「新羅文武王陵碑に就きて」, 『藝文』 12-7, 1921(상동, 24p).
9	「新羅眞興巡狩管境碑考」, 『考古學雜誌』 12-11, 1922(상동, 78p).
10	「新羅葛文王考」, 『藝文』 13-5, 1922(상동, 20p).
11	「新羅骨品考」, 『史林』 7-1, 1922(상동, 50p).
12	「新羅圓光法師傳」, 『思想と生活』 6-7, 9, 1929(상동, 25p).
13	「鐵原の名勝地孤石亭」, 『朝鮮』 20, 1932(상동, 10p).
A_2	**신라사 관계(미정고분)**
1	「慶州見聞雜記」(上同, 50p)
2	「新羅骨品'聖而'考」(上同, 17p)
3	「新羅官位號考」(上同, 15p)
4	「新羅上州下州考」(上同, 9p)
5	「慈覺大師入唐求法巡禮行記を讀みて」(上同, 77p)
6	「崔致遠の遣宿衞學生首領等入朝狀及び奏請宿衛學生還蕃狀の製作年時に就きて」(上同, 6p)
7	「鷲棲寺舍利石盒刻記」(上同, 3p)
8	「聖德大王神鐘銘」(上同, 10p)
9	「孝子里碑」(上同, 2p)
10	「伽倻山海印寺の新羅時代の田券に就きて」(上同, 6p)
11	「到彼寺佛像調査記」(上同, 8p)
12	「唐崇福寺僧法藏致新羅華嚴法師書」(上同, 4p)
B_1	**백제사 관계(학술지 발표분)**
1	「百濟國都漢山考」, 『史學雜誌』 23-1, 1912(『百濟史研究』 1934, 14p).
2	「百濟五方五部考」, 『藝文』 12-8, 11, 1921(上同, 44p).
3	「全羅北道地方旅行雜記」, 『文敎の朝鮮』 45, 46, 58, 60, 61, 63, 1929(上同, 179p).
B_2	**백제사 관계(미정고분)**
1	「周留城考」(上同, 22p)
2	「白江考」(上同, 28p)
3	「百濟舊都扶餘及び其の地方」(上同, 37p)
C	**고구려사 관계**
1	「高句麗五族五部考」, 『史林』 6-3, 1921(『朝鮮古史の研究 1937, 40p)
2	「廣開土境好太王陵碑に就いて」(上同, 28p)

제2장

스에마쓰 야스카즈의 신라상고사론 비판

알려져 있는 바와 같이 스에마쓰 야스카즈는 일제강점기 때 조선총독부 직속 조선사편수회 수사관과 경성제국대학 교수를 역임했으며, 일제 패전 후에는 일본으로 돌아가 도쿄의 가쿠슈인(學習院)대학 교수로 재직하면서 계속 한국사를 연구했다. 그 역시 이마니시 류처럼 날조된 일본사서인『일본서기』를 근거로 삼아 한반도 남부에 고대일본의 식민지 통치기구인 임나일본부가 존재했다는 내용의 저서『임나흥망사』(1949)를 출간했는데, 이 책에서 임나가 기존에 쓰다 소키치의 주장대로 경상남도 남부에 있었던 것이 아니라 경상남북도와 전라남북도까지 걸쳐져 있었다고 확대했다.

또한 스에마쓰 야스카즈는 신라사에 관한 9개의 논문으로 구성된 저서『신라사의 제문제』(1954)를 출간했다.『신라사의 제문제』는『신라사의 신연구』라는 제목으로 1951년 도쿄대학에 학위논문으로 제출되어 통과되었고 도요문고에서 간행되었다.

여기서 필자가 주로 다루고자 하는 것은 그의 신라상고사에 관한 부분으로, 「신라3대고(新羅三代考)」·「신라건국고(新羅建國考)」·「신라상고세계고(新羅上古世系考)」·「신라6부고(新羅六部考)」의 4편의 논문이고 부분적으로 언급한 것은 「신라중고왕대고(新羅中古王代考)」라는 논고이다. 모두 『신라사의 제문제』에 수록한 것들로, 1932년에서 1949년 사이에 발표한 논문들인데 이를 자신의 말대로 '정정(訂正)'하고 '보정(補正)'하고 '전체 구성을 일변'하여 1954년에 저서로 만들었으니[108] 수년 내지 20여 년 간 심혈을 기울인 논문이라 할 수 있을 것이다.

그가 수십 년 간 써서 모은 논문이 도쿄대학 학위논문으로 통과된 것과 궤를 같이하여 한국고대사 학계에서도 그에 대한 찬사가 쏟아지기 시작했다. 한국인으로서 신라사를 연구하는 학자들은 한결같이 그의 학문적 가치를 높이 평가했다. 대표적인 평가 내용을 알아보자.

이홍직은 이미 1950년대에 스에마쓰 야스카즈의 연구가 이마니시 류의 연구를 능가하면서 신라사 연구를 한 단계 진전시킨 것으로 평가하는 동시에 구체적으로는 관계 자료의 방색(訪索)과 망라, 자료에 대한 적절한 판단, 구상과 통찰력에서의 탁월한 사관(史

---

108 스에마쓰 야스카즈는 그의 저서 『신라사의 제문제』 말미의 주(註)에 다음과 같이 해설을 붙이고 있다.
제1편, 「신라3대고」, 『사학잡지』 57편 5·6 병합호(1949)를 다소 정정한 것이다.
제2편, 「신라상고세계고」, 「경성제대문학회논찬(京城帝大文學會論纂)」 7집, 『사학논총』(1938)을 많이 보정한 것이다.
제3편, 「신라건국고」, 신라군호 '당'에 대하여(新羅の軍號「幢」について), 「사학잡지」 43편 12호(1932)의 전반부인 신라 개국 부분을 보정한 것이다.
제6편, 「신라6부고」, 『경성제국대 창립 10주년 기념논문집 사학편』(1939)을 전체의 구성을 일변하여 다시 상고한 것이다.

觀), 자료의 한계를 넘지 않는 역사가로서의 진실한 태도 등을 갖고 있다면서 최고의 찬사를 아끼지 않았다. 그리고 앞으로의 연구는 스에마쓰 야스카즈의 논저를 토대로 구명되어야 한다고까지 말하고 있다.[109] 1970년대에 김철준은 "1945년 이전까지 여러 학자들의 많은 논고가 있었음에도 불구하고 그때 얻은 삼국시대사의 연구 성과라 할 것을 총평한다면 스에마쓰 야스카즈 박사의 국제정치사면(國際政治史面)에 치중한 삼국의 하나인 신라의 정치사적 체계와 미시나 쇼에이 박사의 신화 연구와 화랑 연구 정도"라고 평하고 있다.[110] 한편 이기동과 신형식도 전기 두 사람과 동일한 평을 하고 있다. 이기동은 "'삼성세계(三姓世系)'를 포함하는 초기 신라사·삼국사를 과학적인 방법으로 연구하기 시작한 이는 근대적인 역사연구법을 체득한 쓰다 소키치·이마니시 류·이케우치 히로시 등"이라 말하고 이들은 사료의 '고등비판'과 '언어학적 해석'의 방법으로 삼국시대 연구를 개척하였는데, 스에마쓰 야스카즈는 그들의 기본 입장을 그대로 계승하여 이들의 연구를 정치(精緻)하게 부연·재해석하였다고 극찬했다. 신형식은 스에마쓰 야스카즈를 포함한 쓰다 소키치, 이케우치 히로시, 이마니시 류, 미시나 쇼에이 등의 일본인 학자들의 연구를 문헌 위주의 고증학적 방법, 근대사학의 연구 방법 등으로 높게 평가하면서 괄목할 만한 업적을 우리에게 남겨주었다고 말하고 있다.[111]

위의 네 사람의 견해를 종합해보면 스에마쓰 야스카즈의 연구가

109 이홍직, 「서평 〈신라사의 제문제〉」 『역사학보』 8, 1955.

110 김철준, 「한국 고대사학의 방향」, 『한국고대사회연구』, 1977, p. 25.

111 이기동, 『신라 골품제 사회와 화랑도』, 일조각, 1980, p. 3, p. 14.
신형식, 『한국고대사의 신연구』, 일조각, 1984, p. 8.

삼국사, 특히 신라사 연구의 최고 위치에 서 있다는 결론이 나온다. 스에마쓰 야스카즈에 대한 이러한 최고의 찬사뿐만 아니라 구체적인 연구에 있어서도 그의 주장이 연구의 발판이나 출발점이 되고 있다. 즉 이기백은 스에마쓰 야스카즈의 연구(「신라3대고」)를 발판으로 신라정치사를 고찰했다고 말하고 있으며[112] 김철준은 스에마쓰 야스카즈의 논저(「신라상고세계고」·「신라6부고」·「신라중고왕대고」 등)를 많이 참고했으며 또한 그에게 크게 영향을 받아 신라상대의 사회 조직을 고찰하였다고 스스로 말하고 있다.[113] 또한 변태섭은 '17대 내물왕 이전은 전설'이라는 주장을 출발점으로 신라의 시조묘·신궁·오묘제를 고찰하였으며,[114] 이기동은 『삼국사기』 「신라본기」의 초기 기사는 많은 의문점이 있으므로 신라 국가의 전(全) 역사는 내물 왕조의 역사라는 주장을 출발점으로 일련의 신라사회 연구가 행해졌다고 말했는데[115], 이러한 주장은 모두 앞으로 살펴볼 스에마쓰 야스카즈의 주장을 그대로 추종한 것이다. 한편 이종항도 스에마쓰 야스카즈의 「신라6부고」가 치밀하고 확고한 논리와 비판의 기초 위에 세워져 그 이상의 결론을 바랄 수 없을 만큼의 정교를 극한 논문으로서 신라 6부 연구의 최고봉에 서 있다고 말하고 있다.[116]

그러나 스에마쓰 야스카즈의 학문적 성과에 대한 필자의 생각은

---

112 이기백, 「신라 혜공왕 대의 정치적 변혁」, 『사회과학』 2, 『신라정치사회사연구』, 1973, p. 229.

113 김철준, 「신라상고사회의 Dual Organization」 상, 『역사학보』 1, 1952, p. 16.

114 변태섭, 「묘제의 변천을 통해 본 신라사회의 발전과정」, 『역사교육』 8, 1964.

115 이기동, 『신라 골품제 사회와 화랑도』, 일조각, 1980, p. 15, p. 54.

116 이종항, 「신라6부고」, 『국민대학논문집』, 1969, pp. 12~13.

앞에 언급한 여러 고대사학자들의 헌사와는 정반대이다. 설사 그가 뛰어난 학자라고 하더라도 스에마쓰 야스카즈의 방법과 주장을 과학적·근대적 연구 방법이라 평하거나, 그가 여러 학자 중에서도 연구 성과가 가장 뛰어난 학자로 평가하거나 그의 방법론과 주장이 토대나 발판이 되어 연구가 이루어진다면 그것은 이미 정상적인 고대사 연구의 정도에서 크게 이탈한 것이다.

스에마쓰 야스카즈 역시 다른 일본인 식민사학자들처럼 『삼국사기』 초기 기록을 조작으로 몰고 있는 인물 중의 한 명이다. 스에마쓰가 일제 패전 후 일제 강점기 때 행했던 한국사 왜곡을 반성하면서 '『삼국사기』 초기 기록 불신론' 따위를 폐기하고 일제 강점기 이전처럼 『삼국사기』의 사료적 가치를 인정하는 것으로 전환했다면 모르겠지만 그가 패전 후에도 계속 한국사를 왜곡하고 있는데도 광복 후 한국 학자들은 낯 뜨거운 찬사를 바치는 참으로 이상한 상황이 계속되었다. 광복 후에도 한국사 학계는 일제 식민사관을 벗어난 새로운 역사관을 수립해달라는 국민적 요구를 외면한 채 식민사학을 계속 추종해왔다는 증거이다.

필자는 스에마쓰 야스카즈의 방법론과 주장이 과연 한국인 학자들까지 찬사를 바칠 정도로 가치가 있는 것인가를 알아보려 한다. 이 책의 1부 '〈삼국사기〉 초기 기록은 조작되었는가?'에서는 이른바 문헌고증학자들에 의한 『삼국사기』 비판의 실제 정체를 밝히는 것이 주목적이었다면, 여기서는 그 문헌고증학자들 중에서 대표격인 스에마쓰 야스카즈를 택해서 그의 연구 방법과 주장(견해)을 비판하는 것이 주목적이다.

이미 살펴본 것처럼 스에마쓰 야스카즈는 광복 후 한국의 고대사학자들 다수에 의해서 가장 치밀한 문헌고증학자라는 찬사와 함께 그의 연구 방법을 토대 내지 발판 삼아 후속 연구를 진행해왔는데, 그의 저서에 대해 칭찬만 늘어놓은 하나의 서평을 제외하고는 그의 견해나 방법에 대한 이론(異論)의 제기는 물론, 합리적인 비판조차 행해진 일이 없다. 이 역시 한국고대사 학계의 불가사의 중의 하나이다.

그러면 본격적으로 스에마쓰 야스카즈의 신라상고사에 관한 견해 내지 주장을 검토해본다. 편의상 스에마쓰 야스카즈의 상고사 연구의 기본 태도와 사료 처리, 사료의 비판, 사료의 이른바 '언어학적 해석', 그리고 신라상고사에 대한 그의 주장과 견해 등 4가지 측면으로 나누어 알아보기로 하자.

1. 스에마쓰 야스카즈의 상고사 연구의 기본 태도와 사료 처리

(1) 상고사 연구의 기본 태도

편의상 스에마쓰 야스카즈가 사료를 처리하는 기준과 그 실제를 알아보기 전에 그의 신라상고사 연구의 기본적 태도를 알아보기로 하자. 그의 태도는 5가지로 요약될 수 있을 것 같다.

첫째, 스에마쓰 야스카즈는 신라 건국사 연구의 결정적 사료는 『삼국사기』가 아니라 외국인 중국의 사료와 인접한 고구려·백제·일본의 사료라고 주장한다. 고구려·백제의 사료가 무엇을 뜻하는지 구체적으로 언급하지 않아서 알 수 없으나 『삼국사기』의 「고구려본기」와 「백제본기」를 뜻한다면 두 사료에는 신라 건국사에 대한 언급이 없으므로 신라 건국사를 연구하는 데 아무런 도움이 되지 않는다. 스에마쓰는 이런 「고구려본기」와 「백제본기」를 신라 건국의 결정적 사료라고 주장한 것이다.

둘째, 신라의 건국은 내물왕 대 377년 이상으로 소급할 수 없다고 주장했다.

셋째, 신라의 건국은 '타력·외력'에 의해서만 가능하였다고 주장했다.

넷째, 신라는 '침략·정복'에 의해서만 국토를 확장하였다고 주장했다.

다섯째, 신라인의 생활은 외국의 영향으로 평화로운 생활이 성숙할 수도 없었으며 또한 일찍부터 파양(破壤)되었다고 주장했다.

① 그는 신라의 건국 연대와 건국 사정은 『삼국사기』에 의해서도 어느 정도 추정이 가능하기는 하지만 결정적인 것은 아니며 그것을 결정적으로 알 수 있는 것은 외국 사료인 중국의 사료, 인접한 고구려·백제·일본의 사료(『일본서기』)라고 단언하고 있다.[117]

그는 신라의 이름이 중국 사료에서 처음으로 나타나는 연대는 태원(太元) 2년(377)이라는 사실을 호재로 삼고 또한 중국 사료에는 신라에 관한 기록이 극히 단편적인 동시에 중국 중심적 기술이라는 점을 호재로 삼아서 신라의 건국 연대와 건국의 사정은 일차적으로 중국의 사료에 의해서만 알 수 있다고 주장하였던 것이다. 중국 사료에 신라사에 대한 기술이 극히 적은 것을 호재로 중국 사료에 의해서만 신라 건국사를 알 수 있다고 했으니 그의 학문 태도가 어떠한지는 이로써도 쉽게 알 수 있다.

양에 있어서나 질에 있어서나 신라에 관한 사료는 신라의 사료, 즉 『삼국사기』「신라본기」와 『삼국유사』가 기본이 된다는 점은 두

117 末松保和, 『新羅史の諸問題』, 1954, p. 117.

말할 나위도 없다. 또 『삼국사기』의 「고구려본기」와 「백제본기」는 각각 고구려와 백제의 건국 연대와 그 건국 사정을 서술한 것이므로 신라의 건국 연대와 건국 사정을 알 수 있는 사료는 되지 못한다. 그런데 스에마쓰 야스카즈는 신라의 건국 연대와 건국 사정을 알 수 있는 결정적 사료가 「신라본기」가 아니라 「고구려본기」와 「백제본기」라고 말하고 있다. 이처럼 중국이나 고구려·백제·일본의 사료에 의해서만 신라 건국을 알 수 있다는 주장은 그의 의도가 어디에 있는가를 너무나 잘 알려준다.

『일본서기』의 성격과 한국사를 『일본서기』 중심으로 보아야 한다는 그의 주장에 대해서는 앞에서 이미 언급한 바 있으므로, 다시 언급하지 않겠지만 그는 내물왕 대(17대) 이후를 역사시대라고 보기도 하고 또 반(半)역사적·반(半)전설적 시대라고도 했다. 그가 말하고 있는 반역사적·반전설적이란 시대의 의미에 대해서는 앞으로 설명하겠지만 그는 고구려와 백제와 관련이 있는 신라의 영토 확장 기사에 대해서만은 이보다 연대를 더 내려서 법흥왕 대까지의 기사를 모두 전설(조작)이라고 주장했는데[118] 이 역시 신라사를 깎아 내리려는 그의 숨은 의도의 일부가 노출된 것이라 할 수 있다.

② 중국의 사료에 의하여 내물왕 대(356~402)를 신라의 건국 연대로 잡은 스에마쓰 야스카즈는 역사학에서 보통 행하는 '선사시대'와 '역사시대'라는 시기구분을 따르지 않고 '전설시대'·'반(半)전설·반(半)역사시대'·'역사시대' 또는 '건국의 제1차 성립시대'·

118 末松保和, 앞 책, p. 146.
편의상 앞으로 스에마쓰 야스카즈의 글을 인용할 때는 일일이 각주를 붙이지 않고 본문 속에 해당문의 소재 쪽수만 표시하겠다.

'건국의 제2차 성립시대'라는 새로운 용어를 만들어 신라시대를 설명하고 있다. 그는 또 내물왕 이전 시대를 '위지(魏志)시대' 또는 '낙랑(樂浪)시대'로 호칭하여 신라가 존재하지 않음을 나타냈다(132, 165쪽).

신화(myth)는 선사 내지 고대에 있어서의 세계의 기원·인간의 기원·국가의 기원·사회제도나 문화의 기원에 관한 것이고, 전설(legend)은 신기한 자연현상, 사건, 개인의 이상적인 체험이 구전으로 내려온 것이고 또 그것이 생성된 시기도 훨씬 후세까지 걸치는 것이라고 한다면 신라의 3성 시조와 6촌 시조의 천강(天降)에 관한 것은 신화이다. 그런데 그는 이러한 신화를 전설의 조작으로 몰고 시조 혁거세부터 23대 법흥왕(514~540) 즉 기원전 57년부터 6세기 중엽까지의 약 600년을 '전설시대'·'반전설시대'·'역사시대'·'건국의 제1차 성립시대'·'건국의 제2차 성립시대'라는 생소한 용어로 설명하였다. 그는 '반역사적·반전설적 시기'라는 표현에 대하여 '반역사적'과 '반전설적'은 동의어로 규정하고(25쪽) '반역사적 시대'에 있어서 왕계(王系)는 대체로 역사사실이지만 개개의 기사는 전설 즉 조작이라는[자서(自序) 18쪽, 본문 23쪽] 기이한 규정을 하였다. 왕대는 사실이지만 각각 연도의 개개 기사는 전설, 즉 조작된 것이라니 어떻게 그것이 가능한지 모르겠다.

이렇게 그는 내물왕 이전은 왕대는 물론 각각 연도의 개별 기사도 조작인 '전설시대'로 규정하고, 내물왕과 법흥왕 간의 150년 간은 왕대는 사실이지만 개별 기사는 조작이라는 '반역사적·반전설적 시대'로 규정하고는 법흥왕 이후에 가서야 왕대도 개별 기사도 사실인 '역사시대'라는 것이다. 역사를 왜곡하는 방법치고는 너무나 유치하고 단순하고 속이 들여다보이는 방법이다. 그러나 뒤에 살펴보겠지만 스에마쓰 야스카즈의 신라상고사 왜곡·말살은 바로 여기서 시작된다.

그는 또 역사적 사실은 역사지만 '전설적인 것'은 조작된 것이라고 주장한다. 그는 내물왕 대(356~402)를 신라 건국의 제1차 성립시대, 법흥왕 대(514~540)를 신라 건국의 제2차 성립시대라고 분류했다(117쪽). 제1차와 제2차가 정확하게 무엇을 뜻하는지는 밝히지 않았으나 내물왕부터 법흥왕까지의 약 150년을 신라의 개국연대로 만들기 위해 생각해낸 용어인 듯하다.

스에마쓰 야스카즈는 『삼국유사』의 상고(上古, 1~23대)와 중고(中古, 23~28대)의 구분을 토대로 하였는데, 특히 상고를 다시 17대 내물왕 이전과 이후로 이분하였다. 그는 상고 중 내물왕 이전은 전설시대(98쪽), 중고 이후(법흥왕 이후)에야 역사시대(96쪽)인데, 상고 가운데에서 내물왕 이후는 반역사적·반전설적 시대라면서(25쪽), 이 시기는 『삼국유사』에서 마립간의 왕호가 붙은 시기이기도 하다고 하였다. 그의 분류에 따르면 결국 내물왕 이전은 조작(造作)시대, 내물왕~법흥왕 때는 반(半)조작시대, 그리고 법흥왕 이후는 비(非)조작시대가 된다. 또 제1차 성립시대와 제2차 성립시대 사이는 반(半)조작시대가 되는 셈이 된다.

그의 주장을 그림으로 그리면 〈그림1〉과 같다.

③ 스에마쓰 야스카즈는 신라의 건국은 내물왕대 이전으로 소급할 수 없다고 주장하면서 또한 신라 건국은 타국의 힘의 영입에 의해서만 가능했다고 주장한다(165쪽). 그는 다음과 같은 여러 용어로 신라의 건국을 설명하였다. 즉 타국의 영향, 타국의 진로, 타국에의 입조·귀화·내부, 타국의 유도권(誘導權)·지배권, 타국 세력에 의해서만 신라의 건국과 그 존속이 가능했다고 주장하고 있는 것이다

〈그림1〉 스에마쓰 야스카즈의 시대구분

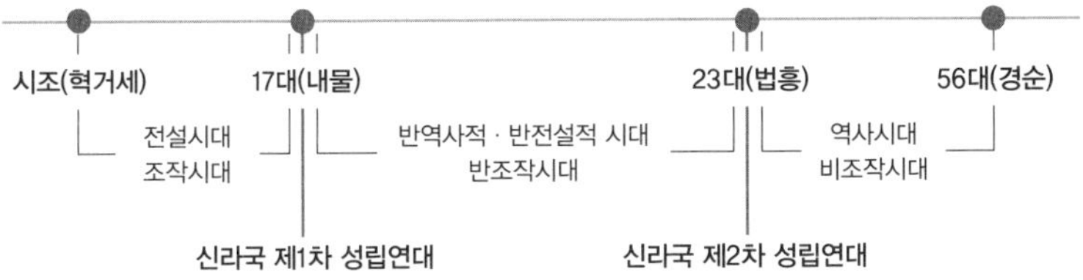

(132, 134~136, 138, 165쪽). 그 타국의 구체적인 내용을 적기하면 다음과 같다.

1. 낙랑	5. 고구려
2. 한나라와 위나라	6. 양평(襄平)
3. 부여	7. 진(晋)
4. 일본	8. 요동(遼東)

이 가운데 진(晋)에의 입조·귀화·내부와 건국 직후에 있어서 고구려와의 관계에 대해서만은 어느 정도 근거를 제시하고 있으나 그 밖의 나라에 관하여는 아무런 근거 제시 없이 자기 주장만을 내세우고 있다. 그나마 진과 고구려에 대해 그가 제시한 증거도 허위와 독단으로 가득 찬 증거에 불과하다.

④ 스에마쓰 야스카즈는 신라의 건국은 타력·외력 즉 외국의 힘에 의해서만 가능했다고 주장했다. 그는 또한 신라의 발전에 수반되는 영토의 확장을 '침략'·'정복'·'합병'이라는 용어로 표현하였다. 그는 「신라3대고」와 「신라건국고」의 고찰에 있어서나 「신라상고세계고」나 「신라6부고」의 고찰에 있어서 시종일관 그리고 수십

번씩이나 '침략'이나 '정복'이라는 용어로 신라를 설명하고 있다. 신라의 왕, 이를테면 법흥왕 11년 9월에 왕이 남쪽 경계를 순행(巡幸)하여 개척하는데 가야국이 내회하였다는 기사도[119] '침략의 제1보'라는 용어로 설명하고 있다(22쪽). 이처럼 외국의 영향에 의해서만 신라가 건국되고 침략과 정복에 의해서만 신라가 유지, 발전되어 나갔다고 주장하는 데도 어떤 의도가 숨겨져 있다. 신라가 가야·말갈·백제·이서국 등과 때로는 공격하고 때로는 공격당하는 과정에서 어떤 나라는 스스로 내항하고 어떤 나라는 신라가 공격하여 영토를 확장해 나갔는데[120] 스에마쓰는 이런 다양한 상황을 모두 무

---

119 『삼국사기』 권4 〈법흥왕 11년 9월〉조.

120 다음에 나타나 있는 것처럼 15개국 중 『삼국사기』에 따르면 스스로 항복, 즉 자강(自降)한 나라가 5국, 신라가 공격한 나라가 14국, 죄인을 인도하지 않아서 공격한 나라가 1국이었다.

① 음즙벌국(音汁伐國)을 정벌하고 실직국(悉直國)·압독국(押督國)이 항복한 기사.

(중략) 수로왕은 노하여 종 탐하리에게 명하여 한기부의 군주[主] 보제(保齊)를 죽이고 돌아갔다. 그 종은 음즙벌의 군주 타추간(陁鄒干)의 집으로 도망해서 의탁하였다. 왕이 사람을 보내 그 종을 찾았으나 타추는 보내지 않았다. 왕이 노하여 군사로 음즙벌국을 정벌하니, 그 군주[主]와 무리가 스스로 항복했다. 실직(悉直)·압독(押督)의 두 국왕이 항복해왔다. [『삼국사기』 권1 〈파사(婆娑) 23년〉조]

② 비지국(比只國)·다벌국(多伐國)·초팔국(草八國)을 병합한 기사.

군대를 보내서 비지국·다벌국·초팔국을 병합하였다. (『삼국사기』 권1 〈파사 29년〉조)

③ 소문국(召文國)을 정벌한 기사.

파진찬(波珍飡) 구도(仇道)와 일길찬(一吉飡) 구수혜(仇須兮)를 좌·우군주(軍主)로 삼아서 소문국을 정벌하였다. (『삼국사기』 권2 〈벌휴 2년〉조)

④ 감문국(甘文國)을 정벌한 기사.

이찬(伊飡) 우로(于老)를 대장군으로 삼아서 감문국을 토벌해 파하고 그 땅을 군(郡)으로 삼았다. (『삼국사기』 권2 〈조분 2년〉조)

⑤ 골벌국(骨伐國)이 스스로 항복한 기사.

시하고 신라의 일방적인 침략·정복이라고만 표현하였다.

⑤ 스에마쓰는 『삼국사기』는 조작으로 몰면서 중국의 기록에 근거하여 신라의 건국을 내물왕 이전으로 소급할 수 없을 뿐만 아니라 그 건국은 타국의 힘에 의해서만 가능했다고 주장했다. 또한 신라는 인접 국가를 침략·정복함으로써만 국토를 넓혀갔다고 주장했다. 스에마쓰는 다섯 번째로 신라인의 생활은 외국 세력의 영향으로 평화로운 생활도 성숙할 수 없었으며 또 그 생활은 외국 세력의 영향으로 일찍부터 파괴되었다고 주장했다. 즉 그는 신라의 전설[121]은 '능동적'이 아니라 '피동적'이었으며, 또 '미성숙'하다고 말하고 이러한 미성숙성과 피동성은 한(漢)·위(魏)·진(晋)의 군현(郡縣)정치의 영향으로 신라국 성립 이전시대(내물왕 이전 시대)에 있어서의 평화로운 부족 생활이 성숙할 수 없었고 더구나 평화로운 부족 생활이 일찍부터 파괴된 데 기인한다고 주장하고 있다(115쪽). 신라가

골벌국왕(骨伐國王) 아음부(阿音夫)가 무리를 이끌고 와서 항복하니 집과 토지를 주어 편안케 하고 그 땅을 군으로 삼았다. (『삼국사기』 권2 〈조분 7년〉조)

⑥ 이서국(伊西國)을 정벌한 기사.

박노례(朴弩禮) 이질금이 (중략) 건호(建虎) 18년에 이서국(伊西國)을 정벌해 멸했다. (『삼국유사』「기이」1 〈노례왕〉)

⑦ 우시산국(于尸山國)·거칠산국(居柒山國)을 정벌한 기사.

그때 우시산국과 거칠산국이 국경의 인근에 있어서 나라의 큰 걱정거리가 되었다. 거도(居道)가 변경의 지방관이 되어, 몰래 (그곳을) 병탄할 생각을 품었다. (중략) 군사를 일으켜 불의에 습격해 두 나라를 멸망시켰다. (『삼국사기』 권44 〈거도(居道)〉조)

⑧ 사벌국(沙伐國)에 관한 기사.

첨해왕 때 사벌국을 취해서 주(州)로 삼았다. (『삼국사기』 권34 〈지리1〉)

⑨ 낙랑·대방이 항복한 기사.

낙랑과 대방 두 나라가 항복해왔다(樂浪, 帶方两國歸服). [『삼국사기』 권2 〈기림(基臨) 3년〉조]

121 여기서 말하는 전설은 혁거세부터 내물왕 또는 법흥왕까지의 신라사이다.

한 군현정치의 영향을 받았다는 주장의 근거는 역시 제시하고 않고 있다.

지금까지 살펴본 5가지 주장이 스에마쓰 야스카즈가 신라상고사를 보는 기본적인 태도이다. 외국의 힘에 의해서만 건국이 가능했던 신라가, 다시 말하면 자력으로는 건국을 할 수 없었던 신라가 시종 인접 국가를 침략·정벌함으로써 발전했다는 주장은 앞뒤가 서로 당착되는 점이 있다. 『삼국사기』에 나오는 신라 건국사를 부정하기 위해서 중국 사료 등을 끌어들이고, 심지어 『삼국사기』「신라본기」가 아니라 「고구려본기」와 「백제본기」를 통해서 신라 건국사를 보아야 한다는 주장은 희한하다고밖에 할 수 없다. 결국 스에마쓰는 삼국을 통일해서 한국사의 중추가 되었던 신라사를 폄하하기 위해서 앞뒤 맞지 않는 자가당착적 주장을 일삼았다는 사실을 알 수 있다.

(2) 사료 처리의 기준과 실제

그러면 스에마쓰 야스카즈는 신라상고사를 고찰하는 데 어떤 사료를 사용했으면 그런 사료들을 어떻게 처리했는가 알아보자. 이 문제는 바로 앞에서 살펴본 그의 상고사 연구의 기본적 태도를 꿰뚫어보는 데 도움을 줄 것이다. 몇 가지 사례를 알아보자. 주로 그의 주장이 앞뒤가 모순되는 점을 고찰할 것이다.

① 신라상고사 연구의 결정적 사료는 『삼국사기』나 『삼국유사』가 아니라, 중국·일본의 사료와 고구려·백제의 사료라고 주장하고 있다.

② 중국 사료가 무엇보다도 결정적으로 중요하다고 주장한(117쪽) 스에마쓰 야스카즈는 신라의 국명이 최초로 나타나는 중국의 기록은 믿으면서도 '막리지(莫離支)'가 최초로 나타나는 중국 기록(642년)은 불신하고 있는데(156쪽) 그 이유가 있다. 전자는 『삼국사기』를 불신하고 중국의 사료를 따른다는 명목으로 신라의 건국 연대를 끌어내리기 위해서 중국 사료를 믿는다는 것이다. 그런데 후자는 서기 400년 전후에 시작되는 신라의 '마립간' 칭호가 고구려의 '막리지' 칭호보다 늦게 출현해야 된다는 주장, 즉 신라의 마립간이 고구려의 막리지에서 유래된다는 자기주장을 합리화하기 위해 중국 사료를 불신하는 것이다.

③ 그는 내물왕 이전의 역사는 모두 조작이고, 내물왕~법흥왕 사이의 기록은 반은 조작이고 반은 사실이며, 23대 법흥왕 이후의 시대의 기록부터 역사적 사실이라는 기준을 설정했다. 그러나 신라왕조는 내물왕이 개국한 김씨 왕조라는 자신의 주장과 상반되는 기사가 나오면 또 말을 바꾼다. 이를테면 53대 신덕왕의 성이 박씨라는 『삼국사기』와 『삼국유사』 기사가 신라가 김씨 왕조라는 자신의 기준과 어긋나자 앞서 법흥왕 이후의 시대의 기록은 역사적 사실이라는 말을 뒤엎고 이 기사도 조작·전설이라고 주장한다(34쪽). 스에마쓰는 신라상고의 역사를 왜곡·말살하기 위하여 이런 기준을 만든 것인데, 이런 기준이 신라하고(下古)의 역사에 맞지 않으니 가장 쉬운 방법으로 하고(下古)의 역사도 조작되었다고 주장하는 것이다. 한마디로 앞뒤가 맞지 않는 모순된 비판을 하는 것이다.

④ 후술하겠지만 함녕(咸寧) 2년(276)에서 원강(元康) 원년(291)

에 이르는 16년 간 매년 최소 8개국 최대 29국의 다수의 동이 제국(東夷諸國)이 진(晋)나라에 입조·귀화·내부한 기사가 있는데도 그러한 활동(입조·귀화·내부)의 중추 역할을 한 나라는 마한·진한(辰韓)이라고 하여 기사가 나타내는 의미와는 전혀 다른 엉뚱한 해석을 하고 있다(132~133쪽).

⑤ 신라왕 56명의 왕명을 전부 조사하여 결론을 내리지 않고 22왕(1~22대)의 왕명만 조사하여 결론을 내리고 있다(57~79쪽).

⑥ 내물·실성·눌지 3왕의 왕위계승과 혼인관계만을 조사하여 신라상고(시조~22대) 전체의 왕위계승의 성격을 파악하려 했다(98~103쪽).

⑦ 6부의 사성(賜姓) 중 『삼국사기』에는 사량부(沙梁部)에 최씨, 본피부(本彼部)는 정씨로 기록되어 있는데, 『삼국유사』에는 반대로 사량부에 정씨, 본피부에 최씨로 기록되어 있다. 한편 왕호(王號) 중 『삼국사기』에는 3~18대가 이사금, 19~22대가 마립간으로 되어 있는데, 『삼국유사』에는 3~16대가 이질금(尼叱今), 17~22대가 마립간으로 되어 있다. 즉 사성(賜姓)과 왕호에 있어서 『삼국사기』와 『삼국유사』의 양 사서(史書)에는 차이가 있다. 이에 대해 스에마쓰 야스카즈는 전자, 즉 사성(賜姓)의 차이는 역사기술이 조작된 증거라고 주장하면서(268쪽), 후자 즉 왕호의 차이는 양설 자체에 사실이 담겨져 있다고 보아(154쪽) 그때그때 필요에 따라 자의적으로 달리 해석하고 있다.

⑧ 『삼국사기』보다 『삼국유사』가 더 역사적 가치가 있다고 하면서도 신라왕조의 시대구분 중 시조에서 28대왕까지의 시대구분(상고·중고)은 『삼국유사』를 따르지만 29대왕 이후의 시대

구분(중대·하대)은 『삼국사기』를 따르고 있다(3, 41쪽).

⑨ 『삼국사기』와 『삼국유사』를 거의 전적으로 불신하고, 귀중한 자료라 하더라도 대단히 제한된 자료이며 그것도 5개의 금석문에 나오는 3개의 부명(部名)인 훼(喙)·사훼(沙喙)·본피(本彼)를 6부 연구의 근본적이고 결정적인 사료로 삼고 있다(294~295쪽). 그러나 금석문 자체를 가지고 말하더라도 더 많은 금석문을 조사하면 6부명이 모두 나온다는 사실[122]에 의해서도 스에마쓰의 연구 방법이 단편적이고 자의적이라는 것을 알 수 있다.

⑩ 알려져 있는 바와 같이, 중고(中古)는 23대 법흥왕으로 시작하고, 중대(中代)는 29대 무열왕으로 시작되며, 하대(下代)는 37대 선덕왕으로 시작된다. 각 시대의 특징을 밝히기 위해 스에마쓰 야스카즈는 각 시대의 첫 왕, 이를테면 중고는 법흥왕, 중대는 무열왕에 대해 상세히 논하면서도 하대의 첫 왕인 선덕왕에 대해서는 자기주장을 펼치는 데 적합하지 않은 왕이라는 이유로 어물쩍 지나가고 선덕왕 다음 왕인 원성왕(元聖王)에 대해 상세히 논하고 있다(26~31쪽). 그래서 스에마쓰는 중고와 중대는 각각 법흥왕 대를 출발점으로 하는 시대, 무열왕계의 시대라 하면서 하대는 '원성왕계의 시대'로 부르고 있다(39쪽). 또 한편에서는 법흥왕 이전(516년 이전)에 신라가 '정복'한 지역에 관한 기사는 모두 전설적인 기사뿐이라고 주장하면서도(146쪽, 302~303쪽) 다른 한편으로는 서기 300년 무렵부터 신라가 이미 사량벌국(沙梁伐國)·본피[本彼, 반파(伴

---

122 이문기, 「금석문 자료를 통하여 본 신라의 6부」, 『신라교육논집』 2, 1981.

破)]를 '정복병합'했다고 해서 신라는 정복·병합의 방법으로 발전했다(306쪽)고 모순된 주장을 하고 있다. 신라 개국을 내물왕 또는 법흥왕까지 끌어내리고자 할 때는 전자의 주장을 하고 신라를 정복국가라고 주장하려 할 때는 후자의 주장을 하는 것이다.

이상 10가지 사례에서 스에마쓰 야스카즈가 신라상고사에 관해 자기주장을 펼치기 위해서 어떤 사료를 어느 시각에서 어떤 방법으로 처리하였는가를 알아보았다. 스에마쓰 야스카즈 역시 일관된 기준이나 객관적 타당성이 없이, 그때그때 상황에 따라 사료를 자의적으로 이용하고 있음을 알 수 있다. 그렇다보니 앞과 뒤가 다른 모순된 주장이 속출하고 있는 것이다.

2. 스에마쓰 야스카즈의 사료비판 분석

앞장에서 스에마쓰 야스카즈의 신라상고사 연구의 기본적 태도와 사료의 처리 방법을 알아봤는데, 여기서는 그가 사료를 어떻게 비판하였는가를 알아보고자 한다.

스에마쓰 야스카즈 역시 사료적 근거 내지는 다른 증거 없이 수십 번씩이나 신라의 상고 사료는 조작되었다고 말하고 있다. 이미 살펴본 바와 같이 그는 전설을 조작과 동의어로 사용한다. 스에마쓰 야스카즈는 전설과 조작이라는 용어를 번갈아 사용하여 신라상고사의 사료적 가치를 말살하려고 하였다. 그러나 상고의 왕위계승, 6부에의 사성(賜姓), 상고 22명의 왕명 및 22명의 왕의 왕부(王父), 왕모(王母), 왕비의 이름 4가지 주제에 대해서만은 나름의 근거를 제시하고 있다. 이 점에 대해서는 뒤에 다시 논의할 것인데, 4개 중 뒤의 2개는 이른바 '언어학적 해석'에 관한 것이다. 이 역시 뒤에서 분석할 것이다.

(1) 「신라3대고」 분석

순서에 따라 그의 「신라3대고」에서 신라상고사의 사료를 어떻게 평하고 있는가를 알아보자.

① 스에마쓰 야스카즈는 고려시대에 들어와서 이미 확정된 56왕을 2등분했든지 또는 고려시대에 들어와서 29대 무열왕부터 56대 경순왕까지의 28왕(상대)에 맞추어서 무열왕 이전을 28왕으로 조작·결정했다(4~5쪽)고 주장했다. 그러나 그의 이런 주장은 그 자신이 두 번씩이나 다음과 같이 말한 것과 모순된다. 스에마쓰는 『삼국사기』와 『삼국유사』의 시대구분은 "어느 것도 후대의 역사가가 만든 시대구분이 아니다. 어느 것도 당대의 역사적 현실의 문제였다."(「자서」 17쪽)라고 말해서 고려 때 만들었다는 자신의 주장과 모순되는 말을 했다. 그는 또 『삼국사기』나 『삼국유사』와 같은 시대구분은 "역사가가 연구 편의 때문에 또는 연구 결과 도출한 구분과 동일시할 수는 없으며 역사적 현실의 문제로 취급되어야 하며 아직 신라의 역사가 끝나지 않을 때, 즉 신라의 역사가 진행 중에 이미 시대의 전환으로서 당대 신라인 자신이 여러 번 의식한 것이다."(3쪽)라고 말해서 자신의 앞의 말과 모순된 주장을 하고 있다.

② 스에마쓰는 신라의 왕호가 『삼국유사』에서는 거슬한(居瑟邯, 1

대)·차차웅(次次雄, 2대)·이질금(3~16대)·마립간(17~22대)이고 『삼국사기』에서는 거서간(居西干, 1대)·차차웅(2대)·이사금(尼師今, 3~18대)·마립간(19~22대)인데, 이사금과 마립간으로 불리는 왕의 대수(代數)가 두 사서에 차이가 나는 것은 조작되었기 때문이라고 말하고 있다(23쪽). 그러나 그는 앞절 ⑦항에서 이미 살펴본 것처럼 양 사서의 "왕호의 차이는 양설 자체에 사실이 담겨져 있다."고 긍정한 바 있다. 일관된 기준과 객관성이 없다보니 그때그때 다른 주장을 하는 것이다.

③ 거서간·차차웅·이사금을 개국 최초의 왕호라고 한 것은 중국의 삼황(三皇) 전설을 모방한 것(24쪽)이라고 주장했다

④ 상고(上古) 22왕에 붙여진 4종의 왕호에서 신라의 개국 내지 왕대의 기원에 관한 고전설의 잔존을 볼 수 있다(25쪽)고 주장했다.

⑤ 마립간시대의 설정 자체에 신라가 반(半)역사적·반(半)전설적 시기에 진입한 옛 의식(意識)·시대전환의 의식을 입증한다(25쪽)고 주장했다.

⑥ 신덕왕이 박씨라는 것은 전설(25쪽)이라고 주장했다.

스에마쓰는 이처럼 자의적으로 신라상고사가 조작되었다고만 말할 뿐 조작의 증거는 제시하지 않았다. 다만 '거서간·차차웅·이사금을 개국 최초의 왕호라고 한 것은 중국의 삼황 전설을 모방한 것'이라는 ③항의 주장에 대해서만 『삼국유사』 권1, 「기이」편 〈남해왕(南解王)〉조의 "(남해왕이) 나라를 다스린 지 21년인 지황(地皇) 4년 갑신(甲申)에 붕(崩)하여 왕을 삼황의 제1이라 한다."는 사료를 내세워 조작의 근거로 제시하고 있다. 이 구절이 어떻게 남해·유

리·탈해 3왕의 조작의 근거가 되는지 알 수가 없다.

(2) 「신라건국고」 분석

「신라건국고」에서 그가 신라상고사의 사료를 비판한 부분을 적기하면 다음과 같다.

① 신라상고(上古) 가운데 내물왕 이후를 '반(半)역사적 시대'라고 하는 것은 왕대(王代)로서는 역사 사실이지만 각년각조(各年各條) 의 개개 기사는 전설적이기 때문이다. (자서 18쪽)

② 『삼국사기』의 「조분기(助賁記)」·「첨해기(沾解記)」는 그 자체가 가공적이다. (141쪽)

③ 『삼국사기』 권45의 「박제상전(朴堤上傳)」은 전설이다. (142쪽)

④ 법흥왕 이전에 신라가 정복한 지역에 관한 기사는 모두 전설적 기사뿐이다. (146쪽)[123]

⑤ 내물왕 이전(4세기 중엽 이전)은 물론 4세기 중엽 이후 150년의 기사도 사료적 가치가 없고 후대의 신라인 또는 고려의 수사가(修史家)가 병합·정복에 관한 전설을 정리·기술한 것이다. (146~147쪽)

⑥ 「고구려본기」 미천왕 14년(313)과 15년조의 영토 확장 기사는 중국 기사의 개작이다. (50쪽)

---

123 문경현은 법흥왕 이전의 영토 확장 기사는 모두 전설적 기사라고 한 스에마쓰 야스카즈의 주장을 더 왜곡시켜 신라상고의 영토 확장(병합) 기사는 영세하고 부정확하고 황당하고 모순되어서 신빙성이 희박하다고 말하고 있다(문경현, 「신라국 형성과정의 연구」, 『대구사학』 6, 1973, p. 19, 22, 29).

⑦ 기림왕(基臨王) 대(代)의 비열홀(比列忽, 안변) 우두주(牛頭州, 춘천)가 기유(己有, 소유함)의 지(地)로 되어 있는 기사는 조작이다. (150쪽)

⑧ 내물왕 이전 시대(유리~기림)의 정복·내항(來降)의 시간적 배열의 순서도 조작의 결과이다. (150쪽)

⑨ 지배자의 칭호도 고유(固有)의 것이 아니라 빌려온 것이다. (151쪽)

⑩ 최초의 왕호인 '거서간(거슬한)'과 그 다음의 '차차웅'은 후세의 조작이다. (153~154쪽)

⑪ '마립간'을 폐하고 '왕(王)'호를 사용하는 것도 『삼국사기』의 편수상(編修上)의 합리주의에 기인하는 조작이다. (162쪽)

스에마쓰는 전절에서는 주로 신라의 왕호가 조작 기사라고 한 데 대하여 여기서는 신라 발전상의 영토 확장 기사가 주로 조작 기사라고 주장하고 있다. 그러나 역시 근거를 제시하지 않고 있다. 그 근거는 스에마쓰 야스카즈가 그렇게 생각한다는 것뿐이니 역사학이라고 할 수 없다.

(3) 「신라상고세계고」 분석

그러면 「신라상고세계고」에서는 어떤 부분을 조작이라고 주장하고 있는가를 알아보자.

① '삼성교립(三姓交立)'은 후대의 사실의 투영이다. (54쪽)

② 상고(上古) 22대왕 중 반전설적·반역사적 시대는 17대 내물왕

이후의 일이다. (54쪽)

③ 스에마쓰 야스카즈는 '삼성교립'이 신라 말기의 박씨왕 3대(912~927)에 있어서의 역사 개작이라고 주장한 마에마 교사쿠에게는 이의를 제기했다. 스에마쓰는 내물왕 이전의 '삼성교립'의 조작은 그 하한(下限)이 고려 인종 23년(1145)이고 상한(上限)은 진흥왕 6년(545)이라고 말하였다. 진흥왕 때부터 고려 인종 때까지 삼성교립의 역사를 조작했다는 것이다.

④ 내물 · 실성 · 눌지 · 자비 · 소지 · 지증의 6왕대는 대체로 역사시대이다. (95쪽)

⑤ 내물왕 이전 16왕명은 내물왕~지증왕까지의 여섯 왕명(王名)이 분화, 중복된 것의 반영이다. (78~79쪽)

⑥ 신라의 역사시대는 중고(中古) 이후이다. (96쪽)

⑦ 왕부 · 왕모 · 왕비 등의 기록에 노력하는 것은 상고(上古)의 최후 부분 내지 중고(中古)에 들어와서 역사시대에 있어서 여계적(女系的) 계승을 소급적으로 조작한 것이다. (98쪽)

⑧ 신라 개국을 전한(前漢) 효선제(孝宣帝) 오봉(五鳳) 원년(元年) 갑자(甲子, 서기 57)로 한 것도 문헌상의 낙랑군의 영향으로 조작되었다. 낙랑군 개설 후 최초의 갑자년이기 때문이다. 즉 신라인이 신라 개국의 '전설기년'을 낙랑의 영향으로 '전설구성(傳說構成)'하였다. (115쪽)

⑨ 내물왕 이전은 전설시대라 할 수 있다. (98쪽)

⑩ 미추(味鄒)는 전설상 최초로 왕위에 오른 시조다. (104~105쪽)

⑪ 내물은 역사적 사실로 인정되는 최초의 왕이다. (105쪽)

⑫ 신라 개국전설의 구성은 왕씨(王氏) 고려의 후기에 이루어졌다. (115쪽)

⑬ 신라상고(上古)의 세계(世系)는 그것을 조립·조작하는 데 사용된 부분적 소재가 오래된 것을 인정하지만 대소(大小) 전혀 형태를 이루지 않은 개개의 단편이다. 조립·조작의 수단은 극히 새로운 것, 즉 상고(上古)의 말기에서 중고(中古)에 걸친 역사 사실을 빌어서 사용되었다. 신라의 상고는 소재에 있어 단편적이고 구성에 있어 규모가 작고 간단하고 따라서 새로운 조작이다. (114~115쪽)

스에마쓰 야스카즈도 다른 일본인 식민사학자들처럼 아무런 사료의 제시 없이 자신의 자의적 생각만으로 역사를 매도하는 것을 역사학이라고 착각하고 있다. 여기서는 『삼국사기』를 조작이라고 써놓고 다른 곳에서는 『삼국사기』와 『삼국유사』의 신라왕조사 시대구분(상대·중대·하대, 상고·중고·하고)은 결코 조작이 아니라고 말하고 있다(「자서」 17쪽 및 본문 3쪽). 같은 사료를 가지고 상반된 비평을 하고 있는 것이다.

이 논고에서는 시대의 설명에 역점을 두면서 어떤 시대가 '전설시대', '반전설·반역사시대', '역사시대' 가운데 어느 시대에 해당하는가를 언급하는 데 역점을 두고 있다. 이 경우에도 물론 증거의 제시는 없다. 다만 자신이 그렇게 분류했다는 것뿐이다.

스에마쓰 야스카즈의 주장 가운데 또 하나 특이한 점은 신라상고사가 무턱대로 조작된 것이 아니라 개개의 단편적인 소재가 있어서 이 소재를 토대로 조작되었다고 주장한다는 점이다. 얼핏 그럴듯하게 들리지만, 바로 이것이 함정이다. 이런 술책이 지금껏 그의 주장이 통하게 된 한 하나의 요인이 되었는지 모른다. 그는 또 '조작'이라는 용어 이외에 '전설'·'차용(借用)'·'조립(組立)'이라는 용어를 사용했다. 이러한 용어는 큰 저항을 느끼게 하지 않으면서도 '조작'과 같은 효과를 내었으니 스에마쓰 야스카즈의 날조된 주장이 그대로 먹혀들어갈 수 있었던 것이다.

(4) 「신라6부고」 분석

그러면 끝으로 「신라6부고」에서는 상고 사료를 어떻게 비판하고 있는가를 알아보자.

① 6촌(六村) 전설은 교토의 '지역적 구분'에 관한 신라 중대·하대인의 해석을 나타낸다. (241쪽)

② 실재의 지명(알천·양산·고허·명활산)을 이용하여 6촌명을 조작하였다. (241~244쪽)

③ 6촌을 6부로 개명한 것, 6성의 사성, 품계 17등 제정, 적마가배(績麻嘉俳, 베를 짜는 한가위) 풍속·회소(會蘇) 중 후삼자는 역사시대의 사실(史實)이지만 기원연대(불명)를 유리왕 9년으로 한 것은 후세의 합리주의적 수사가(신라인인지 고려인인지 모른다)가 그 중요한 사실을 불명(不明)의 상태로 방치할 수가 없어서 일괄 기상(記上)하였다. (244쪽)

④ 『삼국유사』의 〈신라 시조〉조의 6부에 관한 '고전(古傳)'은 6부의 전설적 기재로는 가장 대성(大成)되고 가장 새로운 것이며 고려국의 경주(慶州)의 광범위한 1지방 행정구(行政區)를 기초로 조작하였다. (272쪽)

⑤ 6촌장 천강(天降)과 천강지명(天降地名)의 기사는 종래의 전설과 새로운 사고를 가지고 일견 더욱 오래된 전설이라고 생각될

수 있는 소재를 조작(造作)·부가(附加)하였다. (272쪽)

⑥ 6촌은 각각 네 자(字)로 이루어진 조작적 명칭이며 『삼국사기』와 『삼국유사』는 일치한다. (270쪽)

⑦ 『삼국사기』의 6부 명칭의 기원, 6부의 전명(前名)·구명(舊名)인 6촌, 사성(賜姓)에 관한 기사는 중대(中代)·하대(下代)의 6부의 설명적 조작이다. (294쪽)

⑧ 『삼국유사』의 6부 기사는 고려 초기에 확대설정된 경주대도(慶州大都) 명칭인 행정적·경제적 지반(地盤)에 의하여 조작되었다. (295쪽)

⑨ 6촌·6부의 기원에 관한 기사는 전설이며 신라중대 이후의 6부 내지 고려 초기의 6부에서 본뜬 투영이다. (296쪽)

⑩ 『삼국사기』 첨해 이사금의 연대와 기사는 전혀 신용할 수 없다. (302쪽)

⑪ 사량벌국 합병 기사는 전설이다. (30쪽)

스에마쓰는 신라상고사가 조작되었다는 자기의 주장을 더욱 확고하게 하기 위해, 또는 자기의 주장을 기정사실로 만들기 위해 어떤 '소재'에 의거하여 상고사가 조작되었다고 주장한 것이다. 그러면서 이 '소재'란 신라상고사 조작에 사용된 단편적이고 간단한 재료라고 언급했다. 그는 전설 조작 시에 사용된 '소재'는 단일하고 빈곤하였다고 하기도 하고(98쪽), 신라상고 세계를 조립·조작하는데 사용된 '소재'는 대소(大小) 전혀 형태를 갖추지 않은 개개의 단편에 불과하다고도 하였으며(114쪽), 또한 그러한 '소재'는 규모가 작고 간단하다고도 하였다. (114~115쪽)

위에 잘 나타나 있는 바와 같이 스에마쓰는 중대 이전인 상고(上

古)와 상대(上代)의 6촌·6부의 존재 기사의 사료적 가치 말살에 온힘을 기울이고 있다. 내물왕 대에 이르러서야 겨우 건국을 하였다는 주장을 뒷받침하기 위해서도 신라 건국의 모체가 된 상고의 6촌·6부의 존재 자체를 말살·부인했어야 했던 것이다. 뒤에 검토할 사성(賜姓)에 관한 제목(題目)을 제외하고는 스에마쓰 야스카즈의 주장은 거의 전부 근거가 제시되지 않았으며 또한 그의 사료비판은 거의 전부 자의적이었다.

여기에서 스에마쓰가 사용한 '조작'의 여러 표현과 그가 주장한 조작의 시기 등을 표로 정리해보고자 한다.[124] 다음 쪽 〈표1〉에 의해 우리는 다음과 같은 사실을 알 수 있다.

① 스에마쓰 야스카즈가 조작되었다고 역점을 두어 주장한 분야는 왕호, 왕계, 영토, 6부, 6촌에 관한 부분이다.

② 왕호, 영토, 6부에 대하여 한두 번 조작하였다고 주장하는 것이 아니라 여러 번 표현을 달리하면서 반복하여 조작 내지 전설의 것이라고 말하고 있다.

③ 조작된 시기에 대해서도 일치하지 않는다. 신라시대 또는 고려시대에 조작되었다고 하기도 하고 '신라인인지 고려인인지 모르겠다'고 표현하기도 했다. 시기에 대해 신라의 상고 최후에서 중고 초(대체로 22대왕, 23대 전후에 해당한다)라고 하기도 하고, 중대·하대라고 하기도 하고, 신라중대 이후 고려 초기로 단정하기도 한다. 스에마쓰의 논리에 따르면 『삼국사기』와

124 조작되었다고 주장한 부분은 이 밖에 많이 있지만 좀 더 역점을 둔 부분만을 〈표1〉로 정리한 것이다.

〈표1〉 스에마쓰 야스카즈가 주장한 조작의 표현과 시기

	조작된 내용	조작의 표현	조작의 시기
	왕호	전설 · 조작	고려시대
	왕호	중국 전설의 모방	
A	왕호	고전설의 잔존	
	신덕의 성	전설	
	내물왕 이후(법흥왕까지)	왕대는 사실. 각년의 개개 기사는 전설	
	조분기 · 첨해기(『삼국사기』)	가공적	
	박제상전(『삼국사기』)	전설	
	법흥왕 이전 영토 확장 기사	전설적 기사	
	4세기 중엽 이후 150년 기사	전설을 정리 · 기술	신라 또는 고려의 수사가
B	미천왕 14년 · 15년의 영토 확장	중국 기사의 개작	
	기림왕 시의 영토 기사	조작	
	내물왕 이전의 각국의 정복 순서	조작의 결과	
	왕호	빌려온 것이다	
	왕호	후세의 조작	
	왕호(마립간 → 왕)	편수상의 합리주의에 의한 조작	
	삼성교립	후대의 사실의 투영	
	내물왕 이후 시대	반전설적 · 반역사적 시대	
	내물왕 이전의 세계	고전의 저록	진흥왕 6년(545) ~고려 인종 23년(1145)
	내물왕 이전 16왕명	내물~지증의 6왕명의 분화 · 중복의 반영	
C	왕부 · 왕모 · 왕비명의 기록	여계적 상속의 소급적 조작	상고 최후~중고초
	신라의 개국년	낙랑의 영향에 의한 전설 구성	신라인
	내물왕 이전 시대	전설 시대	
	신라 개국	전설의 구성	왕씨 고려 후기
	신라상고 세계	새로운 조작	
	6촌	전설의 해석	신라 중대 · 하대인의 해석
	6부명	실재의 지명이 이용된 조작	
	품계 17등 제정 · 가배 · 회소의 기록 연대	그 자체는 사실(史實) · 실재이나 기원연대는 소급하여 일괄 기상	합리주의 편수가, 신라인인지 고려인인지 모른다
	6부	전설적 기재	
D	6촌장, 천강지	이전 전설과 새로운 소재와의 조작 · 부가	
	6촌명	조작적 명칭	
	6부명, 사성	설명적 조작	
	6촌 · 6부 기원 기사	전설이고 신라 중대 이후와 고려 초기 6부의 투영	신라 중대 이후 내지 고려 초기
	첨해 이사금 전(全) 기사	전혀 신용할 수 없다	
	사량벌국 합병 기사	전설	

비고 : A, B, C, D는 각각 논문 「신라3대고」 · 「신라건국고」 · 「신라상고세계고」 · 「신라6부고」를 나타냄.

『삼국유사』의 조작은 상고에서 중고·하대를 지나 고려 후기에 이르는 약 600년 이상의 기간에 여러 차례에 걸쳐 행해진 셈이 된다. 신라인들과 고려인들이 도대체 무엇 때문에 600년 이상의 긴 기간 동안 여러 차례에 걸쳐 『삼국사기』·『삼국유사』 내용을 조작했다는 것인지는 언급하지 않았다.

뿐만 아니라 스에마쓰는 『삼국사기』의 6부는 신라중대·하대에 조작되었지만 『삼국유사』의 6부는 고려 초기에 조작되었다는 기묘한 주장까지 한다. 양 사서가 조작되었다고 주장하려면 조작되었다는 구체적 내용과 시기에 대해서 언급하고, 또 무슨 근거로 조작되었다고 하는 것인지도 설명해야 하는데, 그때그때 다른 논리를 가지고 갈팡질팡하고 있을 뿐이다. 신라상고사가 조작되었다고 하면서도 조작 당사자가 신라인인지 고려인인지도 모르지만 여하튼 신라시대 아니면 고려시대에 조작되었다는 것이다. 이러한 수준의 주장에 대해 한국의 유수한 고대사학자들이 극도의 찬사를 바쳐왔다는 사실을 믿기 힘들 정도다.

④ 양 사서가 일괄적으로 조작되었다고 주장하는 것이 아니라 일정 기사에 따라 조작 연대가 다르다고 주장하고 있음을 알 수 있다. 왼쪽 〈표1〉에 나타나 있듯이 신라 개국연대의 조작은 왕씨 고려 후기라고 주장하고 있는 반면 왕부, 왕모, 왕비 이름의 조작은 상고 최후에서 중고에 이루어졌다고 주장하고 있다. 왜 그런 각각의 조작이 행해졌는지에 대한 설명이나 근거는 물론 없다.

⑤ 그의 주장의 모순점은 셀 수도 없다. 즉 신라 개국연대(오봉원년 갑자, 서기전 57)는 신라시대 사람이 조작하였다고 주장하

면서 신라 개국의 조작은 왕씨 고려 후기라고 주장하고 있다. 스에마쓰 야스카즈의 조작 주장이 허위이고 전혀 근거 없음을 나타내는 사례라 할 것이다.

⑥ 사실이 아님을 나타내는 용어로 '조작'·'전설'이라는 용어가 가장 빈번하게 사용되고 있다. 그러면서 의미를 보다 완화한 용어도 쓰고 있다. '후대의 사실의 투영', 후대 것의 '분화'·'중복'·'반영' 등의 용어가 그것이다. 그러나 이러한 용어 또한 후세의 사실에 의거하여 소급하여 조작하였다는 것을 나타내는 말임에는 틀림이 없다. 또 '개작'·'가공적'이라는 표현도 사용하고 있다. 그러나 가장 많이 사용하는 용어는 '조작'·'전설'이라는 용어이다. '조작'은 다시 '조작 결정'·'후세의 조작'·'편집상의 조작'·'소급적 조작'·'조립과 새로운 조작'·'실재 지명이 이용된 조작'·'조작적 명칭'·'설명적 조작' 등의 수식을 붙여서 사용하고 있고, '전설'은 '전설의 모방'·'고전설의 잔재'·'전설적 기사'·'전설의 정리'·'고전의 저록(著錄)'·'전설구성'·'전설시대'·'전설의 해설'·'반(半)전설적 반(半)역사적 시대'·'전설적 기재' 등 수많은 표현을 사용하여 조작되었다는 효과를 높이려고 하고 있다.

그는 '조작설'을 더욱 신빙성 있는 것으로 하기 위하여 '실재 지명이 이용된 조작'이라고 해서 실제 있었던 지명을 가지고 조작했다거나 "품계 17등의 제정이나 가배·회소 자체는 역사적 사실이나 그 기원연대는 소급하여 일괄 기록하였다."라고 표현해서 마치 일부는 사실인 것을 후대에 소급한 것처럼 표현하기도 한다. 또 그는 『삼국사기』를 세밀히 검토했음을 보이기 위해 사료적 가치가 없던 사료도 다시 조사·검토한다면서, "역사 사실이 아니라고 내버렸던 6촌명도 부분적으로는 고유명칭도 포함하고 있기 때문에 일률적으로 버릴 수 없어서 검토하겠다."라고 말하고 있다. 자신이 『삼국사기』·『삼국유사』가 조작되었는지 알기 위해 무수히 많은 검토를 했으며 조금이라도 사실이 담겨 있으면 살리려고 노력했다는 인상을 주기 위한 것이다. 그만큼 지능적이라고 볼 수 있다.

지금까지 스에마쓰 야스카즈가 사료비판을 행하는 방법을 알아보았는데, 그의 비판이 얼마나 주관적이고 계획된 왜곡이며 근거도 없는지를 어느 정도 알게 되었다.

요컨대 사료비판에서 나타난 스에마쓰 야스카즈의 주장의 요점은 신라는 김씨 왕조의 역사이며, 왕계는 17대 내물왕 이후만 역사적 사실이고 각년(各年)의 기사는 영토에 관한 기사를 포함해서 23대 법흥왕 이후의 기사만 사실이라는 것이다. 즉 상고(上古, 1~22대)의 기준을 17대 내물왕으로 나누어서 그 이전은 왕계(王系)도 각년의 기사도 조작인 '전설시대'라고 보고, 내물왕에서 22대까지는 왕계만 역사적 사실인 '반(半)전설적·반(半)역사적 시대'라고 주장하는 것이다.

문제는 조선총독부 출신 스에마쓰 야스카즈의 이런 허황된 주장이 한국의 고대사 학자들에게 받아들여지고 있다는 점이다. 그의 주장을 그대로 추종하는 한국고대사 학자들의 면면은 다음과 같다.

① 내물왕은 신라의 엄밀한 의미의 건국의 왕이다(이병도, 「삼한시대의 신고찰」, 『진단학보』 8, 1937, p. 42).
② 내물 이전이나 상대(上代)를 설화의 시대로 본다(김철준, 「신라 상고사회의 Dual Organization」 (상), 『역사학보』 1, 1952, p. 26).

③ 변태섭은 내물왕을 고대국가 건국의 왕이라 하고 상고(1~22대)를 다시 내물왕 이전과 이후로 구분하여 이전(1~16대)을 전설시대, 이후(17~22대)를 김씨 왕조가 성립한 상고라 하였는데, 이것은 스에마쓰 야스카즈의 시대구분(41쪽)을 그대로 추종한 것이다(변태섭, 「묘제를 통해 본 신라사회의 발전과정」, 『역사교육』 8, 1964, p. 74).

④ 이기동은 신라 건국의 전(全) 역사는 내물 왕조의 역사(이기동, 『신라 골품제 사회와 화랑도』, 1980, p. 54)라고 말했으며, 『삼국사기』 「신라본기」 초기 기록은 신화에서 역사로의 과도기를 다룬 것이 틀림없다(이기동 외, 『한국사강좌-고대편』, 1982, p. 143)고 단정했다.

광복 이후 한국고대사 학계를 좌지우지했던 사학자들이 조선총독부 조선사편수회 출신이자 경성제대 출신인 스에마쓰 야스카즈를 무조건 추종하고 있는 희한한 현상이다. 한국고대사에 관한 한 식민사학은 전혀 극복되지 않았으면 지금도 대한민국의 역사관은 조선총독부가 관장하고 있다고 보아도 다름이 아닌 상황이다.

3. 스에마쓰 야스카즈의 사료의 '언어학적 해석' 분석

그러면 다음으로 나름대로 근거를 제시한 스에마쓰 야스카즈의 주장을 살펴보자. 그는 「신라3대고」에서 3개, 「신라건국고」에서 3개, 「신라상고세계고」에서 5개, 「신라6부고」에서 6개, 합계 17개의 주장 내지 견해를 발표하였다.

이 가운데 「신라건국고」에서는 '마립간' 1개, 「신라상고세계고」에

〈표2〉 스에마쓰 야스카즈의 주장의 내용(근거 제시분)

	언어학적 해석	상고사론	계
사료의 조작	2	3	5
외국 예속	0	2	2
그 밖의 자기주장	2	8	10
계	4	13	17

서는 ⓐ 왕명 ⓑ 왕부·왕모·왕비명 ⓒ 김씨 시조의 3개 등, 합계 4개의 주제에 대해서는 이른바 '언어학적 해석'에 의한 분석을 했으며, 나머지 13개 주제에 대해서는 사료 분석을 했다. 그의 주장의 구체적 내용을 살펴보면 상고사의 사료가 조작되었다고 주장한 것이 5개, 신라가 외국의 속국 내지 예속되었다는 것이 2개, 그 밖에 상고사에 관한 자기주장이 10개였다(〈표2〉 참조).

(1) '마립간' 용어 분석

『삼국사기』에서는 19대 눌지왕에서 22대 지증왕에 이르는 4대의 제왕의 왕호를 '마립간'이라고 하고 있으며, 『삼국유사』에서는 17대 내물왕에서 22대 지증왕에 이르는 6대의 제왕의 왕호를 '마립간'이라고 기록하고 있다. 그런데 스에마쓰 야스카즈는 '마립간'은 고구려 기원의 칭호인 '막리지'에서 나왔는데, 신라의 왕위가 고구려에 의하여 좌우되었을 때 그 명칭이 왕호로까지 성장하였다고 주장했다(155~164쪽). 일본인 식민사학자들이 보다 구체적인 주장을 내놓을 때는 『일본서기』를 주목하면 되는데, 스에마쓰도 마찬가지다.

그는 고구려 최상의 관위호인 '막리지'는 『일본서기』에 나오는 '막하하라지(莫何何羅支)', '막하라수지(莫何邏繡支)'이며 『일본서기』 게이타이(繼體) 천황 23년조에 나오는 고구려의 정부인(正夫人)·세자(世子)·복신(卜臣)의 고훈(古訓) 즉 각각 Makariorikuku·Makariyoro·만가리타노(萬加利陀魯)에 공통으로 포함되어 있는 Makari와 동일하다고 하였다. 즉 막리(莫離)·막하(莫何)·막하수(莫何邏)는 모두 Makari(마가리)의 대역(對譯)이며 '지(支)'는 존경의 접미사라 하였다. 이에 따라 '막리'는 마립의 원어이고, 막리의 원어는 '마가리'이며, 마립은 막리의 대역어이고, 따라서 마립간은 고구려 기원의 호칭이며, '대인'을 뜻하는 고구려어 '마가리지(支)'는 신라에 들어와서 '마가리간'이 되고, 앞에서 언급한 바와 같이 고구려의 세력이 신라를 좌우하게 되었을 때 그 명칭이 왕호로 성장하였다는 것이 그 주장의 골자이다.

그러나 이 역시 그가 자의적으로 그렇게 생각한다는 것뿐, 고구려어와 신라어의 체계적 분석을 통해서 내린 추론이나 결론이 아니다. '막리지'가 '마립간'이 되었다는 스에마쓰 야스카즈의 희한한 주장은 그야말로 그 자신의 공상에 불과할 뿐, 근거는 하나도 없다.

고구려의 최상의 관위호인 '막리지'와 『일본서기』에 나타나는 고구려의 정부인·세자·복신의 고훈(古訓)이라는 '마가리'와 비슷하다고 해서 양자를 동일한 것이라고 주장하려면 고구려어의 실제 변천 과정을 연구해야 할 것이다. 더구나 '막리지'가 '마립간'이 되었다고 주장하려면 이런 공상적 상상 외에 구체적 실례를 들어야 할 것이다.

'마립간'은 서기 400년 전후의 신라의 왕호인 반면 '막리지'는 642년 무렵 중국사서에 처음 나타난다. '막리지'가 사서에 보이기

200여 년 전에 통용되던 '마립간'이 '막리지'에서 연유되었다고 주장하는 것은 사료를 거꾸로 보는 것이다. 두 용어의 사용 연대로 보아 마립간이 고구려의 막리지에서 연유될 수 없음은 두말할 필요도 없다. 스에마쓰는 한국사서보다 중국사서가 한국상고사 연구에 결정적인 중요성을 갖는다고 말해놓고도 이 경우는 중국사서를 불신한다고 말하고 있다. 식민사학자들에게 역사 연구란 역사 사료 자체를 연구하는 것이 아니라 자신의 공상에 역사 사료를 꿰맞추는 작업에 지나지 않는다.

다음으로, 신라의 왕위가 고구려에 의해 좌우되었을 때 고구려 신하의 관위가 신라의 왕호에까지 상승하였다고 말하고 있지만 신라의 왕위가 고구려에 의해 좌우된 일은 없다. 『삼국사기』「신라본기」〈내물왕 37년(392)〉조에 내물왕이 이찬(伊湌) 대서지(大西知)의 아들 실성(實聖)을 고구려에 볼모로 보냈다는 기사가 있고, 〈눌지왕 즉위〉조에 고구려 사람들이 눌지를 죽이라는 말을 듣지 않았다는 기사가 있으나 이들은 신라의 왕위를 고구려가 좌우했다는 기사는 아니다.[125]

일찍이 양주동이 "신라의 마립간(麻立干, 말한)·고구려의 관명인 막리지(莫離支, 말치)의 '마립(麻立)'·'막리(莫離)'는 말·ᄆᆞᄅᆞ[두상(頭上), 종(宗)]의 차자(借字)이다."[126]라고 했는데, 스에마쓰 야스카즈는 이를 자기 식으로 고쳐서 마립간이 막리지에서 기원한다고 한 것 같다. 즉 양주동은 말·ᄆᆞᄅᆞ가 고구려에서는 막리로 차자(借字)

---

125 마립간 왕호는 『삼국사기』는 눌지왕 때부터 『삼국유사』는 내물왕 때부터 사용했다는 양설이 있다. 그런데 고구려와 신라와의 관계 기사도 『삼국사기』에는 눌지와 내물의 양대에 나타나 있다.

126 양주동, 『조선고가연구』, 박문서관, 1946, p. 71.

하고 신라에서는 마립으로 차자하였다는 것을 고구려의 막리(莫離)가 신라에 들어와서 마립(麻立)으로 변하였다고 말한 것이다. 고구려 신하의 관위를 신라왕의 왕호로 할 정도로 고구려가 신라를 지배하였다는 스에마쓰 야스카즈의 주장은 억설의 하나에 불과하다.

스에마쓰 야스카즈는 『삼국사기』보다 『삼국유사』의 사료적 가치를 더 인정한다고 주장했지만 '마립간' 왕호 사용 시작연대 기사와, 고구려와 신라의 관계기사를 관련짓기 위해 이번에는 『삼국사기』와 『삼국유사』의 '마립간' 왕호 사용 시작 연대가 모두 사실이라고 말했다. 이를 맞추기 위해서 그는 다음과 같은 군색한 변명을 하고 있다(154쪽). 스에마쓰 야스카즈는 "나는 『삼국사기』·『삼국유사』의 양설 중 어느 하나가 옳고 다른 것이 잘못이라기보다는 양설의 존재 자체 속에 사실을 인정해야 한다. 즉 내물왕에서 눌지에 이르는 사이에 이사금에서 마립간에의 전환기가 있다고 생각한다. 바꾸어 말하면 이사금은 어떤 왕대 어떤 해에 한하여 마립간이 된 것이 아니라 처음에 이사금의 별명·별칭으로서 마립간이 있었던 것으로 안다."라고 말했다. 자신이 생각한 사실과 맞지 않으면 해당 사료를 깊숙이 연구함으로써 모순을 해결하려는 것이 아니라 자의적이고 편의적으로 이리저리 갖다 붙여서 변명하는 것이다. 그러니 그의 논리란 군색한 변명의 연속에 불과하다.

(2) 상고 22왕의 왕명 분석

스에마쓰 야스카즈가 신라상고사가 조작되었다고 나름대로 근거를 제시한 부분은 상고(上古)의 왕명(王名, 1~17대), 상고(上古) 왕의 왕부·왕모·왕비의 이름(1~17대), 이른바 '삼성교립', 그리고 사성(賜姓) 등의 4가지 영역이다. 이 넷 가운데 앞의 둘은 이른바 '언어학적 해석'에 의한 근거 제시이고 뒤의 둘은 사료의 해석에 의한 근거 제시였다. 그는 이 상고(上古) 왕명의 이른바 '언어학적 해석'과 '삼성교립'을 신라상고사 조작의 결정적인 근거라고 주장한 것이다.

그러면 먼저 그의 상고 17왕의 왕명 분석부터 살펴보자(65~78쪽). 그의 요지를 미리 말하면 이러하다. 17대 내물왕부터 22대 지증왕까지의 6왕의 왕명을 가지고 시조 혁거세부터 16대 흘해왕까지의 16왕의 왕명을 조작하였다는 것인데, 특히 가장 강조한 것은 내물(奈勿)의 어의가 태양(太陽)이라는 것이다.

첫째, 내물[奈勿, 내밀(奈密)·나밀(那密)]의 내(奈)·나(那)의 na와 물(mur)·밀(mir)의 종성(終聲)인 r이 합하여 nar(날), 즉 태양이 되었다고 주장한다. 그러나 내물(내밀·나밀)의 발음이 namur이든 또는 namir이든, 둘째 음절의 모음(u, i)은 변하거나 소실될 수 있어도 둘째 음절의 자음인 m은 결코 소실될 수 없다. 따라서 내물이 절대로 nar, 즉 해 또는 태양이 될 수 없다.

둘째, 해는 pur(풀), 즉 화(火)이므로 남해(南解, 2대)·탈해(脫解, 4대)·내해(奈解, 10대)·첨해(沾解, 12대)·흘해(訖解, 16대) 등 왕명에 해(解)가 붙은 5왕은 모두 화(火)·광(光)의 뜻이 있는 왕이 되는데, 이것이 내물(17대)의 태양에서 조작된 왕명이라는 주장이다. 그런데 bur(불)이 아닌 pur(풀)이 어떻게 화(火)가 되는지 설명의 근거는 대지 못한다. 설사 pur이 아니라 bur이라 하더라도 내물의 왕명에서 다른 왕의 이름을 조작했다는 근거는 되지 못한다.

또한 내물(奈勿)을 음으로 따졌다면 '해(解)' 자도 음으로 따져야 한다. 그러나 그렇게 되면 해(解)의 음은 hai(해), 즉 태양이 되어 상기의 왕이 모두 태양의 뜻을 갖게 된다. 이렇게 되면 스에마쓰 야스카즈가 내물만이 태양이고 다섯 왕은 태양에서 파생된 화·광의 뜻이 있는 것이라고 주장한 것과 서로 맞지 않는다. 그래서 그때그때 근거가 달라지는 스에마쓰의 특성에 따라 해(解) 자는 음이 아니라 어의(語義)로 해석하여 pur(풀)로 만들었는데, 이렇게 해도 뜻대로 되지 않으니 pur(풀)을 bur(불·화)로 바꾸어 다섯 왕은 태양인 내물에서 반영되어 만들어졌다고 한 것이다. 이것이 이른바 그의 '언어학적 해석'의 정체이다.

그는 또한 벌휴(伐休, 9대) 역시 명(明), 적(赤)의 뜻이 있으니 내물(奈勿)에서 조작되었다고 주장했다. 문제는 벌휴에는 그가 원하는 화(火)·광(光)·명(明)·적(赤)의 뜻이 없는 것이었다. 그러나 자신이 미리 내려놓은 결론에 모든 논리를 꿰맞추는 스에마쓰 야스카즈에게 이런 것이 문제가 될 수는 없다. 그는 벌휴에 화(火)·광(光)·명(明)·적(赤) 등의 의미를 갖게 하기 위하여 벌휴와 발음이 유사한 발휘로 대치시키고 이 발휘의 휘는 명(明)·적(赤)의 뜻이 있으니 내물에서 조작되었다고 주장했다. 그가 견강부회에 얼마나 머리를 쥐어짰는지를 여실히 보여주는 사례라 하겠다.

기준이 되는 왕명을 음으로 따졌다면 다른 왕의 이름도 당연히 음으로 따져야 한다. 만일 다른 왕의 명을 어의로 따진다면 '해(解)' 자가 붙은 다섯 왕이 아니라 오히려 32대 효소왕(孝昭王)·39대 소성왕(昭聖王)·54대 경명왕(景明王)이 주목의 대상이 되어야 할 것이다. 소(昭)는 밝을 소(明), 빛날 소(光)의 뜻이 있고 명(明)은 밝을 명(昭), 밝힐 명(顯), 날샐 명(夜明), 낮 명(晝), 빛 명(光)의 뜻이 있기 때문이다. 그러나 여기에 대해 스에마쓰 야스카즈는 일언반구도 하지 않는다. 효소도, 소성도, 경명도 내물의 명(名)에 의한 조작이란 말인가? 그러나 그는 법흥왕 이후의 기사는 모두 사실이라고 한 바 있으므로 이 세 왕의 이름은 조작으로 볼 수 없게 된다. 이런 관점에서도 내물의 이름으로 앞의 왕들의 이름이 조작되었다는 주장은 전혀 근거 없는 견강부회임을 알 수 있다.

지금까지 내물(奈勿)이 날(日), 즉 태양이 될 수 없는 것과 마찬가지로 '해(解)' 자와 벌휴가 다 같이 화(火)·광(光)·명(明)·적(赤)이 될 수 없음을 보았다. 만일 '성(聖)' 자 있는 왕이 여럿 있으면 조작해서가 아니라 성자(聖者)임을 나타내기 위해서 그러한 왕명을 만든 것으로 해석해야 할 것이다. 마찬가지로 화(火)·광(光)·명(明)·적(赤)의 뜻이 있는 왕명을 가진 왕이 여럿 있으면 하늘의 명을 받고 나라를 다스리는 지고한 왕의 신분을 나타내기 위해서든지 아니면 하늘에서 내려온 시조인 혁거세의 자손임을 나타내기 위한 왕명이라고 해석하는 것이 합리적일 것이다. 시조 혁거세(赫居世)의 다른 이름은 불구내(弗矩內, 불거래)로, 혁거세의 '혁(赫)' 자에는 '빛날 혁', '불이 이글이글 탈 혁', '환할 혁'의 뜻이 있다. 또한 '거세(居世)'는 세상을 지배한다는 뜻이 있으므로 혁거세는 태양처럼 세상을 다스리는 왕으로 해석할 수 있다. 이는 신라 사람들이 자신들의 시조를 그만큼 신성시했음을 의미한다.

셋째, 스에마쓰 야스카즈는 앞에서 같은 어의가 있는, 즉 동류(同類)의 왕명이 여러 개 있으면 이것을 왕명 조작의 근거로 삼아놓고는 뒤에서는 또 반대어가 있으면 이것을 왕명 조작의 근거로 삼고 있다. 즉 왕명 일성(逸聖, 7대)은 실성(實聖, 18대)의 반대어이기 때문에 일성의 왕명이 실성에 근거하여 조작되었다는 것이다. 바꿔 말하면 이미 살펴본 남해·탈해·벌휴·내해·첨해·흘해 등은 기준이 되는 왕명(내물)과 같은 뜻이 담기도록 조작했고 일성은 기준이 되는 왕명(실성)과 반대어가 되도록 조작했다는 것이다. 그렇다면 후자의 경우 '성(聖)' 자가 들어 있으면서 스에마쓰가 역사적 사실이라고 시인한 법흥왕 이후의 왕인 38대 원성왕·39대 소성왕(昭聖王)·46대 문성왕(文聖王)·51대 진성왕(眞聖王)의 존재는 어떻게 해석해야 할 것인가? 여기에 대하여는 물론 아무런 언급이 없다. 일성도, 실성도 그리고 지금 말한 '성' 자가 들어 있는 네 왕도 모두 성자의 기품을 가졌기 때문에 그러한 용어가 사용된 것으로 보아야 할 것이다. 해(解)이든 성(聖)이든 또는 그 밖의 어떤 어의를 갖는 왕이든 간에 같은 어의를 가진 왕명이 여럿 있다고 하여 그것을 조작된 것으로 볼 수는 없다. 그러한 주장은 남의 나라의 역사를 말살하려는 흉계에서 출발한 식민사학, 식민주의가 아니고서는 할 수 없는 주장이다.

넷째, 3대 유리왕(儒理王)과 14대 유례왕(儒禮王)에는 노(老)의 의미가 있다면서, 이것은 노(老)의 뜻이 있는 눌지(訥祗, 19대)에서 조작되었다고 주장했다. 유리와 유례에는 노(老)의 어의가 없지만 유리가 탈해보다 연장으로 먼저 즉위하였기 때문에 유리뿐만 아니라 14대 유례까지도 노의 뜻이 있다는 주장이다(67, 71쪽). 자기가 원하는 어의(語義)가 없으면 글자와 전혀 관련이 없는 다른 역사 사실을 가져와서 왕명의 어의가 된다고 주장하는 것이다. 견강부회라는 말로는 부족한, 그야말로 얼토당토않은 주장이다.

그런데 지금까지 살펴본 스에마쓰 야스카즈의 얼토당토않은 언어의 유희를 김철준은 타당한 해석이라 평하고[127] 이기동은 '사료의 고등비판'과 '언어학적 해석'의 방법으로 삼국시대의 연구를 개

127 김철준, 『한국고대사회연구』, 지식산업사, 1975, p. 81.

척하고 발전시켰다고 평하고 있으니[128] 그저 희한할 뿐이다.

자비(20대)에 의해 첨해(12대), 조분(11대), 아달라(8대)의 왕명이 조작되었으며, 지증(22대)에 의해 기림(15대)·흘해(16대)의 이름이 조작되었다는 주장도 위에 언급한 것과 유사하다.[129]

이런 억지 논리로 조작의 근거를 만들어보아도 설명되지 않는 왕이 존재하자 스에마쓰 야스카즈는 할 수 없이 '기타[13대 미추(味鄒)]', 또는 '미상(未詳, 6대 지마, 5대 파사)'으로 처리하였다(28쪽). 미추왕·지마왕·파사왕은 어느 왕명을 보고 베끼지 않고 조작한 셈이 된다. 21대 소지는 조작의 원형이 되지 못한 왕이 되는 것이다.

mit(밑)의 경우는 더욱 자의적으로 해석되었다. 스에마쓰 야스카즈는 mit(mis)(밑)으로 발음하는 것은 어떤 때는 원(元)·본(本)의 뜻이 있다면서 실제 존재한 것으로 해석하였지만 어떤 때는 또 mit의 뜻이 있더라도 조작된 것으로 보았다(뒤에서 언급하겠다). 그는 급(及)에 '밑'이란 뜻이 있다면서 급량부(及梁部)는 본래부터의 양부(梁部)로 해석하면서도(300쪽) 미추(13대)도 mit(밑)으로 발음하지만 조작된 전설상의 왕으로 해석하였다. 모두 mit이라 발음하여도 자기 편리한 대로 어떤 때는 역사적 사실로 해석하고 어떤 때는 조작된 존재로 해석했다. 이러한 사례에서도 스에마쓰 야스카즈의 허위의 논증의 일각이 나타나 있다고 하겠다. 미추(13대)는 그의 말대로 역사적 사실로 인정된 최초의 왕인(105쪽) 내물(17대) 이전의 왕이다. 같은 mit이라도 어떤 때는 역사적 사실로 인정하고 어떤 때

---

128 이기동, 「신라 골품제 연구의 현황과 그 과제」, 『신라 골품제 사회와 화랑도』, 1980 소수(所收), p. 3, 14.

129 스에마쓰는 흘해(16대)는 내물(17대)과 지증(22대)의 두 왕의 이름에 의거하여 조작하였다는 웃지 못할 설명을 가하기도 하였다(pp. 77~78).

는 조작된 것으로 단정하는 것이 스에마쓰 야스카즈의 '고등문헌비판'인 것이다.

그러면 지금까지 언급된 스에마쓰 야스카즈의 왕명 조작, 즉 어느 왕의 이름으로 어느 왕의 이름이 조작되었는가를 도표로 표시해 보자. 얼마나 황당무계한 견강부회인가를 〈표3〉은 말해주고 있다.

내물에서 지증까지 여섯 왕의 왕명으로 혁거세에서 16대 흘해까지의 왕명이 조작되었다고 하면서 소지(21대)는 언급하지 않는다. 또 〈표3〉에서 어떤 왕(내물)은 일곱 왕의 이름 조작의 원형이 되고 또 어떤 왕(실성)은 한 왕의 왕명 조작의 원형이 되고 있음을 알게 된다. 내물의 이름으로는 일곱 왕의 왕명이 조작되고 눌지와 지증의 이름으로는 각각 두 왕의 왕명이 조작되며 자비의 이름으로는 3명의 왕명이, 그리고 실성의 이름으로는 1명의 왕명이 조작되며 또한 소지의 이름으로는 1명의 왕명도 조작되지 않았다. 왜 이러한 조작이 생겨났는지에 대하여 반드시 설명되어야 할 것이지만, 여기에 대해서는 아무런 언급이 없다. 또 이미 언급한 바와 같이 명·적·화·광의 뜻이 있는 7명의 왕명이 내물에서 조작되었다고 주장하였는데, 그렇다면 명·적·화·광의 뜻이 있는 많은 글자 중에서 왜 하필 '혁거세'·'남해'·'탈해'·'벌휴'·'내해'·'첨해'·'흘해'의 글자를 택하였는지도 설명해야 하는데 그것도 언급이 없다. 또 시조 혁거세부터 16대 흘해까지 16왕 가운데 왜 하필 1·2·4·9·10·12·16대 일곱 왕의 왕명을 내물의 이름으로 조작하였는지에 대하여도 아무런 설명이 없다.[130]

---

130 242쪽 〈표1〉에도 나타나 있듯이 스에마쓰 야스카즈는 자신의 주장 대부분에 근거를 제시하지 않는다.

〈표3〉 스에마쓰 야스카즈가 주장하는 왕명의 조작

	왕명	왕명 조작의 방향					비고
왕명이 조작된 왕	1대 혁거세	○					
	2대 남해	○					
	3대 유리			○			
	4대 탈해	○					
	5대 파사						원형 없이 조작되었다고 함
	6대 지마						원형 없이 조작되었다고 함
	7대 일성		○				
	8대 아달라				○		
	9대 벌휴	○					
	10대 내해	○					
	11대 조분				○		
	12대 첨해	○			○		
	13대 미추						원형 없이 조작되었다고 함
	14대 유례			○			
	15대 기림					○	
	16대 흘해	○				○	
왕명 조작의 원형이 된 실제의 왕	17대 내물	●					
	18대 실성		●				
	19대 눌지			●			
	20대 자비				●		
	21대 소지						조작의 원형이 되지 못했다고 함
	22대 지증					●	

비고 : 1. ●는 왕명 조작의 원형이 된 왕명을 뜻함.
2. ○는 왕명이 조작된 왕명을 뜻함.
3. 위의 표는 예를 들면 17대 내물의 이름으로 1대 혁거세, 2대 남해, 4대 탈해, 9대 벌휴, 10대 내해, 12대 첨해, 16대 흘해가 조작되었음을 나타낸다.

설사 스에마쓰 야스카즈가 주장하는 왕의 수보다 더 많은 수의 왕명에 명(明)·광(光)·태양의 뜻이 담겨 있다고 가정하더라도 이것은 한민족의 근본사상에 기인하는 것이지 조작에 기인하는 것은 아니다. 고대의 한민족은 동방의 새땅·신천지에서 광명을 희구하는 민족으로 그 근본사상은 새-신(新)·동(東), 밝-명(明)·광(光),

앗-조(朝)·양(陽) 등의 의미 내용과 상통하는 동명사상(東明思想)이었던 것이다. 이러한 의미가 담긴 이름은 비단 왕명뿐만 아니라 국명·종족명·지명에도 나타나 있다.[131]

시조에서 22대 왕까지의 왕명에 태양의 뜻이 담겨 있다고 한다면 시조 혁거세, 2대 남해, 4대 탈해, 10대 내해, 12대 첨해, 16대 흘해만이 그러한 왕이고 내물왕은 제외된다. '해(解)'가 태양을 뜻하는 차자(借字)라는 것은 스에마쓰 야스카즈 자신도 다른 논고에서 인정한 바 있다.[132]

즉 스에마쓰 야스카즈는 아무런 논리도 없이 신라의 건국 연대를 낮추기 위해 신라의 왕명이 조작되었다고 주장했는데, 그나마 그 주장도 때에 따라 서로 모순되거나 아무런 사료적 논리적 근거가 없는 자의적인 것이었다. 이런 논문이 어떻게 도쿄대학 박사학위 논문으로 통과될 수 있었는지 그 또한 불가사의다.

(3) 왕부·왕모·왕비의 이름 분석

스에마쓰 야스카즈는 왕부·왕모·왕비 이름 중에는 ar(알)·nar(날)·pur(풀) 등 문자는 다르지만 같은 의미의 이름을 가진 사람이 몇 명 존재하고 또 그 이름이 왕명의 의미와 일치하거나 상통되는 현상도 존재하며 또한 왕부·왕모·왕비의 이름뿐만 아니라 그 '출자'가 수없이 기록되어 있다고 전제하고, 이러한 것들은 전설을 조작할 때 소재의 단일성과 빈곤에도 기인한다고 주장했다. 스

---

131 박병채, 「한국어의 기원에 대한 고찰」, 『아카데미논총』 2, 1974년 12월.

132 末松保和, 「朝鮮古代諸國の開國傳說と國姓について」, 『歷史』 1~2, 1948.

에마쓰는 또한 상고(上古) 최후 부분 내지 중고(中古)에 들어온 '역사시대'에 있어서 '여계계승(女系繼承)'의 소급적 조작이라고 단정 지었다(95~98쪽).

nar과 bur이 아닌 pur은 이미 허위의 것임이 드러났지만 스에마쓰의 주장을 그대로 받아들인다 하더라도 그 원인은 역사시대에서의 '여계계승'[133]의 소급적 조작이 아니라 신라 사회의 특징을 여실히 반영한 것이다. 신라시대는 자(子)·손(孫)뿐만 아니라 여(女, 딸)·서(婿, 사위)·외손(外孫)도 왕위계승을 하여 서와 자, 친손과 외손의 차별이 거의 없었다. 여·서와 외손이 왕위계승을 한 것은 51대 진성왕·53대 신덕왕·54대 경명왕·55대 경애왕의 예처럼 신라 말기까지 존재하였다. 갈문왕(葛文王)의 칭호도 왕부(王父)뿐만 아니라 왕모(王母)의 부(父)와 왕비의 부(父)에도 부여되었다.[134] 왕위계승을 하는 서(婿)와 대응관계에 있는 사람은 왕비의 부(父)이며 외손과 대응관계에 있는 사람은 왕모의 부(父)이다. 이러한 사회적 맥락에서는 스에마쓰 야스카즈가 말하는 것처럼 부(父)·조(祖)·증조(曾祖) 등의 기록만 중시한 것이 아니라 왕모·왕비도 중시됨에 따라 왕모의 부(父)·왕비의 부(父)의 기록도 똑같이 중시한다. 스에마쓰는 자기가 모르는 사회적 현상에 직면하면 전가의 보도처럼 '조작'이라고 단정 지었는데, 이 역시 조작으로 몰았다.[135]

---

133 '여계계승'이라는 용어 자체나 개념의 모호성도 문제가 되지만 여기서는 그의 용어 그대로 사용하기로 한다.

134 이기백, 「신라의 갈문왕」, 『신라정치사회사연구』, 일조각, 1973.

135 다음에 살펴볼 상고시대의 왕위계승에도 그러한 주장을 하였다.

(4) 「김씨시조고(金氏始祖考)」 분석

스에마쓰 야스카즈는 신라의 시조가 박씨라는 사실을 부인하고 시조를 김씨의 왕조라고 하여 김씨의 시조를 몇 가지로 구분했다. 즉, ⓐ 최고의 전설상의 시조(알지) ⓑ 전설상 최초로 왕위에 오른 왕 또는 이름만의 시조(미추) ⓒ 역사적 실재의 시조(내물) ⓓ 금석문에 보이는 시조[성한(星漢)]로 구별한 것이다.

신라를 김씨 왕조로 보는 것이나 김씨 시조를 강조하는 것 자체가 신라 사회를 잘 모르고 하는 말이다. 신라시대는 김씨 왕조라는 의식도, 김씨만의 시조를 강조하는 의식도 없었다. 이러한 의식이 있었다면 53대 신덕왕처럼 사위가 왕위에 오를 수도 없었으며 30대 문무왕·31대 신문왕·34대 효성왕·40대 애장왕·41대 헌덕왕·42대 흥덕왕 등이 김씨의 몸이면서도 이성(異姓)으로서 박씨인 혁거세를 시조로 의식하고 그를 모시는 시조묘에 친사(親祀, 직접 제사 지냄)할 수도 없었을 것이다.

후에 언급하겠지만 중국에서 도입된 직계조(直系祖)의 사상이 담긴 5묘제는 사회구조를 변혁시킬 정도까지는 이르지 못하였다. 이것은 김씨의 왕이 이성이며 박씨인 혁거세를 시조로 의식하여 제사를 지내는 것에도 나타나 있다. 따라서 김씨 시조의 사회적 의의를 강조하는 것이나 김씨 시조를 4가지 형태로 구별하는 것은 근거가 없을 뿐만 아니라 무의미하다.

스에마쓰 야스카즈는 알지(閼智)의 알(閼, ar)이 특히 미시나 쇼에이의 주론(主論), 즉 "고대 왕자로서의 칭호인 알(ar)은 (중략) 단독으로는 알[卵]을 의미하지만 '복합어'로서는 곡류·과실이나 그 밖의 것의 피곡(皮穀, 곡식의 껍질)을 박탈(剝脫)하는 것 및 출탈(出脫)

하는 것과 통하는 어의를 가지고 있다."라는 주장을 시인하면서 여기에 자기의 주장을 부가하고 있다. 미시나 쇼에이는 신라의 개국 시조인 혁거세가 사람으로서의 조상 시조임을 부정 내지 말살하고 혁거세가 곡식의 신이라는 것을 주장하기 위해 그러한 주장을 한 것이다. 고대 왕자의 칭호가 어떻게 알(란)과 곡식과 통하는 것인지도 모르겠거니와 도대체 '고대 왕자'란 무엇이며 ar을 '고대 왕자'의 칭호라 가정하더라도 고대 왕자의 칭호에는 'ar'밖에 없으며 또 발음이 유사하다고 하여 알지의 알이 알(란)도 되고 곡물도 되는 것일까?

스에마쓰 야스카즈는 미시나 쇼에이의 주장을 발판으로 삼아 후대의 왕모명과 왕비명에도 ar이 중출(重出, 거듭 나타남)하고 남해왕을 둘러싼 관계도(關係圖)에도 ar이 나온다고 하여 ar은 본원적으로 여성명이라 하였다(105~107쪽). 이리하여 "신라인이 가졌던 가장 옛 전설의 하나는 시조를 여성으로 하고 그 이름도 ar이라 불렀다."(106쪽)면서 시조의 성(性)까지 남성에서 여성으로 바꾸려고 하였다.

미추는 김씨로서 최초로 왕위에 오른 왕이기 때문에 '본(本)·원(元)'의 뜻이 있는 mit·mis(밑)의 음을 빌었다는 것이다. 미추의 계보를 따져보면 김씨 최초의 왕이 된다는 뜻이지 김씨 왕조의 김씨 왕이라는 의식이 이때에는 없었다. 스에마쓰 야스카즈는 성한(星漢)을 금석문상의 시조로 말하고 있지만 그가 지적한 대로 성한의 의의가 혁거세의 혁(赫)·불구(弗矩)에 해당되면 의당 신라의 시조는 혁거세라고 주장했어야 할 것이다. 그는 성한이 혁거세라는 말만 했을 뿐, 혁거세가 신라의 시조라는 말까지는 하지 않았다. 여기에도 그의 왜곡된 표현의 하나가 나타난다고 하겠다.

그는 내물을 다음 4가지 점에 의거하여 신라 역사상 실재의 최초의 시조로 주장한다.

첫째, 내물은 태양의 의(義)인 nar의 음역이다. 이것은 이미 살펴본 바와 같이 사실이 아니며, 내물(奈勿)·내밀(奈密)은 namur·namir로 발음할지언정 nar로 발음하지 않는다. 설사 태양의 뜻이 있다 하더라도 내물이 신라의 시조가 된다는 증거는 되지 못한다.

둘째, 『삼국사기』의 '시조 탄강지인 내을에 신궁을 창립했다(始祖誕降之地奈乙, 創立神宮)(『삼국사기』 권32 〈제사〉조)'는 기사에 나오는 '내을'이라는 지명에 대해 내물처럼 nar(날)이므로 신궁의 주신은 내물이라고 주장하였지만 〈제사〉조에 있는 시조는 문맥으로 보아 명백히 혁거세를 가리킬망정 내물을 가리키지는 않는다.[136]

또 내을(柰乙)·내물(奈勿) 양자 모두 nar이라고 발음한다고 하였는데 그러한 근거는 없다. 내물·내밀은 namur·namir로 발음하고 내을은 스에마쓰 야스카즈 자신도 말한 바와 같이 naur로 발음한다. 즉 내을은 nar(날)로 발음할 수 있을지언정 내물, 내밀은 이미 언급한 바와 같이 자음인 m을 생략할 수 없으므로 nar로 발음할 수 없다. 그리고 내을이 시조 혁거세 탄강지이므로 내물과 혁거세의 두 왕 가운데 한 왕을 '날', 즉 태양으로 본다면 전에 보아온 바와 같이 혁거세를 태양이라 하는 것이 훨씬 합리적이고 타당하다.

136 『삼국사기』 해당 기사는 다음과 같다. '고찰해보니 신라 종묘의 제(制)는 제2대 남해왕 3년 봄에 처음 시조 혁거세의 묘를 세웠다. 사계절에 제사지내는데 친누이 아로(阿老)에게 제사를 주관케 하였다. 제22대 지증왕 때 시조 탄강지인 내을에 신궁을 창립했다(按新羅宗廟之制 第二代南解王三年春 始立始祖赫居世廟 四時祭之 以親妹阿老主祭 第二十二代智證王 於始祖誕降之地奈乙 創立神宮以享之).' (『삼국사기』 권32 〈제사〉조)

셋째, 스에마쓰 야스카즈는 『삼국사기』「신라본기」의 시조묘 기사는 "소지(炤知) 마립간 7년의 기사를 최후로 끝나고, 9년에 신궁(神宮)이 창립되고 17년 구정월(舊正月)에 왕(王) 친사(親祀) 신궁 기사 이후 신라 신왕(新王)이 즉위 때 행하는 친사는 시조가 아니고 신궁이다."라고 주장하였는데 이 또한 사실과 다르다. 신궁 설치 이후에도 시조묘 제사를 지낸 왕은 기록상 적어도 다섯 왕(30대 문무, 31대 신문, 40대 애장, 41대 헌덕, 42대 흥덕)이며, 40대 애장왕은 동왕(同王) 2년에 즉위 의례로 시조묘에 친사하였다. 또 신궁의 주신도 혁거세이다.[137]

넷째, 스에마쓰 야스카즈는 신라의 삼산[三山, 내력(奈歷)·골대(骨大)·혈례(穴禮)][138] 중 하나인 내력은 내을처럼 nar(날)을 음역자(音譯字)한 것이라고 말하고는 내력을 "제1위(位)의 성산(聖山)"이라 부르면서 통일을 성취한 당대의 왕을 nar이라 부름과 동시에 nar이라는 이름이 사상적·전설적 성질을 가지고 있기 때문에 내물이 역사상의 시조가 된다고 주장하였다(75~76쪽).

식민사학자들의 글을 보면 횡설수설하는 경우가 적지 않은데 이 글 역시 무슨 말을 하고 있는 것인지 알 수 없다. 신라에서 대사(大祀)를 지내는 삼산 중 하나의 이름이 내력인 것이 어떻게 내물이 신라사에서 역사적으로 실존하는 최초의 왕이라는 근거가 되는가. 여기에서 하나 주목되는 것은 이제까지는 '전설'을 '조작'의 뜻으로 사용해왔던 그가 여기서는 정작 전설을 사실에 가까운 것이라며 자

137 최재석, 「신라의 시조묘와 신궁의 제사」, 『동방학지』 50, 1986.

138 삼산이란 신라에서 대사를 지내던 3개의 산을 뜻한다. (『삼국사기』「잡지」〈대사〉조)

기주장을 합리화하는 수단으로 사용하고 있다는 점이다.

이상에서 살펴본 것처럼 그가 언급한 4가지 근거 중 어느 것도 17대 내물왕이 신라의 개국시조라는 근거는 되지 않는다. 그럼에도 이병도가 이 설을 채택해 내물왕을 신라의 시조라고 주장한 이래 지금까지도 모든 국사 교과서가 신라의 실질적인 개국 시조를 내물왕인 것처럼 서술하고 있는 실정이다.

4. 스에마쓰 야스카즈의 상고사론 분석

앞에서는 이른바 사료의 '언어학적 방법'에 의한 스에마쓰 야스카즈의 주장을 알아보았는데 여기서는 언어학적 방법이 아니라 사료 분석에 의한 그의 주장에 대해 알아보자.

스에마쓰 야스카즈는 이와 관련해서 도합 17개 사항을 주장했는데, 그 가운데 5개는 『삼국사기』가 조작되었다는 것이고, 다른 2개는 신라가 건국 전부터 외국에 예속되었다는 것이다. 나머지 10개는 그 밖의 자기주장을 피력한 것이다. 그의 논고별로 살펴보면 「신라3대고」에서는 사료분석에 의한 주장이 3개이고, 「신라건국고」에서는 이미 언급한 언어학적 해석과 사료 분석에 의한 주장이 각각 1개, 2개로 도합 3개이고, 「신라상고세계고」에서는 언어학적 해석과 사료 분석에 의한 것이 각각 3개, 2개로 도합 5개이고, 끝으로 「신라6부고」에서는 사료 분석에 의한 주장만 6개이다. 이 17개의 주장은 스에마쓰 야스카즈가 나름대로 근거를 제시한 것들인데, 앞에서 살펴본 바와 같이 아무런 근거의 제시 없이 자기주장을 편 것은 이보다 몇 배나 많다(〈표4〉 참조).

〈표4〉 분석 방법에 의한 스에마쓰 야스카즈의 주장(근거 제시 부분)

	사료 분석	언어학적 해석	계
신라3대고	3	0	3
신라건국고	2	1	3
신라상고세계고	2(2)	3(2)	5(4)
신라6부고	6(1)	0	6(1)
계	13(3)	4(2)	17(5)

비고 : 괄호 안은 『삼국사기』가 조작되었다는 것을 주장한 것이다.

(1) 「신라3대고」 분석

이 논고에서 스에마쓰 야스카즈는 사료 분석에 의한 자기 견해 내지 주장을 3가지 피력하였다. 상고사에 관한 사료는 거의 전부 조작되었다고 하는 그가 『삼국사기』와 『삼국유사』의 시대구분에 관한 것만은 사실이라고 주장하는 것도 기이한 일이다.

〈표5〉 『삼국사기』와 『삼국유사』의 시대구분

『삼국사기』	상대(1~28대)		중대(29~36대)	하대(37~56대)
『삼국유사』	상고(1~22대)	중고(23~28대)	하고(29~56대)	

〈표5〉에 나타나 있듯이 1대 혁거세와 29대 무열왕이 한 시대의 첫 왕이라는 점에 있어서 『삼국사기』와 『삼국유사』는 일치한다. 즉 시조 혁거세는 『삼국사기』 분류로는 상대(上代, 1~28대), 『삼국유사』

분류로는 상고(上古)의 첫 왕이며, 29대 무열왕은 『삼국사기』 분류로는 중대(中代), 『삼국유사』 분류로는 하고(下古)의 첫 왕이다. 그리고 23대 법흥은 『삼국유사』 분류로는 중고(中古)의 첫 왕이며 37대 선덕은 『삼국사기』 분류로는 하대(下代)의 첫 왕이다.

스에마쓰 야스카즈는 각 시대의 첫 왕은 그 시대에 상응하는 어떤 특징을 가지고 있다는 전제 하에 자신의 견해를 펴나갔다. 이를테면 『삼국유사』의 중고(23~28대)라는 시대구분은 중고의 첫 왕인 23대 법흥왕의 성격에 따라 결정되었다는 전제 하에 사료를 고찰했다고 말하고 있다. 그러나 결론부터 말하면 그러한 전제는 성립되지 않는다. 또한 스스로 모순이다. 각 시대의 첫 왕을 고찰한다고 하면서 시조 혁거세는 제외하였고, 하대에 있어서는 첫 왕(37대 선덕왕)이 아니라 두 번째 왕인 원성왕을 고찰하여 출발부터 이치에 맞지 않는 분석을 하였다. 그러면 그의 3가지 주장을 알아보자.

① 그는 29대 무열왕부터 시대구분이 달라지는 것은, 무열왕 대의 혼인인 무열왕과 김유신의 매(妹, 문희)와의 혼인이나 김서현(金舒玄, 김유신의 부)의 혼인에서도 나타나는 바와 같이 혼인법의 전환, 즉 족내혼제도에서 족외혼제도로의 진전 때문(11~17쪽)이라고 말하고 있다. 이것이 그의 첫 번째 주장이지만 268~269쪽 〈표6-1〉에 나타나 있듯이 29대 무열왕을 전후하여 혼인법의 변동이나 전환은 없었다. 즉 신라왕실 혼인의 특징을 나타내는 시기적 차이는 볼 수 없으며 초기, 중기, 후기의 어느 시기에도 근친혼, 원친혼, 이성혼이 존재하였다.[139] 그리하여 그의 첫 번째 주장은 성립될 수 없

---

139 최재석, 앞의 논문, p. 86.

다. 따라서 무열왕이 족외혼을 했기 때문에(가라 여성을 취했기 때문에) 진골이 되었다는 주장도 근거가 없다.

또한 스에마쓰 야스카즈는 논고 「신라중고왕대고」(167~186, 203~204쪽)에서 중고시대는 왕은 모두 김씨이고 왕비는 모두 박씨이므로 이 시대는 박씨라는 '왕비족'이 존재했다고 주장하였는데 이 견해도 근거가 없다. 그는 중고시대의 특징을 억지로 만들기 위해 박씨 왕비가 많은 40대 애장왕부터 46대 문성왕까지의 시대나 김씨 왕비가 많은 31대 신문왕부터 40대 애장왕까지의 시대(〈표6-1〉 참조)는 도외시하면서도 유독 박씨 왕비가 많은 중고시대만을 거론하고 있다. 이런 편의적 취사선택도 물론 역사학적 방법론에서 어긋나는 것이지만 중고시대의 동성(同姓, 김씨)의 왕비·왕모가 2~3사례 나타나는 것은 '예외'로 몰아서 제외해버리고 4~5사례 나타나는 박씨 왕비만 주목하여(270쪽 〈표6-2〉 참조) 이 시대는 김씨 왕이 박씨 왕비하고만 결혼하였으므로 박씨라는 하나의 혈연집단[씨족 내의 통혼군(通婚群)·처당(妻黨)·왕비족이라 하였으니 혈연집단을 뜻함이 분명하다]이 존재하는 것이라면서 '왕비족' 또는 '왕비족 박씨시대'라는 용어를 만들어냈다. 박씨 왕비가 많으면 박씨 혈연집단이 존재한다는 스에마쓰 야스카즈의 논리를 따르면, 중고시대(23~28대)는 박씨족(왕비족)이 존재했다가 김씨 왕비가 많은 31대~40대의 시대에는 그 박씨족이 소멸했고, 박씨 왕비가 많은 40대~46대에 이르러 박씨족이 부활한 셈이 된다. 논리적으로 있을 수 없는 일이다.

그는 중고의 특징을 만들기 위해 박씨·김씨(왕족)를 합쳐서 하나의 씨족으로 보고 이 시대를 김씨(왕)와 박씨(왕비)를 동일 씨족 안에 존재하는 두 개의 '통혼군(通婚群)'(169~170쪽) 내지 '부당(夫黨)'·'처당(妻黨)'(「자서」 19쪽)이 존재하는 시대임과 동시에 '여계적

〈표6-1〉 왕비와 왕모의 성

왕과 왕부	왕비와 왕모의 성		
	동성 근친	동성 원친	이성
1대 혁거세(박)		동성	
2대 남해왕(박)			
3대 유리왕(박)		동성	또는 이성(김씨)
4대 탈해왕의 부(석)			
4대 탈해왕(석)			이성(박씨)
5대 파사왕(박)			이성(김씨)
6대 지마왕(박)			이성(김씨)
7대 일성왕(박)		동성(종손녀?)	
8대 아달라왕(박)	당질녀		
9대 벌휴왕의 부(석)			이성(김씨)
9대 벌휴왕(석)			
10대 내해왕의 부(석)			
10대 내해왕(석)	종매		
11대 조분왕의 부(석)			이성(김씨)
11대 조분왕(석)	당질녀		
12대 첨해왕(석)			
13대 미추왕의 부(김)			이성(박씨)
13대 미추왕(김)			이성(석씨)
14대 유례왕(석)			
15대 기림왕의 부(석)			
15대 기림왕(석)			
16대 흘해왕의 부(석)	6촌매		
16대 흘해왕(석)			
17대 내물왕의 부(김)		동성	
17대 내물왕(김)	질녀(종매)		
18대 실성왕의 부(김)			이성(석씨)
18대 실성왕 (이하 김씨는 생략)		동성	
19대 눌지왕		동성(이종사촌)	
20대 자비왕	종매		
21대 소지왕	당고모		
22대 지증왕의 부	질녀(종매)		
22대 지증왕			이성(박씨)
23대 법흥왕			이성(박씨)
24대 진흥왕의 부	질녀		또는 이성(박씨)
24대 진흥왕			이성(박씨)
25대 진지왕			이성(박씨)
26대 진평왕의 부	고모		
26대 진평왕		동성	

27대 선덕왕			
28대 진덕왕의 부			이성(박씨)
28대 진덕왕			
29대 태종무열왕의 부	당질녀		
29대 태종무열왕		동성(이종)	
30대 문무왕			
31대 신문왕		동성	
32대 효소왕			
33대 성덕왕		동성	
34대 효성왕		동성	
35대 경덕왕		동성	
36대 혜공왕		동성	
37대 선덕왕의 부		동성	
37대 선덕왕		동성	
38대 원성왕의 부			이성(박씨)
38대 원성왕		동성	
39대 소성왕의 부		동성	
39대 소성왕		동성	
40대 애장왕		동성(후궁)	이성(박씨)
41대 헌덕왕	질녀(종매)		
42대 흥덕왕	질녀		
43대 희강왕의 부			
43대 희강왕	6촌매		
44대 민애왕의 부			이성(박씨)
44대 민애왕		동성	
45대 신무왕의 부			이성(박씨)
45대 신무왕			
46대 문성왕			이성(박씨)
47대 헌안왕의 부	당질녀		
47대 헌안왕			
48대 경문왕의 부	6촌매		
48대 경문왕		재종고모	
49대 헌강왕			
50대 정강왕			
51대 진성왕			
52대 효공왕			
53대 신덕왕의 부(박)			
53대 신덕왕(박)			이성(김씨)
54대 경명왕(박)			
55대 경애왕(박)			
56대 경순왕의 부		동성	
56대 경순왕			

〈표6-2〉 중고시대 왕비와 왕모의 성

왕과 왕부	동성	이성
23대 법흥왕		박씨
24대 진흥왕의 부	김씨(질녀)	또는 박씨
24대 진흥왕		박씨
25대 진지왕		박씨
26대 진평왕의 부	김씨(고모)	
26대 진평왕	김씨(동성)	
27대 선덕왕		
28대 진덕왕의 부		박씨
28대 진덕왕		

(女系的) 계승'의 시대로 규정하였지만 그러한 근거는 없다. '왕비족'·'여계적 계승'처럼 개념이 모호한 새로운 용어를 만드는 것도 문제려니와 '왕비족'·'처당'·'통혼군'과 '씨족'과 '여계적 계승'간의 상호 관련성도 모호하고 김씨와 박씨는 하나의 씨족이라는 말과 더불어 같은 씨족제도 하에 있으면서 '여계적·모권적 경향'에서 '남계적·부권적 경향'으로 변해갔다는 주장(240쪽) 역시 무슨 뜻인지 알 수가 없다. 신라시대에는 씨족이 존재할 수 없었다는 사실을 모르고 자의적으로 이리저리 분류하고 모아놓은 것뿐이다.

김씨 왕비는 예외로 취급하고 박씨 왕비만을 문제 삼은 스에마쓰 야스카즈의 주장은 그대로 국내 사학자 김철준과 이기백에게 이어졌다. 김철준은 김씨 왕비는 제외하고 박씨 왕비만을 문제삼은 것을 "탁설(卓說)"이라 평하면서 받아들였으며, 이기백은 '왕비족'이라는 용어를 받아들여 이를 신라뿐만 아니라 고구려와 백제에도 그대로 적용했는데, 스에마쓰 야스카즈를 따라서 중고시대를 '박씨

왕비시대'라 하였다.[140]

그러나 실제로는 예외로 취급한 김씨 왕비도 의당 '왕비족'이 될 수 있으니 이렇게 되면 박씨 왕비족 이외에 김씨 왕비족도 존재하게 되는데, 그러면 김씨왕은 동성인 김씨 왕비족과 박씨 왕비족이라는 두 왕비족과 결혼한 셈이 되니 '왕비족'을 설정한 의도에 위배된다. 이 경우 식민사학자들이 취하는 방법은 문제가 되는 것은 언급 자체를 하지 않고 묻어버리는 것이다. 그래서 김씨 왕비는 예외로 제외하여 문제 삼지 않았다.

② 스에마쓰의 두 번째 주장은, 22대 법흥왕이 중고의 기점이 되는 것은 법흥왕의 '4대사실(四大史實)'에 기인한다면서 신라의 가야제국 병합의 진행기라는 것이 중고의 특징이며 또한 내물왕 시대가 신라왕조의 최초 성립기이기 때문에 상고(1~22대)를 내물 이전과 이후로 구별하여야 한다(18~25쪽)고 주장했다. 법흥왕의 4대사실이란 ⓐ 율령반포 ⓑ 불법조행(佛法肇行, 불법을 처음 시행함) ⓒ 금관국주래항(金官國主來降, 금관가야 국왕이 항복한 것) ⓓ 연호 '건원(建元)' 시칭(始稱, 처음 칭함) 등의 치적인데, 인접 소국의 왕이 내항한 일은 법흥왕 이외에도 많이 있었고, 또한 연호를 '개국(開國)'이라 칭한 진흥왕도 있었으므로 ⓒ와 ⓓ가 법흥왕 특유의 업적이라고 말할 수는 없다. ⓐ와 ⓑ의 관점에서 보면 그의 주장에 부분적인 타당성은 있는 것 같다. 그러나 그렇다고 이것이 중고시대의 특징이 될 수는 없다. 그리고 법흥왕의 이러한 업적을 "신라왕국의 정치사회의 확립"이라고 평한 것은 지나친 논리의 비약이다.

---

140 김철준, 「신라상고사회의 Dual Organization」 하, 『역사학보』 2, 1952, p. 96. 이기백, 「고구려 왕비족고」, 『진단학보』 20, 1959, p. 89.

〈표7〉 신라와 가야의 혼인

	신라	가야
A	이찬조천지매(여)	가야왕
B	갈명(갈문왕현종지손녀)	김서현(김유신의 부)-합병 후 60년
C	무열왕	문희(김유신의 매 · 김서현의 여)
D	무열왕의 제3녀	김유신(김서현의 자)

스에마쓰 야스카즈는 위의 〈표7〉 Ⓐ의 신라와 가야의 혼인관계를 신라의 가야 침략의 개시 또는 침략의 제1보(21~22쪽)로 단정하고 Ⓑ·Ⓒ·Ⓓ와 함께 신라의 가야 제국 병합의 진행기의 근거로 삼았다. 어떻게 Ⓐ의 혼인 형태가 가야 침략의 개시를 가리키는 것이 되며 Ⓑ·Ⓒ·Ⓓ가 가야 병합의 진행기의 근거가 되는가? 이미 신라 사람이 된 지 오래인 신라의 공신이며 명장인 김유신의 부친과 그 자신, 그리고 그의 누이가 각각 신라왕족의 여자 또는 남자와 혼인하는 것이 가야 병합의 근거가 될 수는 없다.

신라상고(1~22대)시대에 대하여는 한마디 언급도 없다가 중국의 『자치통감(資治通鑑)』에, "봄에 고구려·신라·서남이가 모두 사신을 보내 진(秦)에 입공했다[春 高句麗·新羅·西南夷 皆遣使入貢于秦(『자치통감』 권104 「진기」 26 〈태원 2년〉조)]."라고 신라의 이름이 처음 나오는 것에 유의하여 그해(377년)에 해당하는 신라의 왕을 찾아 내물왕임을 확인하고는 신라상고를 내물왕 이전과 이후로 구별한 것이다. 그래서 내물왕을 신라 최초의 왕으로 단정 지은 것인데 외국 사료에 이름이 등장해야만 실제로 있었던 왕이라는 주장은 어떤 저의 없이는 할 수 없는 비과학적·비역사적인 주장이다. 위의 사료가 그의 주장을 뒷받침하는 유일의 사료인데, 여기에서 알 수 있듯이 신라 이외에 고구려나 백제나 일본도 서남이 제국(諸國)으로 중국에 입공하였는데 신라 관계의 기록만을 가지고 이것을 개국의 역사로 삼아야 한다는 것이 스에마쓰 야스카즈의 주장인 것이다.

③ 중대(29~36대)는 무열왕계의 시대이고, 하대(37~56대)는 내물왕계 부활의 시대이며 원성왕(38대)계의 시대이다(29~31쪽)라는 것이 그의 세 번째 주장이다.

먼저 스에마쓰 야스카즈는 하대의 첫 왕인 37대 선덕왕에 대해 논해야 함에도 불구하고 선덕왕은 생략하고 그 다음 왕인 38대 원성왕에 대해 논하고 있다. 중대와 중고에 있어서는 각각 그 첫 왕인 무열왕과 법흥왕에 대해 논하고 있음에도 불구하고 하대에 있어서는 이러한 기준을 지키지 않고 있다. 자기가 주장하고 싶어 하는 내용이 나오지 않으면 자기가 세웠던 기준까지 멋대로 파기하는 것이다. 그는 주로 원성왕에 대해 논했고 선덕왕에 대하여는 다음과 같이 군색한 변명만 늘어놓고 있다.

"선덕왕은 모계에서 극히 명료하게 태종무열왕계이고 진흥왕과는 종형제관계에 있으면서도 별도로 내물왕 12세손을 표방하여 원성왕과는 막연한 표현에 따르면 일종의 형제관계로 전해진다. 이것은 부계에 의거한 주장일 것이다. 그러면 선덕왕은 올바른 과도적 존재이며 중대(무열왕계)에 넣어도 되고, 하대(내물왕계)에 넣어도 무방한 왕이지만 나는 이것을 『삼국사기』에 따라 하대에 넣는다." (30~31쪽)

스에마쓰 야스카즈는 『삼국사기』 권10 〈원성왕 즉위〉조에 나오는 원성왕과 주원(周元)이 왕위 즉위의 경쟁관계에 있었다는 기사[141]와

---

141 원성왕(元聖王)이 즉위하였다. 휘는 경신(敬信)으로서 내물왕의 12세손이다.

그 기사 속에 나오는 원성왕의 '내물왕 12세손'이라는 기록과 즉위 경쟁자인 주원을 증조로 하는 김양(金陽)이 태종대왕의 10세손(따라서 주원은 태종대왕의 6세손이 된다)이라는 기록,[142] 그리고 주원의 아들 헌창(憲昌)이 아버지의 패퇴를 원한으로 반란을 일으킨 기록,[143] 그리고 다시 헌창의 아들 범문(梵文)이 또한 모반한 기록[144]을 종합하여 상기 〈원성왕 즉위〉조 기사를 태종무열왕계와 내물왕계의 대립 경쟁으로 이해하고 헌창과 범문의 반역을 내물왕계에 대한 태종무열왕계의 부흥운동으로 이해하였다. 주원과 원성이 즉위의 경쟁자였고 주원의 아들이 아버지의 원한으로 반란하고 주원의 아들의 아들이 역시 반란하였다고 하여 태종무열왕계까지 들먹일 필요는 없으며, 또한 원성왕이 내물왕의 12세손이라고 하여 그 당시 내물왕계의 사람이라고는 볼 수 없을 것이다. 이러한 해석은 조선 후기 사회를 보는 눈으로 해석하였기 때문에 생긴 오해다.

어머니는 박씨 계오부인(繼烏夫人)이고 비는 김씨로서 신술각간(神述角干)의 딸이다. 일찍이 혜공왕 말년에 역신(逆臣)이 발호하였는데, 선덕왕이 이때 상대등이 되어서 앞장서서 임금의 측근에 있는 악당들을 제거할 것을 주창하였다. 경신이 이에 참여하여 난을 평정하고 공을 세워서, 선덕왕이 즉위하자 상대등이 되었다. 선덕왕이 죽고 아들이 없자 군신(群臣)이 후사를 의논하여 왕의 친척 조카인 주원을 세우고자 하였다. 주원은 집이 서울 북쪽 20리 떨어진 곳에 있었는데, 때마침 큰 비가 내려 알천(閼川)의 물이 넘쳐 주원이 건너오지 못했다. 혹자가, "인군(人君)은 큰 자리라 본디 사람이 꾀할 수 있는 것이 아니다. 오늘 폭우가 내린 것은 혹여 하늘이 주원을 세우고 싶지 않음이 아닐까. 지금 상대등 경신은 전 왕의 아우이고 평소부터 덕망이 높아 인군으로서의 풍체(風體)가 있다."라고 말했다. 이에 의견을 모아 그를 세워 왕위를 잇자 이윽고 비가 그치니 국인(國人)이 모두 만세를 불렀다. (『삼국사기』 권10 〈원성왕 즉위〉조)

142 『삼국사기』 권44 〈김양전(金陽傳)〉.

143 『삼국사기』 권10 〈헌덕왕 14년〉조.

144 『삼국사기』 권10 〈헌덕왕 17년〉조.

우리가 '무열왕계'·'내물왕계'·'내물왕계의 부흥' 등의 '왕계'라는 용어를 사용하려면 왕위계승에서 사위와 외손 등은 제외되고 아들과 손자 같이 부계(父系) 남자손(男子孫)만이 계승·상속·제사·장자 등에서 중요한 기능을 하는 사회구조일 때만 가능하다. 따라서 신라시대처럼 동성(同姓)의 양자(養子)를 들이지 않고 사위나 외손도 왕위계승을 하거나, 시조묘 제사에서도 외손이나 사위가 성이 다른 조상의 묘를 시조의 묘로 의식하며 친사(親祀)하거나 또는 계보를 추적해보아도 자(子, 아들) → 자 → 자뿐만 아니라 자 → 여(女, 딸) → 여의 계보선(系譜線)[145]도 똑같이 중요한 사회적 의의가 있어서 이러한 계보가 작성되는 사회에서는 그러한 '내물왕계'·'무열왕계' 등과 같은 용어는 사용할 수 없다. 박씨인 53대 신덕왕은 김씨인 헌강왕의 사위로서 왕위에 올랐으며, 54대 경명왕과 55대 경애왕은 모두 박씨로서 사위인 신덕왕의 자로서 왕위를 계승하였다. 31대 신문왕, 34대 효성왕, 40대 애장왕, 41대 헌덕왕, 42대 흥덕왕 등은 모두 김씨였지만 박씨인 혁거세를 모시는 시조묘에 친사하였다.[146] 이와 같이 사위와 외손 또는 외손의 아들이 친손 못지않게 중요한 역할을 담당하고 있는 신라 사회는 '무열왕계의 시대'·'내물왕계의 부활의 시대'라는 용어로는 설명될 수 없다.[147]

스에마쓰 야스카즈가 주장하는 각 시대의 특징을 표로 나타내면

---

145 계보선에 대하여는 졸고(拙稿), 「신라시대의 시조의 개념」, 『한국사연구』 53, 1986. 6 참조.

146 최재석, 『한국가족제도사연구』, 일지사, 1983, 제2장 2절, 「신라왕실의 왕위계승」 참조.

147 무열왕계와 내물왕계의 대립·갈등으로 신라 사회를 설명하려는 지금까지의 논고들은 바로 스에마쓰 야스카즈에서 연유된다.

〈표8〉 스에마쓰 야스카즈가 주장하는 각 시대의 특징

삼국사기	삼국유사
상대(1~28대)의 특징 ① 족내혼	상고(1~22대)의 특징 ① 17대 내물왕부터 신라왕국 성립
중대(29~36대)의 특징 ① 족내혼 ② 무열왕계 시대	중고(23~28대)의 특징 ① 족내혼
하대(37~56대)의 특징 ① 내물왕계 부활시대 ② 원성왕계 시대	하고(29~56대)의 특징 ① 족외혼

위의 〈표8〉과 같이 될 것이다.

그러나 앞에서 살펴보았듯이 그의 주장 중 어느 하나도 근거가 없음을 알 수 있었다. 그리고 그가 주장한 각 시기의 기점이 되는 왕에 있어서도, ⓐ 상대(上代)와 상고(上古)의 기준점이 되는 시조 혁거세에 대하여는 언급이 없으며, ⓑ 하대(下代)의 기점이 되는 37대 선덕왕에 대해서보다 기점이 아닌 왕인 38대 원성왕에 대해 언급했으며, ⓒ 중대(中代)와 하고(下古)의 기점이 되는 무열왕에 대하여 언급은 하였으나 족내혼과 족외혼의 차이로 무열왕이 새 시대의 기점이 되었다는 엉뚱한 주장을 했다. ⓓ 단지 중고(中古)의 기점인 23대 법흥왕에 대해서만 부분적으로 그의 주장이 인정될 따름이다. 이렇게 볼 때 스에마쓰 야스카즈는 각 시대의 특징이나 각 시대의 설정 이유도 파악하지 못하였으며 또한 각 시대의 기점이 되는 왕의 특징도 파악하지 못했다.

요컨대 스에마쓰 야스카즈는 내물왕을 기점으로 하는 새로운 시대를 만들어 넣기 위하여 시대구분이 서로 다른 『삼국사기』와 『삼국유사』의 시대구분은 모두 역사적 사실이라고 말하고[148] 『삼국사기』의 시대구분인 상대·중대·하대에서는 후2자(중대·하대)를, 그리고 『삼국유사』의 시대구분인 상고·중고·하고에서는 전2자(상고·중고)를 택하여 4시대를 받아들였던 것이다. 다시 말하면 『삼국사기』와 『삼국유사』 기사에 차이가 있으면 곧 이것을 조작의 근거로 삼는 것이 스에마쓰 야스카즈의 수법인데도 이 시대구분에 있어서의 차이만은 사실로 인정하면서 『삼국유사』의 3시대구분에서는 상고와 중고의 2시대, 『삼국사기』의 3시대구분에서는 중대와 하대의 2시대, 즉 세분화된 4시대를 받아들였다. 이는 『삼국유사』의 상고(1~22대)를 내물왕 이전과 이후로 구분하는 것으로 상고를 다시 두 시대로 나누어 결국 상대(1~28대)는 상고와 중고(23~28대)의 2시대가 아니라 1대~16대(제1기), 17대~22대(제2기), 23대~28대(제3기)의 3시대로 나누고[이렇게 되면 신라 전 시대는 4시대가 아니라 5시대가 된다. (41쪽)] 첫 시대(제1기)인 1대~16대를 조작·전설의 시대로 왜곡하기 위해서였던 것이다. 그러나 지금까지 보아온 바와 같이 각 시대의 기점이 되는 왕의 성격이나 각 시대가 구분되는 이유의 파악도 모두 근거가 없는 것이었다.

148 스에마쓰 야스카즈는 '사성(賜姓)'의 경우처럼 양 사료에 차이가 있으면 곧 이것을 조작의 증거로 삼지만, 시대구분에 있어서는 양 사료의 차이를 조작의 증거로 보지 않고 양자 모두 역사적 사실이라면서 다음과 같이 말하고 있다. "이러한 시대구분은 역사가가 각자의 연구의 편의를 위해서나 또는 연구의 결과 도출된 구분과 동일시할 수 없으며 그것은 역사적 현실의 문제로서 취급할 때 아직 신라의 역사가 종결되지 않았을 때 신라의 역사가 진행 중 이미 시대의 전환점으로서 당대 신라인 자신에 의하여 몇 번이나 의식된 것으로 생각할 수 있기 때문이다."(p. 3) 이것은 말할 나위도 없이 내물왕을 기점으로 하는 새로운 한 시대를 조작하기 위해서이다.

⑵ 「신라건국고」 분석

스에마쓰 야스카즈는 「신라건국고」에서는 신라가 진(晋)과 고구려에 예속되었다는 것과 '마립간'이란 용어가 고구려에서 유래되었다는 3가지 주장을 했는데 '마립간'에 대해서는 앞에서 언급했으므로 앞의 2가지 주장에 대해서만 살펴보기로 한다.

① 스에마쓰는 신라를 『삼국지』 「위지」의 사로국(斯盧國)이라고 주장하면서 사로국은 진(晋)에 입조·귀화·내부하였으며 그러한 타국으로부터의 협력에 의해서만 건국되고 존속이 가능했다고 주장했다. 이것이 「신라건국고」에서 스에마쓰가 한 첫 번째 주장이다. 그는 신라의 이름이 중국 기록에 처음 나오는 연대(377년)가 내물왕 대라는 점에 착안해서 내물왕 대가 신라의 실제 건국연대라고 주장함과 동시에 신라가 진(晋)나라 등의 외국 세력의 직접·간접의 영향으로 건국이 가능하였다고 주장하였다. 스에마쓰는 신라는 낙랑·대방·한(漢)·위(魏)·부여·일본·양평(襄平)·진(晋)·고구려 등 약 8, 9개의 타국의 지배를 받았다고 주장했지만 실제로 나름대로라도 증거를 제시한 것은 진과 고구려 두 나라뿐이다.

다음 쪽 〈표9〉는 스에마쓰 야스카즈가 사로국이 진(晋)에 의하여 통제되었다는 것을 증거로 내세워 만든 도표이다(132~133쪽). 〈표10〉은 스에마쓰가 만든 〈표9〉에 대한 이해를 돕기 위해 필자가 재정리한 것이다. 위의 사료는 ⓐ 276~291년까지 16년 간의 기록이며, ⓑ 이른바 동이 제국(諸國)은 때로는 2개국 때로는 30여 국으로 되어 있지만 이 기간에 이 동이 제국의 주축을 이루는 나라는 마한·진한이라는 것이 스에마쓰의 주장이다.

귀화·내부·조헌(朝獻)한 수십 국 가운데 사로국이 포함되는 진

〈표9〉 사로국이 진에 예속되었다고 스에마쓰 야스카즈가 주장하는 사료

서기	중국시대	제기	마한전	진한전
276	함녕 2	2월 동이(東夷) 8국 귀화 7월 동이 17국 내부(內附)		
277	함녕 3	이 해에 동이 3국 내부	(마한) 래(來)	
278	함녕 4	3월 동이 6국 내헌(來獻) 이 해에 동이 9국 내부	(마한) 청내부(聽內附)	
280	태강 원	6월 동이 10국 귀화 7월 동이 20국 조헌(朝獻)	마한견사입공방물 (馬韓遣使入貢方物)	
281	태강 2	3월 동이 5국 조헌 6월 동이 5국 내부	마한주견사입공방물 (馬韓主遣使入貢方物)	진한복래조공 (辰韓復來朝貢)
282	태강 3	9월 동이 29국 귀화		
286	태강 7	8월 동이 11국 내부 이 해에 마한 등 11국 견사(遣使, 사신을 보냄) 내헌	마한지(馬韓至)	진한우래 (辰韓又來)
287	태강 8	8월 동이 2국 내부	마한지(馬韓至)	
288	태강 9	9월 동이 7국 예교위내부(詣校尉內附, 교위가 와서 이르러 내부했다)		
289	태강 10	5월 동이 11국 내부. 이 해에 동이 절원(絕遠, 멀리 떨어져 있음) 30여 국 내헌	마한지(馬韓至)	
290	태희 원	2월 동이 7국 조공(朝貢).	마한예동이교위하감상헌 (馬韓詣東夷校尉何龕上獻)	
291	원강 원	이 해에 동이 17국 예교위내부.		

〈표10〉 사로국이 진에 예속되었다고 스에마쓰 야스카즈가 주장하는 사료 재정리

276년	2월	8국 (귀화)	282년	9월	29국 (귀화)
	7월	17국 (내부)	286년	8월	11국 (내부)
277년		3국 (내부)			11국 (내헌)
278년	3월	6국 (내헌)	287년	8월	2국 (내부)
		9국 (내부)	288년	9월	7국 (내부)
280년	6월	10국 (귀화)	289년	5월	11국 (내부)
	7월	20국 (조헌)			30여 국 (내헌)
281년	3월	5국 (조헌)	290년	2월	7국 (조공)
	6월	5국 (내부)	291년		17국 (내부)

한이 그 주축이라는 근거는 그가 근거를 제시한 279쪽 표에는 없다. 또 귀화·내부하였다고 통제되고 예속되었던 것은 아니다. 그리고 중국 기록에 있는 일본의 조공 기사에 대하여는 아무런 언급이 없다. 그 자신의 말에 따르더라도 사로국이 신라이며 사로가 진에 예속되었다고 주장하는 근거는 성립되지 않는다. ⓒ 『삼국지』에 따르면 진한에는 사로국을 포함하여 12개국이 포함되어 있는데, 설사 그중 하나인 사로국이 예속되었다 하더라도 신라가 진(晋)에 예속되었다고 말할 수는 없다.

② 신라 건국은 고구려의 정치적·군사적 영향과 도움이 매우 컸으며 고구려 군대가 신라에 주둔하여 고구려에 신속적(臣屬的) 태도를 취하였다는 것이 스에마쓰의 두 번째 주장인데 다음과 같은 5가지 증거를 제시하였다.

Ⓐ 百殘新羅舊是屬民 由來朝貢 而倭以辛卯年來渡海 破百□□□羅以爲臣民(광개토대왕릉비) (139쪽)

Ⓑ (내물왕) 37년(392) 정월에 왕은 고구려로 사신을 파견하였는데 이때 고구려는 크게 강성하였으므로 이찬 대서지의 아들 실성을 보내어 인질로 삼았다(『삼국사기』 권3 〈내물 이사금 37년〉조).

Ⓒ 왕(실성)이 전왕의 태자 눌지가 덕망이 있음을 꺼려서 해하려고 고구려 군사를 청하여 눌지를 죽이라고 했는데 고구려인이 눌지에게 현행(賢行, 어진 행동)이 있음을 알고 이에 창을 거꾸로 하여 (실성)왕을 죽이고 대신 눌지를 세워 왕을 삼고 갔다(『삼국유사』 권1 〈실성왕〉조).

Ⓓ 내물왕 37년(392)에 왕은 실성을 인질로 하여 고구려로 보냈는

데 실성이 돌아와서 왕이 되자 외국에 보낸 것을 원망하며 그의 아들을 죽여 원한을 갚으려 하였다. 이에 실성은 사람을 보내어 고구려에 있을 때 서로 잘 아는 사람을 부르고 비밀히 말하기를 '눌지로 하여금 그대를 맞게 할 것이니 그대는 눌지를 보거든 죽이라' 하고 눌지에게 명하여 나가서 고구려 사람을 맞게 하였다. 그런데 고구려인은 중도에서 눌지를 만났으나 그의 용모와 기상이 아담하고 군자의 기품이 있으므로 눌지에게 말하기를 '그대의 국왕이 나로 하여금 그대를 죽이라 하여 그렇게 하려 하였으나 지금 그대를 보니 실로 죽이지 못하겠노라' 하고 곧 돌아가니 눌지는 이를 원망하여 도리어 실성왕을 죽이고 스스로 왕위에 올랐다(『삼국사기』 권3 〈눌지 마립간 즉위〉조).

Ⓔ 일황(日皇)이 고구려 정병(精兵) 100인을 파견하여 신라를 지키게 하였다는 설화(『일본서기』 권14 〈유랴쿠 천황 8년기〉).

그러나 스에마쓰가 제시한 이러한 사료들은 신라가 고구려에 신속(臣屬)했다는 근거가 될 수는 없다. 먼저 광개토대왕릉비는 이 대목의 특정 글자에 대해 조작설이 이미 제기되어 왔다는 사실을 차치하고라도 정인보와 김석형이 이 문장의 주어를 고구려로 해석해서 고구려가 바다를 건너 왜를 무찔렀다는 내용이라고 해석했다. 또한 광개토대왕릉비는 광개토대왕의 업적을 기리기 위해 건립한 비문이므로 이 기사만을 전적으로 취해서 신라가 고구려에 신속(臣屬)했다고 보는 것은 일방적인 해석일 것이다.

『일본서기』를 인용한 사료 Ⓔ가 그 증거가 된다는 것은 더욱 어불성설이다. 스에마쓰 야스카즈는 이미 『일본서기』 내용은 진위상반(眞僞相半)의 것이며 『일본서기』의 기년(紀年) 연구에서 성찰할 수 있는 유일의 것은 '백제의 고사(古史)의 조각'을 알 수 있는 것에 불과하여 『일본서기』와 『고사기』에서는 '역사적 사실의 존재' 여부를 따져서는 안 된다고 주장했다. 이런 스에마쓰가 바로 그 『일본서기』의 특정 기사를 검증도 없이 신라가 일본과 고구려에 예속되었다는 증거사료로 채택하는 것은 이미 논리를 벗어난 지 오래된 것이라 할 수밖에 없을 것이다.[149]

사료 Ⓑ, Ⓒ, Ⓓ는 한 왕 대에 일어난 한 사건에 관한 기사라 할 수 있을 것이다. 그러나 『삼국사기』와 『삼국유사』 사이에는 차이가 있고 간단한 경위만 실려 있는 기사로서 당시 신라와 고구려와 전반적 관계가 어떠했는지는 자세히 알 수 없다. 설사 이 시기에 신라가 고구려보다 국력이 약했다고 해서 신라의 왕호나 정치·군사까지도 좌우할 수 있을 정도로 신라가 고구려에 예속되었다고 볼 수는 없는 것이다. 역사 사료는 엄밀하게 해석해야 하는 것이지 한두 가지 사건을 일반화시켜서 해석할 수 있는 것이 아니다. 가장 큰 문제는 스에마쓰 야스카즈가 진구 황후의 신라 정벌을 사실로 만들기 위해서는 신라의 국력을 약하게 해야 하기 때문에 그런 사료들만 모아서 일본의 신라 정벌을 역사적 사실로 만들려고 한 점에 있다.

---

149 스에마쓰 야스카즈는 『삼국사기』 조분왕(助賁王) 16년기(年紀, 245년)의 기사, "겨울 10월에 고구려가 북쪽 변경을 침범하였다. 우로(于老)가 군사를 거느리고 나가 싸웠으나 이기지 못하고 물러나 마두책(馬頭柵)을 지켰다. 그날 밤 몹시 추웠지만 우로가 사졸들을 위로하고 몸소 장작을 피워 따뜻하게 해주니 모두의 마음이 감격하였다."는 기록과 첨해왕 2년기(248)의 기사, "2년 고구려에 사신을 보내 화친을 맺었다."는 두 기사를 조작, 가공의 것이라 하면서도 신라의 고구려에의 예속 근거로 제시하고 있다(pp. 140~141).

(3) 「신라상고세계고」 분석

이 논고에서 스에마쓰 야스카즈는 5개의 주장을 펼쳤는데, 그중 상고(上古) 22왕의 왕명, 왕부·왕모·왕비명, 김씨 시조 등 3개의 주장은 이미 앞에서 비판하였으므로 여기서는 상고의 왕위계승에 관한 나머지 2개의 주장에 대하여 살펴보고자 한다.

그런데 그의 4가지 논고, 즉 「신라3대고」·「신라건국고」·「신라상고세계고」·「신라6부고」 중 「신라상고세계고」를 제외한 3가지 논고는 자기의 부분적인 주장을 내세우기 위한 것이었다면 이 「신라상고세계고」는 신라상고사가 모두 조작이라고 주장하기 위해서 쓰였다고 할 수 있다. 앞에서 살펴본 3가지 주장, 즉 '언어학적 해석'에 의한 22왕의 왕명과 왕부·왕모·왕비명, 그리고 김씨 시조의 고찰도 목적은 신라상고사가 조작되었다고 주장하기 위한 것이었다. 여기서 살펴볼 2가지 주장인 '삼성교립'과 '여계적 계승법'도 신라상고사가 조작되었다는 것을 보여주기 위한 것이었다. 그러면 그의 주장을 살펴보자.

① 스에마쓰 야스카즈는 「신라상고세계고」에서 신라상고(1~22대)의 왕위계승인은 '삼성교립'으로서 조작이라고 주장했다. 이미 언급한 바와 같이 스에마쓰는 신라상고의 왕위계승 방식을 신라상고사 조작의 가장 유력한 증거로 삼았다. 문제는 그가 신라상고의 왕위계승을 바라보는 관점이 조선 후기의 성(姓)의 관점이라는 점이다. 그는 조선 후기의 성씨의 관점에서 ⓐ 성별(姓別) 분류, ⓑ 각 성의 수, ⓒ 성의 관점에서 본 왕위계승의 순서라는 3가지 기준에 입각하여 상고의 왕위계승의 규칙을 파악하려 했다.

스에마쓰 야스카즈는 ⓐ 위와 같이 신라상고의 제왕(諸王)을 성

〈표11〉 스에마쓰 야스카즈의 성별 분류에 의한 왕위계승 분석

박씨	시조 혁거세 · 2대 남해 · 3대 유리 · 5대 파사 · 6대 지마 · 7대 일성 · 8대 아달라
석씨	4대 탈해 · 9대 벌휴 · 10대 내해 · 11대 조분 · 12대 첨해 · 14대 유례 · 15대 기림 · 16대 흘해
김씨	13대 미추 · 17대 내물 · 18대 실성 · 19대 눌지 · 20대 자비 · 21대 소지 · 22대 지증

별로 분류하고, ⓑ 박·석·김의 성을 가진 왕이 각각 7왕, 8왕, 7왕에 이르며, ⓒ 왕위가 박씨 → 석씨 → 박씨 → 석씨 → 김씨로 계승된다는 이유로 '삼성교립'이라는 용어를 만들어 상고의 왕위계승을 설명하려고 하였다. 그러나 이러한 스에마쓰 야스카즈의 왕위계승 이해 방법은 문제 해결을 더욱 어렵게 할 따름이다. 신라의 왕위계승이 조작되지 않았다는 것을 이미 밝힌 바와 같이[150] 신라의 왕위계승은 왕의 자녀·친손·외손 등의 혈족과 인척(사위)이라는 신분 때문에 계승되는 것이지 성씨로 말미암아 계승되는 것이 아니다. 동성(同姓)이건 이성(異姓)이건 관계없이 사위나 외손도 사위나 외손이기 때문에 왕위를 계승한 것이다. 그럼에도 불구하고 사위나 외손의 성을 조사하여 삼성이 교대로 왕위를 계승하였다고 주장하는 것은 조선 후기 사회를 가지고 신라상고 사회를 바라보는 척도로 삼았기 때문이다. 영국왕실의 왕위계승처럼 성(姓)에 의해 왕위계승의 규칙을 찾는 것은 무의미하고 오히려 방해가 되는 것이다. 박씨가 7왕이고 석씨가 8왕, 김씨가 7왕이라고 하는 것도 우연이며,

150 최재석, 『한국가족제도사연구』, 일지사, 1983, 제2장 제2절 '신라왕실의 왕위계승' 참조.

왕위계승이 박 → 석 → 박 → 석 → 김씨로 계승된 것도 우연일 뿐, 중요한 것은 왕과의 혈통관계나 인척관계이다. 그러나 스에마쓰 야스카즈는 신라의 이러한 왕위계승의 규칙을 이해하지 못하자 이를 신라상고 세계(世系) 조작의 근거로 삼았다.

그는 이 부분에 나름대로 확신을 가지고 있었던 듯 이 문제를 가지고 6가지 근거를 대면서 신라상고사 조작의 근거로 삼았다. 그가 얼마나 신라상고의 왕위계승을 조작으로 몰고 싶기에 한 가지도 아닌 6가지나 조작 이유를 찾아냈겠는가 하는 생각마저 든다. 그 6가지 근거를 살펴보자.

> ㉠ 위의 고전(古傳)은 (『삼국사기』) 편수 당시(고려 인종 23년, 1145)~진흥왕 6년(545) 사이의 고전이다. (54쪽)
> ㉡ 김씨 말에 석씨, 석씨 말에 박씨의 왕대를 만든 것은 신라가 병합한 몇 개 나라의 대표적인 두 개의 개국 전설을 가상시켜 조작한 것이다.
> ㉢ '역사시대'에 들어와서의 신라 사회의 사실의 투영이다.
> ㉣ 중고(中古)시대의 통혼단체(通婚團體)로서의 김씨와 박씨의 투영이다.
> ㉤ 진흥왕비에 보이는 삼부(三部)가 삼성(三姓)의 기초적 사실을 나타낸다.
> ㉥ 중국의 삼황 전설을 본떠서 만든 것, 즉 중국고대의 하·은·주 3대의 계승을 모방한 신라인이 역사적 사유 형식을 구체화한 다. (56쪽)

이른바 이 '삼성교립'을 조작의 근거로 삼는 것 역시 일본인 식민사학자들이 한국고대사의 상한(上限)을 끌어내리는 상투적 수법의 하나가 재연된 것이다. 즉 일본인 식민사학자들은 자기들이 알지 못하는 기사가 나오면 이를 조작의 근거로 삼아왔는데, 스에마쓰가 이를 답습한 것이다. 각 나라 각 사회는 그 사회의 고유한 논리가 있다는 사실을 무시하고, 자신들의 사고에 비추어 맞지 않거나 이해할 수 없으면 조작의 근거로 삼았던 것이다.

② 신라상고의 왕위계승은 '여계적 계승법'인데, 이것이 조작이라는 것이 스에마쓰의 두 번째 주장이다. 그는 신라상고의 왕위계승을 논리적으로 다루지 않고 위에서 살펴본 '삼성교립'과 여기에서 살펴볼 '왕위계승관계'라는 2가지 주제로 다루고 있다.

스에마쓰는 17대 내물, 18대 실성, 19대 눌지의 왕위계승관계를 살펴보고는 왕위계승자가 사위임에 주목해서 "상고(上古) 삼성의 계승 수법은 여서관계에 의거한다."(103쪽)고 주장했다. 그는 또 다음과 같이 논리에 닿지 않는 주장을 하였는데, 요컨대 사위에의 왕위계승은 조작이라는 것이다. 그의 논리는 다음과 같다.

ⓐ 여계적(女系的)에서 남계적(男系的)에의 과도기계승은 구성하는 데 가장 자연스러운 수법이다.

ⓑ 중국의 고전설(古傳說)의 요순선양(堯舜禪讓, 장인과 사위관계)를 모방하였다.

ⓒ 박씨 → 석씨 → 김씨의 왕위계승을 조작하는 데 내물 이하 3대의 계승관계가 이용되었다(103쪽).

그러나 상고(上古)뿐만 아니라 신라 전사(全史)를 통해 볼 때도 사위가 왕위에 오른 예는 4대 탈해, 13대 미추, 42대 흥덕, 45대 신무, 53대 신덕왕 등이 있었다. 신라시대는 조선 후기와는 다른 시대였다. 신라시대는 왕위계승에 있어서 아들이나 손자만이 가능했던 성씨 사회가 아니었다. 신라시대는 자녀, 사위, 친손, 외손은 전 왕이 사망한 상황에 따라서 왕위를 계승할 수 있었던 것이다. 고대는 고대인의 시각으로 바라봐야지, 조선 후기의 눈으로 바라봐서는 안 된다. 더구나 이웃나라를 영구히 점령하려는 식민주의의 목적을 달성하기 위해서 무조건 조작으로 모는 것은 더 말할 나위가 없을 것이다.

(4) 「신라6부고」 분석

스에마쓰 야스카즈는 신라상고의 세계(世系) 특히 내물왕 이전의 세계는 조작되었고, 내물왕 대에 이르러 처음으로 신라가 건국되었다고 주장했다. 그러니 신라사 초기부터 등장하는 6촌, 6부의 존재를 인정할 리가 없을 것이다. 그래서 그는 『삼국사기』 「신라본기」 서두와 〈유리 이사금 9년〉조에 나오는 6촌·6부 기사를 포함하여 『삼국사기』의 중대(中代) 이전의 6촌·6부와 관계되는 모든 기사와 『삼국유사』 권1 〈신라 시조 혁거세〉조 서두에 나오는 6촌·6부에 관한 기사를 모두 조작·전설로 몰아붙이고 다음 6가지 주장을 하였다.

① 『삼국사기』 중대 이후에 '개별적·단편적 기사'로 나타나는 6부는 모두 '지명(地名)'에 불과하다는 것이 그의 첫 번째 주장이다. 그러나 그가 6부를 '지명'이라고 표현한 것은 단 한 번뿐이고(249쪽), 오히려 6촌·6부의 올바른 이해를 방해하는 다음과 같은 6종의 새로운 용어를 만들어 반복 사용하면서 사람들을 현혹시켰다.

〈표12〉 지명의 별칭(스에마쓰 야스카즈)

1. 지구분(地區分)	4. 지리적 내지 지역적 구별
2. 지구 분할(地區分割)	5. 지리적 · 지역적 기구(機構)
3. 지역적 구분	6. 지역적인 것

중대 이전 기사는 차치하고 지금 그가 중대 이후의 6부 기사가 '지구분(地區分)'이라고 주장하는 근거를 알아보자. 그는 중대 이후의 이른바 '개별적 기사'로서의 6부가 지명에 불과하다고 말하기 전에 『삼국사기』 「직관지」에 나오는 6부(部) 소감전(小監典)과 전읍서(典邑署)도 '지역적 구분', 즉 지명(地名)이라고 주장했다(241쪽).

6부 소감전이 발전해서 전읍서가 되었든 아니든, 이것들이 6부의 지명이 아닌 것은 너무나 명백하다. 지명 이상의 것, 즉 어떤 행정 조직이 아니고서야 어떻게 6부에 각각 아래와 같은 관원을 배치할 수 있겠는가? 그럼에도 불구하고 그는 이것을 왕도의 '지역적 구분' 즉 '지명'으로 단정한다고 억지를 쓴 것이다.

또 스에마쓰는 '개별적 기사(記事)'로서 나타나는 6부가 지명(지구분)에 불과하다는 것을 보이기 위하여 각각 양부(梁部) · 사량부(沙梁部) · 본피부(本彼部) · 모량부(牟梁部) · 한지부(漢祇部) · 습비부(習比部)로 나누어 고찰하였다. 본인은 편의상 '지명을 나타내는 것'과 '반드시 지명을 나타내는 것은 아닌 것'으로 나누어 살펴보고자 한다. 이러한 구분 기준에서는 스에마쓰 야스카즈가 분류한 사료를 다음과 같이 정리할 수 있다.

A. 지명을 나타내는 것

ⓐ 왕이 세상을 떠나서 시호를 진덕이라 올리고 사량부에 장사지냈다(王薨 謚曰眞德 葬沙梁部). (『삼국사기』 진덕왕 8년 춘3월)

ⓑ 소량리의 돌이 저절로 움직였다(少梁里石自行). (『삼국사기』 진성왕 2년 춘2월)

ⓒ 소사(小祀)로 지내는 지역. 고허(高墟)의 사량(沙梁). (『삼국사기』 권32 〈제사〉조)

ⓓ 도적이 나라 서남쪽에서 일어나 붉은 바지를 입고 특이하게 행동하니 사람들이 적고적(赤袴賊)이라 일렀다. 주현을 도적질해 해를 입히고 서울 서부인 모량리까지 와서 인가를 노략질하고 갔다(賊起國西南 赤其袴以自異 人謂之赤袴賊 屠害州縣 至京西部牟梁里 劫掠人家而去). (『삼국사기』 권11 〈진성왕 10년〉조)

ⓔ 소사(小祀)로 지내는 지역. 분황(卉黃)의 모량(牟梁), 서술(西述)의 모량. (『삼국사기』 권32 〈제사〉조)

ⓕ 입추 후 진일(辰日)에 본피유촌에서 영성에게 제사지낸다(立秋後辰日 本彼遊村祭靈星). (『삼국사기』 권32 〈제사〉조)

ⓖ 본피목숙전(本彼苜蓿典)은 대사(大舍)가 1인, 사(史)가 1인이다. [『삼국사기』 권39 〈직관중(職官中)〉]

ⓗ (김양이) 이에 포위망을 뚫고 나가 한기[韓岐, 또는 한지(漢祇)]의 시장에 이르렀을 때 균정(均貞)이 난병에게 죽었다. 김양이 하늘을 보고 울었다. (『삼국사기』 권44 〈김양전〉)

ⓘ 왕이 세상을 떠나자 진평이라 시호를 올리고 한지(漢只)에 장사지냈다(王薨 謚曰眞平 葬于漢只). (『삼국사기』 권4 〈진평왕〉조)

ⓙ 대사(大祀)로 지내는 지역은 삼산의 내력 습비부이다(大祀 三山…… 奈歷習費部). (『삼국사기』 권32 〈제사〉조)

〈표13〉 스에마쓰 야스카즈가 분석한 6부 소감전의 내용

6부명	A	B	C	D	E
양부	감랑(監郎) 1	대내마(大奈麻) 1	사지(舍知) 1		사(史) 6
사량부	감랑 1	대내마 1	사지 1		사 5
본피부	감랑 1	감대사(監大舍) 1	사지 1	감당(監幢) 5	사 1
모량부	감신(監臣) 1	대사(大舍) 1	사지 1	감당 5	사 1
한지부	감신 1	대사 1	사지 1	감당 3	사 1
습비부	감신	대사 1	사지 1	감당 3	사 1

B. 반드시 지역 · 지구분을 나타내는 것이 아닌 것

ⓐ 파진찬(波珍湌) 대상(大常)…… 등을 보내 각자의 아내와 딸 및 양부와 사량부, 두 부의 여인 각각 30명씩을 맞아서 부인으로 삼았다(遣波珍湌大常……各與妻娘及梁·沙梁二部嫗各三十人迎來夫人). (『삼국사기』 권8 〈신문왕〉조)

ⓑ 진평왕 7년에 삼궁에 사신(私臣)을 각각 두었는데 대궁(大宮)은 화문(和文) 대아찬(大阿湌), 양궁(梁宮)은 수힐부(首肹夫) 아찬(阿湌), 사량궁(沙梁宮)은 노지(弩知) 이찬이었다. (『삼국사기』 권39 〈직관중〉조)

ⓒ 귀산은 사량부 사람이다(貴山 沙梁部人也). [『삼국사기』 권45 〈귀산전(貴山傳)〉]

ⓓ 최치원은 왕경 사량부 사람이다(崔致遠 王京沙梁部人也). (『삼국사기』 권46 〈최치원전〉)

ⓔ 사량부 소년 가실(嘉實). [『삼국사기』 권49 〈설씨녀전(薛氏女傳)〉]

ⓕ 강수(强首)는 중원경(中原京) 사량부 사람이다(沙梁人也). (『삼국사기』 권46 〈강수〉조)

〈표14〉 스에마쓰 야스카즈가 분석한 전읍서의 내용

A		B	C	D	E	F
경(卿) 1		대사읍(大司邑) 1	중사읍(中司邑) 1	소사읍(小司邑) 1	사(史) ?	목척(木尺) ?
경 1		대사읍 1	중사읍 1	소사읍 1	사 ?	목척 ?
	감(監) 1	대사읍 1	중사읍 1	소사읍 1	사 ?	목척 ?
	감 1	대사읍 1	중사읍 1	소사읍 1	사 ?	목척 ?
	감 1	대사읍 1	중사읍 1	소사읍 1	사 ?	목척 ?
	감 1	대사읍 1	중사읍 1	소사읍 1	사 ?	목척 ?

ⓖ 눌최(訥催)는 사량 사람이다(訥催 沙梁人). (『삼국사기』 권47 〈눌최〉조)

ⓗ 김영윤(金令胤)은 사량 사람이다(金令胤 沙梁人). [『삼국사기』 권47 〈김영윤〉조]

ⓘ 취도(驟徒)는 사량 사람이다(驟徒 沙梁人). (『삼국사기』 권47 〈취도〉조)

ⓙ 필부(匹夫)는 사량 사람이다(匹夫 沙梁人). (『삼국사기』 권47 〈필부〉조)

ⓚ 해론(奚論)은 모량 사람이다(奚論 牟梁人也). (『삼국사기』 권47 〈해론〉조)

ⓛ 문무왕 2년 2월, 전투의 공을 논했는데 본피궁(本彼宮)의 재물과 전장(田莊), 노복(奴僕)을 김유신과 김인문에게 주었다. (『삼국사기』 권6 〈문무왕〉조)

ⓜ 본피궁은 신문왕 원년에 설치했다. (『삼국사기』 권39 〈직관중〉조)

ⓝ 첨해왕 5년, 한지부 사람 부도(夫道)는 가난했지만 아첨하지 않

았다. (『삼국사기』 권2 〈첨해왕〉조)

ⓞ 효녀 지은(知恩)은 한지부 백성 연권(連權)의 딸이다. (『삼국사기』 권48 〈효녀지은전〉)

스에마쓰 야스카즈는 위의 사료 등에 의하여 6부명이 지명으로 사용된 것도 있지만 대부분은 지명(지구분)인지 아닌지 확인할 수 없다(249쪽)고 말하고 있다. 어느 것이나 그 자체는 행정조직이 아니더라도 행정조직에서 연유하는 것이다.[151] 가령 '사량부에 간다'·'사량부에 장사 지내다'라고 할 때 이 사량부 자체는 지명일지라도 행정조직으로서의 사량부에서 연유된 지명인 것이다. 또 아무개는 '사량부 사람'이라 할 때도 그 자체가 행정조직으로서의 6부의 하나인 사량부를 나타내는 것은 아니다. 그러나 그것은 그 이전이나 또는 그 당시 행정조직으로서 6부의 하나인 사량부가 존재했거나 또는 존재하고 있다는 전제 하에 그 본관 내지 출자가 사량부인 사람을 뜻하는 것이다. 그것은 행정조직으로서의 안동과 종각구가 존재했거나 존재해 있고 당사자가 그곳을 본관으로 하거나 또는 현

---

151 스에마쓰 야스카즈는 신라하고(下古)의 제왕(7왕)의 홍년(薨年)도 의심이 간다고 말하고 있다. '하고의 홍년도 의심이 간다'는 말은 상고(上古)의 기사가 조작된 것은 말할 것도 없다는 것을 말하기 위한 것이다. 또한 신라 본국의 사료보다 중국이나 일본의 사료가 더 사료적 가치가 있다는 것을 나타내기 위하여 그 자신 절대적인 해결을 보지 못하였다(428쪽)고 하면서도 신라하고의 7왕의 홍년은 중국사료와 일본사료에 비추어보아 의심이 가며 "하고신라의 역사 사실이 이러한 외국 사료에 의하여 보정되어야 한다."고 말하고 있다[「신라하고 제왕홍년존의(新羅下古諸王薨年存疑)」, 『신라사의 제문제』 참조]. 이러한 그의 기본적 태도는 이미 우리가 살펴본 「신라건국고」에서도 동일하였다. 그는 신라사료가 아니라 중국이나 일본사료에 의해서만 신라 연구가 결정적으로 가능하다고 하였다(p. 117).

재까지 살고 있을 때 우리가 각각 '안동인' 또는 '종로구 사람'이라고 하는 것과 유사하다고 할 것이다. 다시 말하면 행정조직으로서의 사량부·안동·종로구가 존재했거나 존재해 있을 때만 각각 '사량부인' '안동인' '종로구 사람'이라 할 수 있다는 뜻이다.

스에마쓰는 신라시대의 지구분(지명)이 고려 초에 가서야 행정조직(행정적·경제적 지반)이 되었다고 주장하지만(295쪽) 이 역시 신라의 발전 정도를 깎아내리기 위한 것으로서 신라시대의 6부가 지명 이상의 행정조직이라는 사실을 모르지는 않았을 것이다.[152]

② 그의 두 번째 주장은 『삼국유사』에 나오는 6부에 관한 개별기사는 모두 지구분(지명)이라는 것이다. 그는 여기서도 6부명을 양부·사량부·본피부·모량부·한지부·습비부의 순서로 살폈지만 여기서도 『삼국사기』에 있어서처럼 사료에 나타나는 부명(部名)이 지구분이냐 아니냐의 기준에 따라 구분하며 살펴보고 있다.

---

152 스에마쓰는 『삼국사기』의 역사적 가치를 말살하려고 했지만 마음 한구석에는 학자적 양심이 남아 있었는지 몇 군데에서 다음과 같은 양심의 고통을 비치기도 하였다.
ⓐ 부(部)가 지구분(地區分)으로 해석되는 것과 함께 별종(別種)의 구분이라고도 해석되는 서술방식이기도 하다. 그런데 이른바 '별종의 구분'이 무슨 구분인지는 『삼국사기』에서 보는 것만으로는 전혀 알 수 없다(249~250쪽). ⓑ 그 이외의 구분(지구분)으로 해석할 수 있는 것을 보류하겠다(295쪽). ⓒ 왕경(王京)의 지역적 구분 이외의 구분이라고 생각할 수 있다는 것을 인정하지 않을 수 없었다(294쪽). ⓓ 일반은 지구분으로서의 6부를 나타내지만 다른 일반은 지구분이라고 생각할 수 있음과 동시에 어떤 다른 구분을 나타낸다고도 생각할 여지가 있다(267쪽). 그러나 부(部)가 지명 이외의 것을 뜻한다고 말하면서도 그것이 무엇인지 『삼국사기』에서는 알 수 없다(a)든가 또는 그 추구를 보류한다(b)라고 말하고 있는 것을 보면 역시 양식의 일부가 되살아나다가도 다시 본래의 계획된 의도에 따라 왜곡으로 가고 있음을 알 수 있다.

A. 지구분을 나타내는 것

ⓐ 사량리(沙梁里) 알영정(閼英井) 가에 계룡(鷄龍)이 나타났다. (『삼국유사』 권1 〈신라 시조 혁거세〉조)

ⓑ 사량리와 모량리(牟梁里) 안에 있던 역당(逆黨)들의 보물과 곡식들을 왕궁으로 날라 들였다. (『삼국유사』 권2 〈혜공왕〉조)

ⓒ 사량부 구원사(久遠寺) 서남리(西南里). [『삼국유사』 권5 〈선율환생(善律還生)조〉]

ⓓ 제51대 진성여왕이 10년 간 다스렸다. 정사(丁巳)년에 소자(小子) 효공왕에게 양위했고, 12월에 붕(崩)했다. 화장해서 뼈를 모량(牟梁) 서쪽 산에 뿌렸다(또는 미황산에 뿌렸다고 한다). (『삼국유사』 〈진성여왕〉조)

ⓔ 본피택(本彼宅)·지상택[池上宅, 본피부(本彼部)]·항질택(巷叱宅, 본피부). (『삼국유사』 권1 〈진한〉조)

ⓕ 경덕왕(景德王) 대 한지리(漢岐里) 여인 희명(希明)의 아이가 태어난 지 5년이 지나자 문득 눈이 멀었다. [『삼국유사』 권3 분황사 천수대비 맹아득안조(芬皇寺千手大悲 盲兒得眼條)]

B. 반드시 지구분을 나타내지 않는 것

ⓐ 사량부의 민가 여인이 자태와 얼굴이 요염하고 아름다워 그때 사람들이 도화랑(桃花娘)이라고 불렀다. [『삼국유사』 권1 〈도화녀(桃花女)〉조]

ⓑ 어머니 용보부인(龍寶夫人)을 사량부 경정궁주(鏡井宮主)로 삼았다. [『삼국유사』 권3 〈백률사(栢栗寺)〉조]

ⓒ 제32대 효소왕 때 죽만랑(竹曼郎)의 무리 중에…… 날마다 출근하다가 열흘 동안 보이지 않아 죽만랑이 그 어머니를 불러 아

들이 있는 곳을 물어보니 어머니가 말하기를 '당전(幢典)인 모량(牟梁)의 익선(益宣) 아간(阿干)이 내 아들을 부산성(富山城)의 창직(倉直)으로 뽑아갔는데, 빨리 가느라고 미처 랑에게 말씀드릴 겨를이 없었습니다. [『삼국유사』 권2 〈죽지랑전(竹旨郎傳)〉]

ⓓ 경덕왕 천보(天寶) 14년 분황사 약사여래동상을 주조했는데, 무게가 30만 6천 7백 근이었고, 장인(匠人)은 본피부 강고내말(强古乃未)이었다. [『삼국유사』 권3 〈분황사약사(芬皇寺藥師)〉조]

ⓔ 총장(總章) 3년 경오(庚吾, 670) 한기부(漢岐部) 일산(一山) 급간[級干, 또는 성산(成山) 아간(阿干)]의 여종이 한 번에 네 명의 아이를 낳았는데, 딸 하나에 아들 셋이었다. 나라에서 곡식 200석을 상으로 주었다. [『삼국유사』 권2 〈문호왕 법민(文虎王 法敏)〉조]

C. 어느 것인지 언급이 없는 것

ⓐ 양택[梁宅, 양부(梁部)와 관계 있는 것으로 유추한다]. [『삼국유사』 권1 〈진한〉조]

ⓑ 부인 박씨는 모량리 영실(英失) 각간의 딸이다. [『삼국유사』「왕력」〈진흥왕〉조]

ⓒ 사도부인(思刀夫人) 박씨는 모량리 영실 각간의 딸이다. [『삼국유사』 권3 〈원종법흥(原宗法興)〉조]

ⓓ 모량리의 가난한 여자 경조(慶祖)에게 아이가 있었는데, 머리가 크고 정수리가 성같이 평평해서 대성(大城)이라고 불렀다…… "모량리의 대성이란 아이를 지금 너의 집에 의탁한다." 하니 가인들이 놀라서 사람을 시켜서 모량리를 조사하니 대성이 과연

죽었다. [『삼국유사』 권5 〈대성 효이세부모(大城 孝二世父母)〉조]

ⓔ 손순[遜順, 옛날 본에는 손순(孫舜)]은 모량리 사람이다. [『삼국유사』 권5 〈손순매아(孫順埋兒)〉조]

ⓕ 한기택[漢岐宅, 법류사 남쪽(法流寺南)]. (『삼국유사』 권1 〈진한〉조)

위에 나타나 있는 것처럼 스에마쓰 야스카즈는 지구분을 나타내는 것, 반드시 지구분을 나타내지 않는 것, 어느 것인지 언급이 없는 것의 세 구분으로 나누어 고찰하였지만 어느 구분의 것이든 행정조직이거나 행정조직에서 연유된 명칭이다. 『삼국사기』의 6부명이나 『삼국유사』의 6부명 고찰에 있어서 '지구명(지명)을 나타내는 것'과 '반드시 지구명을 나타내지 않는 것'으로 구분하는 자체가 무의미하다. 스에마쓰 야즈카즈가 어떤 의도로 이런 구분을 했는지 의심스럽다.

요컨대 중대(中代)의 행정조직인 6부 소감전 전읍서가 상대(上代)의 정치조직 내지 행정조직인 6촌·6부에서 변천해온 것이 틀림없음에도 불구하고 스에마쓰는 정치조직·행정조직으로서의 6부의 기사는 모두 언급을 회피하거나 조작으로 몰아붙이고 6부 소감전 등은 지구명(지명)이라 함과 동시에 『삼국사기』와 『삼국유사』에서 그 자체는 행정조직이 아닌 부명(部名)만 잔뜩 나열해놓고 이것들이 행정조직이 될 수 없다고 주장하고 있다.

여기서 6촌·6부의 성격에 대하여 구체적으로 언급할 이유는 없으나[153] 다음의 사료에 의해서도 6촌·6부는 시조 혁거세가 건국할 시기에 이미 군주를 선출하는 정치조직까지 가진 하나의 정치집

153 최재석, 「신라의 6촌·6부」, 『동양학』 16, 1986 참조.

단이었으며(다음 사료 Ⓐ), 6부는 모두 동일 규모가 아니라 크고 작은 차이가 존재하였다(다음 사료 Ⓑ). 또한 정치집단에서 행정집단으로 변화한 후에는 지방의 행정집단인 주(州)와 군(郡)의 우두머리가 각각 주주(州主)·군주(郡主)인 것처럼 왕도(王都)의 행정집단인 부(部)의 우두머리는 부주(部主)로 불렸음을 알 수 있다(다음 사료 Ⓒ1, Ⓒ2). 같은 우두머리라 해도 왕도의 부의 우두머리인 부주(部主)의 성격은 주주(州主)나 군주(郡主)와는 다른 점이 있었던 것으로 생각된다.

Ⓐ 6부인(六部人)이 그 출생이 신이(神異)하므로 이를 받들어 존숭했는데, 이때 이르러 세워서 임금으로 삼았다. [『삼국사기』 권1 〈시조 혁거세 거서간 즉위〉조]

Ⓑ 왕이 6부(部)를 이미 정하고 이를 둘로 갈라 왕녀(王女) 두 명에게 각각 부내(部內)의 여자들을 거느리고 무리를 나누게 했다. 가을 7월 16일부터 매일 일찍 큰 부(部)의 뜰에 모여 마포(麻布)를 짜고 밤 10시에 파했다. (『삼국사기』 권1 〈유리 이사금 9년〉조)

Ⓒ1 11년 가을 7월에 사자(使者) 10여인은 나누어 보내서 주주(州主)·군주(郡主)가 일에 힘쓰지 않고 전야(田野)가 많이 황폐하게 한 자는 내쫓았다. (『삼국사기』 권1 〈파사 이사금 11년〉조)

Ⓒ2 23년…… 이때 왕이 6부에 명해 수로왕에게 향연을 베풀게 했다. 5부는 모두 이찬이 주관했으나 한지부만 지위가 낮은 자가 주관했다. 수로왕이 노해서 종 탐하리(耽下里)에게 명해서 한지부주(漢祇部主) 보제(保齊)를 죽이고 돌아갔다. (『삼국사기』 권1 〈파사 이사금 23년〉조)

③ 6부에의 사성(賜姓)이 조작이라는 것이 스에마쓰의 세 번째 주장이다. 조작의 근거를 2가지 들고 있는데, 하나는 사성의 내용에 있어서 『삼국사기』와 『삼국유사』가 다른 점이 있다는 것이다. 사량부와 본피부의 내용이 오른쪽 〈표15〉처럼 서로 뒤바뀌어 있다는 점을 조작의 첫째 증거로 들고 있다. 이는 『삼국사기』와 『삼국유사』가 각각의 사료를 보고 편찬했으므로 위서가 아니라는 증거는 될 수 있지만 양 사서 모두 위서라는 증거는 될 수 없다. 또한 스에마쓰 자신도 시대구분에 있어서 『삼국유사』와 『삼국사기』가 차이가 있는데도 양자 모두 사실이라 한 앞의 말과 모순된다. 사성의 차이를 조작으로 보는 것은 근거가 없다.

스에마쓰는 또 『삼국사기』 〈최치원열전〉에는 최치원이 사량부 사람이라고 되어 있지만 『삼국유사』에는 본피부 사람으로 나오는 것을 조작의 근거로 삼고 있으나(253쪽) 이것만으로는 조작으로 볼 수 없다. 한 사람의 출신에 대해서 서로 달리 적는 것은 많은 역사서에 나타나는 것이므로 왜 그런 차이가 있는지 연구해야 할 대상일 뿐이다. 그는 『삼국사기』와 『삼국유사』에서 위에서 제시한 성(姓)을 조사하여[154] 이것들은 신라하대(下代)의 것이지 상고(上古)부터 있었던 것으로는 생각하지 않는다면서 역시 조작의 근거로 삼고 있다(250~253쪽, 268~270쪽).

스에마쓰는 이 가운데 상고부터 존재하는 설씨(薛氏)에 대하여는 설씨는 그 음이 sor이므로 신라를 한자로 옮긴 것이어서(252쪽) 설씨를 성으로 인정할 수 없다고 자의적으로 왜곡했다. 자기주장에

---

154 〈표16〉과 〈표17〉은 스에마쓰 야스카즈가 제시한 것을 필자가 표로 정리하여 작성한 것이다.

〈표15〉『삼국사기』와 『삼국유사』의 사성 내용

	삼국사기	삼국유사
양부	이(李)	이
사량부	최(崔)	정
본피부	정(鄭)	최
점(모)량부[漸(牟)梁部]	손(孫)	손
한기부	배(裵)	배
습비부	설(薛)	설

〈표16〉 스에마쓰 야스카즈가 조사한 6성인의 수(『삼국사기』)

성	연대	인원
이씨	764~935	5인
정씨	838	1인
손씨	683	1인
최씨	822~930	7인
배씨	720~930	3인
설씨	벌휴 · 내해시대~770	9인

〈표17〉 스에마쓰 야스카즈가 조사한 6성인의 수(『삼국유사』)

성	연대	인원
이씨	748~920	3인
정씨	665	1인
손씨	600~830	2인
최씨	850~930	3인
배씨		없음
설씨	600~683	3인

방해가 된다는 이유로 존재했던 설씨가 없는 것처럼 간단하게 고려의 대상에서 제외해버린 것이다. 요컨대 스에마쓰는 6성 중 상고부터 존재했던 설씨에 대하여는 한마디로 성씨가 아니라고 몰아붙이고 나머지 5성은 신라하대(下代)의 성이기 때문에 6성의 사성 기록은 인정할 수 없다는 것이다. 5성이 그의 주장처럼 하대의 성이라면 어떻게 그 5성이 하대에 불쑥 나타날 수 있었는지 설명해야 하는데 여기에 대하여도 언급이 없다.

스에마쓰 야스카즈 자신이 시인하고 있듯이 움직이지 않는 마을(6촌)의 이름도 다 남아 있지 않은데(270쪽) 하물며 사망·인구 이동이 심한 사람의 성이 신라 1,000년 동안 계속하여 존재하여야 한다고 기대하는 것 자체가 무리이고 이치에 맞지 않는다. 조선 후기의 것인 〈울산장적(蔚山帳籍)〉을 조사해도 100년 전에 있었던 성(姓)과 본관(本貫)이 없어진 것이 적지 않다.

신라의 성(姓)과 중국의 성(姓)은 다르다. 중국의 성은 불변의 것으로서 혼인을 규제하고 동성(同姓)의 남자 자손으로 부계혈연집단(씨족·종족)을 조직하여 딸이 있더라도 아들이 없으면 동성(同姓)의 자(子)를 입양시켜 부계조상(父系祖上)의 제사를 지내게 한다. 그러나 신라 사회는 중국의 이런 성과 다르다. 따라서 신라에서 사성(賜姓)을 했다고 해도 중국처럼 부계혈연집단을 유지하는 의미의 성(姓)은 아니다. 사성했다고 해도 그 사성이 말로만 끝날 가능성도 있을 것이며 조만간 소멸될 가능성도 있을 것이다. 또 성이 지속된다 하더라도 다른 성으로 바뀌거나 또는 2성·3성의 예와 같이 다른 성으로 남아 있을 가능성도 있다고 하겠다. 사성 이외의 성도 있었음에도 불구하고 신라는 말기까지 여전히 왕위는 사위·외손 등의 이성(異姓)의 자(子)에게도 계승되었음을 알 수 있다. 김씨의 왕도 박씨 왕(혁거세)을 시조로 의식하여 제사를 지냈던 사실에 유의하여 그 의미를 해석했다면 스에마쓰가 사성을 조작의 근거로 삼지는 않았을 것이다.

④ 『일본서기』에 보이는 신라의 부(父)는 부명공칭(父名公稱)의 종말연대(終末年代)에 관한 극히 유력한 사료이며 조선사에서는 알 수 없다는 것이 그의 네 번째 주장이다. 이미 살펴본 바와 같이 신라 건국 문제 고찰도 건국 사료보다 일본 사료가 결정적인 사료가 된다고 말한 스에마쓰가 6부 고찰에서도 같은 주장을 하였음을 알 수 있다. 『일본서기』를 종합적·구체적·과학적으로 분석해도 위서(僞書)가 아니라는 것이 밝혀지지 않는 이상 신라 연구의 기본 사료로 삼는 것은 비과학적·비실증적이다.

⑤ 5개의 금석문에 보이는 부(部)는 부의 존재를 서기 561~591년보다 소급할 수 없으며 부에 관한 가장 오래된 근본 사료라는 것이 스에마쓰의 다섯 번째 주장이다.

금석문의 부(部)가 부에 관한 가장 오래되고 근본 사료라는 점은 이론이 없다. 그러나 『삼국사기』·『삼국유사』의 사료는 전적으로 조작으로 몰아 불신하고 단지 5개의 금석문만 부 연구의 근본 사료라는 것은 문제가 있다. 기본 사료인 『삼국사기』와 『삼국유사』의 가치를 부정하기 위하여 금석문의 가치를 새삼스럽게 들고 나온 것이다. 사실 그가 조사한 5개의 비문(碑文)에는 부명(部名)이 3개밖에 나타나지 않았는데 19개의 금석문 조사에서는 6부의 이름이 모두 확인되었다.[155] 다시 말하면 스에마쓰의 모든 논리가 그런 것처럼 금석문의 사료적 가치를 표면에 내세우면서 부의 존재를 서기

155 이문기, 앞의 논문.

561~591년보다 소급할 수 없다고 단정한 것은 상고(上古)·상대(上代)시대의 부의 존재를 부인하기 위한 것이다.

⑥ 6부는 병존적인 것이 아니라 시간적·단계적이라는 것이 스에마쓰 야스카즈의 여섯 번째 주장이다. 즉 6부가 동시에 처음부터 존재하지는 않았다는 것이다. 스에마쓰가 이미 살펴본 것처럼 6부명이 지명(지구명)이라는 것과 단계적이라는 것을 끈질기게 주장하는 이유는 분명하다. 혁거세 등장 이전부터 존재했으며 신라 탄생의 모체였던 6촌·6부의 존재를 부인하면서 내물왕이 신라의 건국왕이라고 주장하기 위해서인 것이다. 중대(中代)의 6부가 지명이고 또한 그 6부가 동시에 생긴 것이 아니고 시간적으로 차례차례 생겨났다고 한다면 상고의 6촌·6부의 존재는 자연히 부인된다는 논리이다. 스에마쓰 야스카즈는 바로 이 점을 노린 것이다.

그의 여섯 번째 주장을 좀 구체적으로 말하면 다음과 같다.

'처음에 훼부(喙部) 하나만으로 출발하였던 6부는 사량벌국(상주)을 정복·병합하면서 사량부를 신설해 2부제가 되었고(서기 300~350), 이 2부제는 그 뒤에도 상당히 오랫동안 지속되다가 6세기 전반기에 다시 성주(星州)의 반파(伴跛, 벽진)를 병합하여 본피부를 둠으로써 3부제의 시대가 나타났으며(500년대 무렵) 그 뒤에 다시 모량 이하 3부를 증치하여 6부가 완성되었다(서기 600~700)'.

그는 6부의 이른바 단계적 존재 근거의 전체에 대하여 설명하지 않고 단지 훼부에서 사량벌국의 '정복·합병'과 더불어 생겨난 훼부·사량부 2부제에 대해서만 다음과 같이 설명하고 있다.

그는 『삼국사기』의 양부(梁部)의 양(梁)은 훼(喙)이고 『삼국유사』는 양부를 급량부로 쓰고 있는데, 이 급량부의 급(及) 자는 mit(밑) 즉 원본(元本)의 뜻을 나타내므로 급량부는 '본래부터의 양부'라는 의미이고 사(沙, 훼)부·사량부(沙梁部)의 사(沙) 자는 '신(新)'의 뜻이 있으므로 급량부는 본가(本家), 사량부는 새로운 분가(分家)의 뜻이 있다. 그리하여 양부(梁部)는 본지관계(本支關係)가 있으니 급량부가 사량부를 정복·병합하여 사량부를 신설하게 되었다고 주장했다(299~300쪽, 306쪽).

여기서도 그는 자신의 특기인 말장난을 시도하고 있다. ⓐ 설사 그의 주장대로 급량부에 'mit(밑)'의 뜻이 있고 사량부에 신(新)의 뜻이 있더라도 이것이 6부가 단계적으로 존재했다는 설명은 되지 못한다. ⓑ 다같이 mit(밑)이라고 발음하더라도 여러 가지 뜻이 있어서 원(元)·본(本)의 뜻이 있는 것도 있고 '도달한다'·'미친다'·'이른다'의 뜻이 있는 것도 있다. 급량부의 '급'자는 후자의 뜻의 mit(밑)일 뿐 원(元)·본(本)·기(基)의 뜻의 mit은 아니다. 이미 살펴본 왕명이나 왕부·왕모·왕비의 명의 고찰에 있어서처럼 여기서도 어불성설의 견강부회를 한 것이다.[156]

또 그는 300년 무렵에 훼부(喙部, 양부)에서 6부가 시작되었다가 600~700년대에 이르러 6부가 '형식적'으로 완성되었으며 중대(中代) 이후에는 왕경의 '지구분(지명)'이 되었고 고려 초에 이르러 10군현을 병합하고 난 후에야 그 영역이 확대된 행정조직으로서 경주부의 6부가 되었다고 주장하였다(자서 20, 262~263, 306~307쪽).

지금 그의 이런 주장을 그림으로 그려보면 다음 쪽 〈그림2〉와 같이 된다.

---

156 원(元)·본(本)·기(基)의 뜻이 있는 말(mit)에는 다음과 같은 것이 있다. 밑반찬·밑천·밑거름·밑가락·밑글·밑거리·밑그림·밑꼴·밑돈(基金)·밑동(밑둥, 굵게 살진 뿌리 부분)·밑말·밑수·밑쌀·밑알·밑점·밑절미·밑조사.

〈그림2〉 스에마쓰 야스카즈가 주장하는 6부의 변천

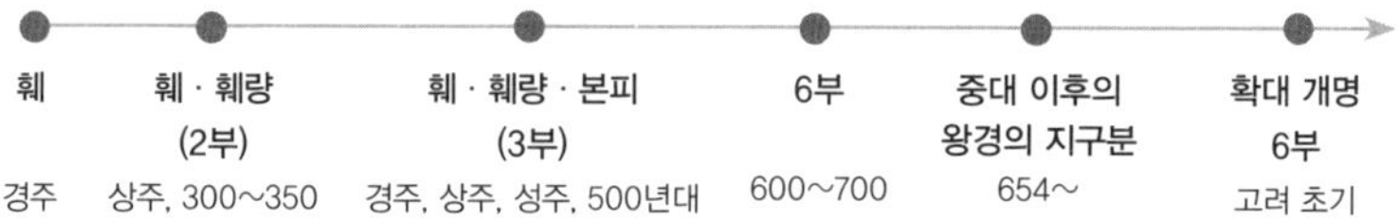

여기서 우리는 스에마쓰 야스카즈의 논리에 여러 가지 모순이 있음을 알 수 있다.

첫째, 이미 보아온 바와 같이 부(部)는 금석문에 나온 연대, 즉 서기 561~591년 이전으로 소급할 수 없다고 해놓고 이번에는 자기 자신이 300~350년에도 부(部)가 있었다고 부의 존재를 인정하고 있다.

둘째, 왕경(王京) 이외, 즉 경북 일대에 존재하는 6부(비문에 나오는 6부)와 왕경에 존재하는 6부(『삼국사기』에 존재하는 6부)를 설정하여 전자에서 후자로 변천하였다고 하였다. 경북 일대의 6부가 경주(왕경)의 6부로 변천하였다는 논리는 그 자신도 이해할 수 없을 것이다. 왕경에서 시작한 제도가 지방으로 발전해나가는 것이 일반적인데 스에마쓰 야스카즈는 신라상고사 왜곡에 전념하다 보니 자기모순이 무엇인지도 모르고 그때그때 상반된 주장을 하는 것이다.

이런 모순·어거지를 범한 것을 알아차린 스에마쓰 야스카즈는 비문의 부(部, 경주 일대의 부)와 『삼국사기』의 중대(中代) 이후의 부(部, 왕경의 부)는 동일한 것이 아니다(296쪽)라는 한마디 변명으로 자기모순을 슬쩍 얼버무리고 있다. 경북 일대의 6부에서 경주의 6부로 변천했다고 해놓고, 또 같은 자리에서 경북 일대의 6부와 경주의 6부는 동일한 것이 아니라고 잡아떼는 것이 그의 '고등문헌비판'에 의한 신라상고사 연구의 실증적 방법이었던 것이다.

〈표18〉 『삼국유사』 〈신라 시조 혁거세〉조에 나온 6촌·6부의 정리(스에마쓰 야스카즈)

	1	2	3	4	5	6		조작 여부
1	알천(閼川) 양산촌 (楊山村)	돌산(突山) 고허촌 (高墟村)	무산(茂山) 대수촌 (大樹村)	취산(觜山) 진지촌 (珍支村)	금산(金山) 가리촌 (加里村)	명활산(明活山) 고야촌 (高耶村)	(6촌)	조작
2	알평 (謁平)	소벌도리 (蘇伐都利)	구례마 (俱禮馬)	지백호 (智伯虎)	기타 (祗沱)	호진 (虎珍)	(6촌장)	조작
3	표암봉 (瓢嵓峰)	형출 (兄出)	이산 (伊山)	화산 (花山)	명활산 (明活山)	금강산 (金剛山)	(발상지)	조작
4	급량부	사량부	점량부	본피부	한기부	습비부	(6부)	조작
5	이씨	정씨	손씨	최씨	배씨	설씨	(6성)	조작
6	중흥부 (中興部)	남산부 (南山部)	장복부 (長福部)	통선부 (通仙部)	가덕부 (加德部)	임천부 (臨川部)	(고려 초기의 6부)	사실
7	피잠 (彼潛) 동산 (東山) 피상 (彼上)	구량벌 (仇良伐) 마등오 (麻等烏) 도북(道北) 회덕(廻德)	박곡촌 (朴谷村)	시파 (柴巴)	상서지 (上西知) 하서지 (下西知) 내아 (乃兒)	물이촌 (勿伊村) 잉구미촌 (仍仇旀村) 궐곡 (闕谷)	(고려 중기의 현지)	사실
	동촌 (東村)	남촌 (南村)	서촌 (西村)	동남촌 (東南村)	동촌 (東村)	동북촌 (東北村)		

비고 : 표 오른쪽의 조작 여부는 그의 주장(255쪽)에 따라 필자가 추가한 것이다.

셋째, 고려 초에 이르러 10군현(郡縣)[157]을 병합하여 확대 개명된 행정조직으로서의 6부가 되었다고 주장하면서 다른 한편으로 6부는 각각 몇 개의 촌락으로 이루어졌다고 주장하였다.

그는 한편에서는 고려 초에 인근 10군현을 합병하여 6부가 확대되었다고 주장해놓고 또 다른 한편에서는 〈표18〉 6항과 7항에 나

157 10군현의 이름은 다음과 같다. 임관군(臨關郡)·대성군(大城郡)·약장현(約章縣)·동기정(東畿停)·남성정(南城停)·남기정(南畿停)·중기정(中畿停)·서기정(西畿停)·북기정(北畿停)·막야정(莫耶停).

타나 있는 바와 같이 고려 중기까지도 각 부(部)는 몇 개의 촌락으로 구성되어 있다고 말하고 있다. 6부의 성격의 차이는 있을지언정 그 범위는 신라시대나 고려 초나 큰 차이가 없는 것으로 보인다.

지금까지 「신라6부고」에서 스에마쓰 야스카즈의 6가지 주장을 살펴보았다. 지금까지 살펴본 대로 그의 6가지 주장은 한결같이 아무런 근거나 논리적 합리성을 찾아볼 수 없는 견강부회에 지나지 않았음을 알게 되었다.

5. 마치며

지금까지 신라상고사 연구에서 스에마쓰 야스카즈가 취한 사료의 처리 방법과 사료의 비판 및 그의 주장 등을 알아보았다. 여기서 다시 그의 논지를 명확히 파악하기 위해서 근거를 제시한 그의 17가지 주장과 방법 및 그의 의도를 정리하고 종합적 평가를 덧붙이고자 한다. 그의 17가지 주장은 다음과 같다.

A. 「신라3대고」[158]

① 무열왕을 신라 중대(中代)와 하고(下古)의 첫 왕으로 한 것은 혼인법이 족내혼에서 족외혼으로 바뀌었기 때문이다.

② 법흥왕을 중고(中古)의 첫 왕으로 한 것은 그의 치적 때문이며 신라상고(1~22대) 중 내물왕 전과 후를 구별하여 내물왕 대를

158 머리말에서 언급한 바와 같이 이기백은 스에마쓰 야스카즈의 「신라3대고」를 발판으로 하여 신라정치사를 연구하였으며 김철준은 이 「신라3대고」를 신라사를 무난히 정리한 문헌으로 평했다(김철준, 앞 책, p. 24).

신라 최초의 왕으로 하는 것은 중국 기록에 신라의 이름이 처음 나오는 시대가 내물왕에 해당하기 때문이다.

③ 중대(29~36대)는 무열왕계의 시대이고 하대(37~56대)는 내물왕계 부활의 시대이며 원성왕계의 시대이다.

B. 「신라건국고」

① 신라는 낙랑 · 대방 · 한(漢) · 위(魏) · 부여 · 일본 · 양평(襄平) · 진(晋) 등 타국의 세력에 의해 건국과 존속이 가능했다.

② 신라 건국은 고구려의 정치적 · 군사적 영향과 도움이 매우 컸으며 고구려 군대가 신라에 주둔했으며 고구려에 대하여 신속적 태도를 취했다.

③ 신라 왕호 마립간은 고구려 신하의 관위인 막리지에서 나왔다.

C. 「신라상고세계고」

① 신라상고의 왕위계승은 '삼성교립'이며 조작이다.

② 신라상고의 왕위계승은 '여계적 계승법'이며 조작이다.

③ 17대 내물왕부터 22대 지증왕까지의 6왕의 왕명을 가지고 시조부터 16대 흘해왕까지 16왕의 왕명을 조작하였다.

④ 시조에서 22대 지증왕까지 왕부 · 왕모 · 왕비명도 조작되었다.

⑤ 내물은 태양의 뜻인 nar의 음역(音譯)이기 때문에 신라의 시조이다.[159]

---

159 내물왕을 신라 건국의 왕으로 주장하는 사람은 김씨왕 속에 끼어 있는 박씨 성인 53대 신덕왕의 성을 조작으로 몰지 않을 수 없을 것이다. 왜냐하면 그들의 주장은 내물왕 이후 왕은 모두 김씨이고 따라서 53대 신덕왕도 김씨 성이라는 토대 위에 서 있기 때문이다.

D. 「신라6부고」

① 『삼국사기』 중대 이후에 나오는 6부에 관한 기사(개별적 기사, 6부 소감전·전읍서)는 모두 '지구분(지명)'이다.

② 『삼국사기』의 사성(賜姓) 기사는 조작이다.[160]

③ 『삼국유사』에 나오는 6부에 관한 개별적 기사는 모두 '지구분(지명)'이다.

④ 『일본서기』에 보이는 신라의 부(部)는 부명공칭(部名公稱)의 종말연대를 가르쳐준다.

⑤ 5개의 금석문에 보이는 부(部)는 부의 존재를 561~591년보다 소급할 수 없으며 부에 관한 가장 중요한 근본 사료이다.

⑥ 6부는 병존적(竝存的)인 것이 아니라 시간적이고 단계적이다.

스에마쓰 야스카즈는 이러한 17가지 논리로 신라상고사를 조작이라고 주장했다. 스에마쓰가 이런 주장을 하는 데 사용된 방법의 문제점은 다음과 같다.

① 신라 전체의 왕(王)과 왕부(王父)의 혼인법을 조사하지 않고 김유신 일가 몇 사례의 혼인을 조사하여 중대(中代)와 하고(下古)의 혼인법을 일반화하는 무리수를 두었다.

② 신라 건국 문제 해결의 결정적인 것은 한국사료보다는 중국과 일본사료(『일본서기』)의 한 구절이라고 주장하고 한국사료 중

160 이병도도 사성(賜姓)을 통일신라시대의 조작으로 보고 성은 있을 수 없다고 단정했다(이병도, 「삼한시대의 신고찰」, 『진단학보』 8, 1937, p. 35 및 『한국고대사연구』, 1976, p. 599).

에서도 신라사료(『삼국사기』「신라본기」)보다 고구려(「고구려본기」)·백제사료(「백제본기」)가 더 결정적이라고 주장했다. 한 집안의 유래를 조사하는데 그 집안의 족보보다 다른 집안의 족보가 더 결정적이라고 주장하는 데서 신라사 말살·왜곡에 모든 목적이 있다는 사실을 잘 알 수 있다.

③ 조선 후기 사회 동성동본의 파(派) 내지 계보(系譜)의 시각으로 신라의 중대·하대를 다루었다. 1,500여 년 후의 사회 풍습을 가지고 1,500여 년 전의 사회 풍습을 재단해서 조작이라고 주장하는 것은 역사학의 기초에도 어긋난다.

④ 부계혈연집단과 불가분의 관계가 있는 조선 후기의 성(姓)의 시각에서 신라상고의 왕위계승을 연구하였다. ③과 마찬가지로 조선 후기의 시각으로 신라상고 사회를 볼 수는 없다.

⑤ 문제 해결에 전혀 도움이 안 되는 말(언어)을 풀이하여 이것을 왕명, 왕부명, 왕모명, 왕비명 조작의 근거로 삼았으며 또한 내물왕을 신라왕조의 시조로 삼았다. 언어유희를 통해 주장을 펴는 것은 의미가 없으며 신라의 시조는 내물왕이 아니라 혁거세왕이다.

⑥ 『삼국사기』와 『삼국유사』의 중대(中代) 이전의 6부는 모두 조작으로 간주하고 5개의 금석문과 『일본서기』의 부명을 가장 중요한 근본 사료로 보았다. 신라 개국 초부터 6부가 등장하면 신라 건국 사실을 조작으로 볼 수 없기 때문에 『삼국사기』와 『삼국유사』를 조작으로 본 것에 불과하다.

스에마쓰 야스카즈는 또 다음과 같은 자의적 기준에 의하여 사료를 처리하였다.

㉠ 내물왕 이전은 모두 조작이고 내물왕~법흥왕 사이는 왕계만 사실이고 법흥왕 이후는 왕계도 매년의 개별기사도 사실이라고 주장했다. 그러나 이런 자신의 자의적 기준에도 불구하고 그 이후 시대에 자기의 주장과 위배되는 기사가 나오면 또 조작이라고 주장하였다(예 : 박씨인 53대 신덕왕의 성을 김씨라고 우긴 것).

㉡ 어떤 때는(신라 건국 연구) 중국 사료를 결정적인 사료로 보고 또 어떤 때(막리지)는 그 중국측 사료를 불신하고 있다. 일관된 기준과 원칙을 갖고 있지 못하고 그때그때 다른 내용을 주장하는 것이 스에마쓰 야스카즈의 특징 중 하나이다.

㉢ 어떤 때는(사성) 『삼국사기』와 『삼국유사』의 내용이 차이가 나는 것을 조작의 근거로 보았지만 어떤 때는(왕호 · 시대구분) 양 사서의 차이를 사실로 보았다.

㉣ 신라의 영토 확장 기사를 어떤 때는 전설 · 조작으로 보고, 어떤 때는 사실로 보았다.

㉤ 각 시대의 첫 왕에 대하여 이야기한다고 하고는, 그 왕이 적합하지 않을 때는 둘째 왕에 대해 이야기하였다.

㉥ 세 명의 왕만을 조사하여 상고(上古) 전체 왕의 특징인 것으로 일반화하였다.

㉦ 중대(中代) 이전의 부(部)가 중대 이후의 부로 변했다고 하기도 하고 중대 이전의 부와 중대 이후의 부는 동일한 것이 아니라 하기도 하였다.

㉧ 자기가 주장하고자 하는 것에 위배되는 자료는 '예외'로 취급하여 제외하였다(예 : 중고시대의 김씨 성 왕비).

스에마쓰 야스카즈의 사료 처리 기준과 방법을 2가지로 정리하면 수시로 달라진다는 것과 모두 자의적 분류라는 것이다. 이러한 비학문적, 비역사적 방법을 한국인 고대사학자들은 어떻게 '근대적·과학적'이고 '문헌고증학'의 방법이라고 극찬하는지 알다가도 모르겠다.

스에마쓰는 아무런 근거의 제시도 없이 신라상고사는 조작되었다고 무수히 반복하였지만 그래도 17가지 주장은 나름의 근거를 제시한 것이었다. 스에마쓰는 이러한 나름의 17가지 근거를 가지면 사람들을 현혹시킬 수 있다고 생각했을 것이다. 이 가운데 5가지 주장은 『삼국사기』가 조작이라고 주장하기 위한 것이었다.[161] 이 17가지 주장은 모두 스에마쓰 야스카즈 개인의 강력한 희망사항을 담은 것일 뿐 자체 내의 모순과 논리의 비약·견강부회·허위 등에 의거한 주장으로서 학문적으로는 하등의 고려 가치가 없는 것이었다.

그의 논거는 사료의 객관적·과학적인 방법의 적용에 의하여 얻어진 것이 아니라 미리 계획되고 짜인 전제에 사료를 억지로 갖다 맞춘 것이었다. 다시 말하면 「신라3대고」는 내물왕이 신라의 개국시조라고 주장함으로써 『삼국사기』「신라본기」의 기원전 1세기~서기 4세기 말까지의 기록을 조작으로 몰기 위해서 만들어졌고, 「신라건국고」는 400년 전후에 건국한 신라가 건국을 전후하여 인접 타국에 예속되었음을 주장하기 위해서 쓰였으며, 「신라상고세계고」는 신라상고(上古)의 세계가 조작되었다고 주장하기 위한 것이었고, 「신라6부고」는 신라상고의 6촌·6부의 존재를 부인하기 위해

161 「신라상대고」와 「신라건국고」에서 각각 3개의 주장을 하였으며 「신라상고세계고」와 「신라6부고」에서 각각 5개, 6개의 주장을 하였는데 조작이라고 주장한 5개의 주장 가운데 4개는 「신라상고세계고」에 포함되어 있다.

쓰였다. 스에마쓰 야스카즈의 모든 논고는 단 한 가지 목적, 즉 신라상고사를 조작으로 몰기 위한 것이었다. 신라상고사를 조작으로 모는 목적은 그가 『임나흥망사』를 쓴 데서 알 수 있는 것처럼 한반도 남부에 임나일본부가 있었다고 주장하기 위한 것이기도 했다.

좀 더 구체적으로 말하면 다음과 같이 말할 수 있다.

㉠ 「신라3대고」에서는 내물이 한 시대의 첫 왕에 상응하는 특성을 가지고 있음을 주장하기 위하여 중국기록에 신라가 최초로 나타나는 시대가 내물왕이라는 것과, 『삼국사기』와 『삼국유사』의 각각 세분화된 시대구분(『삼국유사』의 상고·중고와 『삼국사기』의 중대·하대)쪽만을 시인하면서 자신이 구분한 각 시대의 첫 왕의 특성을 설명하는 것으로 신라 초기 역사를 말살하려고 하였다.

㉡ 「신라건국고」에서는 신라가 400년 전후(내물왕 대)에 건국했으며 건국 전후를 통하여 신라가 진(晋)·고구려에 예속되었다는 것을 주장하기 위하여 진·고구려와 신라와의 관계기사를 견강부회하였다.

㉢ 「신라상고세계고」에서는 『삼국사기』「신라본기」 초기 기록이 조작되었다는 것을 주장하기 위하여 1~16대까지 왕명은 17~22대까지의 왕명을 가지고 조작했다고 주장하였다.

㉣ 「신라6부고」에서는 6촌·6부의 존재를 부인하기 위하여 중대(中代) 이후의 6부명은 지명(地名)으로서 6부는 시간적·단계적인 존재로 나타난다고 주장하였다.

한마디로 말하면 내물왕 내지 법흥왕 이전의 『삼국사기』「신라본기」 기사는 조작되었다고 주장하기 위해 쓰인 논고였던 것이다. 중언하거니와 그의 주장의 근거는 단 하나의 객관적, 과학적 근거가 없었으며 모순과 논리의 비약, 견강부회와 허위로 가득 차 있다.

문제는 이런 비학문적이고 비역사학적인 스에마쓰 야스카즈의 한국사 왜곡, 말살 의도에 왜 많은 한국인 학자들이 동조하고 나섰으며, 심지어 21세기인 지금에 와서 더 확산되고 있는가 하는 점이다. 머리말에서 밝힌 것처럼 스에마쓰 야스카즈의 비학문적, 비역사학적 방법이 어떻게 "자료의 한계를 넘지 않는 역사가로서의 신중한 태도"가 되며 또한 "과학적 방법", "근대적·역사적 연구법", "사료의 고등비판"과 "언어학적 해석의 방법"이 될 수 있으며, 그리고 그의 주관적인 주장이 어찌하여 "여러 학자 중에서도 뛰어난 연구성과"로 평가되고, "치밀하고 확고한 논리와 비판 위에 세워진 이론"이나 "신라사 연구를 1단계 진전시킨" 연구로 평가되는 것인지 모르겠다.

스에마쓰 야스카즈가 취한 방법은 역사적인 것이 아니라 자의적인 것에 불과했으며 그것도 주로 신라의 기년(紀年)과 세계(世系)와 국토(國土)에 관한 기사를 말살·왜곡하기 위한 책략이었다. 이러한 기년·세계·국토의 말살 책략이 '문헌고증학'이나 '고증사학'이 될 수 없으며, 거꾸로 '문헌고증학'이나 '고증사학'과는 대척점에 있다는 것도 말할 나위가 없는 것이다.

지금까지 살펴본 대로 스에마쓰 야스카즈는 마치 자신이 고증사학의 방법으로 신라사(상고사)를 연구하는 것처럼 가장했지만 실제로는 고증과는 아무런 관계가 없이 자의적인 방법으로 신라사를 왜곡·말살한 비고증사학(非考證史學)에 불과했다.

'『삼국사기』 초기 기록 불신론'은 지금까지 살펴본 대로 스에마쓰 야스카즈를 비롯한 모든 식민사학자들이 한국사를 왜곡·말살하기 위한 의도적·계획적 책략에 불과하다. 그런데도 일본인 식민사학자들의 한국사 왜곡·말살 경향에 대해서 김철준은 일본인들의 지나친 문헌에의 집착이거나 문헌고증학이 가지고 있는 근대사학 정신의 빈곤 즉 문헌고증학의 한계 때문에 생기는 것으로 보고 있으며,[162] 이기동은 부정적·극단적인 문헌고증학의 사료비판이나 문헌고증학이 가지고 있는 그 자체의 결함과 한계성과 완고함 때문에 잃는 것도 많다고 말하고 있다.[163] 한편 신형식은 그들의 방법은 고증사학·근대사학으로 나무랄 데 없으나 식민사학이라는 선입견 때문에 일본인들의 고대사(신라사) 연구에 대한 정당한 평가에 인색하였다고 말하고 있다.[164]

고증사학은 그 자체로는 극단적이거나 사실을 왜곡할 수 없는 실증사학으로서 고증에 철저할 수만 있다면 역사학적 방법론으로는 이보다 더 바람직한 방법은 없을 것이다. 따라서 지나친 고증사학이란 말은 있을 수 없고 고증에 철저할수록 역사 연구에 좋은 것이지 결점이 될 수는 없을 것이다. 따라서 『삼국사기』 기사를 '전설'·'조작'·'왜곡'으로 모는 것은 지나친 고증사학이나 고증사학의 한계성 때문에 연유된 것이 아니다. 또한 방법은 고증사학으로서 나무랄 데 없었지만 사관이 식민사관이었기 때문에 문제가 되는 것은

---

162 김철준, 앞 책, p. 1, 11, 24.
______, 「한국사학의 몇 가지 문제」, 『한국사 연구 입문』, 1981, p. 64.
______, 「한국고대 연구의 몇 가지 문제」, 『한국문화사론』, 1976, pp. 85~86.

163 이기동, 앞 책, 머리말 및 pp. 4~5.
______, 「백제왕실 교대론에 대하여」, 『백제연구』 12, 1981, p. 53.

164 신형식, 『한국고대사의 신연구』, 일조각, 1984, pp. 8~9, p. 14.

더욱 아니다.

스에마쓰 야스카즈가 『삼국사기』「신라본기」를 조작으로 몰기 위해서 사용한 방법은 지금까지 보아온 바와 같이 고증사학이 될 수 없다. 언어학적 방법도 자의적인 주장일 뿐이었다. 스에마쓰 야스카즈는 쓰다 소키치 이래 일단의 일본인 식민사학자 중에서도 가장 끈질기게, 온갖 수단을 동원해서 한국고대사를 왜곡·말살하려 했던 사람이었다. 앞에서 말했듯이 스에마쓰 야스카즈는 『일본서기』에서 알 수 있는 유일한 것은 '백제 고대의 조각'뿐이고, 『삼국사기』 초기 기록을 인정하게 되면 『일본서기』와 일본고대사 전체가 무너지게 된다고 토로했던 것을 상기해야 할 것이다.

찾아보기

ㅂ

ㅅ

ㅇ

문헌 찾아보기

삼국사기 불신론 비판

초판 1쇄 펴낸 날 2016. 3. 22.

지은이 최재석
발행인 양진호
발행처 도서출판 만권당

등 록 2014년 6월 27일(제2014-000189호)
주 소 (04045) 서울시 마포구 양화로 56 동양한강트레벨 718호
전 화 (02) 338-5951~2
팩 스 (02) 338-5953
이메일 mangwonbooks@hanmail.net

ISBN 979-11-957049-1-0 (03910)

이 도서의 국립중앙도서관 출판예정도서목록(CIP)은 서지정보유통지원시스템 홈페이지(http://seoji.nl.go.kr)와 국가자료공동목록시스템(http://www.nl.go.kr/kolisnet)에서 이용하실 수 있습니다. (CIP제어번호 : CIP2016002747)